마오쩌둥 평전

마오쩌둥 평전

현대 중국의 초상(肖像) 마오쩌둥의 모든 것

이창호 지음

북그루

★
머리말

마오쩌둥은 중국과 세계 역사에 크게 영향을 미친 인물로서, 특히 그의 리더십과 공산주의 이념은 현대 중국의 정치, 사회, 경제 모든 부분에 엄청난 영향을 미쳤다. 따라서 중국을 정확히 이해하기 위해서는 마오쩌둥의 업적, 철학, 공산주의 사상에 대해서 정확히 알아야 한다. 마오쩌둥을 이해하지 못하고는 지금의 중국을 이해할 수 없다. 마오쩌둥의 업적은 지금의 중국을 만드는 데 놀라운 영향력을 미치기도 하였지만, 여전히 논란과 평가가 계속되고 있다.

마오쩌둥은 중국 공산당의 설립자 중 한 명으로 중화인민공화국의 초대 주석이 되어 장기 통치를 하였다. 중국 내에서는 영웅으로 칭송받고 있기도 하지만 중국인들에게 고통을 준 지도자 중 한 명이라는 평가를 피할 수 없는 인물이기도 하다.

마오쩌둥의 업적은 너무 많아서 일일이 거론하기도 힘들다. 중요한 업적들을 나열하면 다음과 같다. 중국 공산당의 당수로 수백 명을 거느린 게릴라 부대 지도자로 시작해서 127만에 달하는 군대로 성장시켜 430만 국민당군을 이기고 국공내전에 승리하여 중국 대륙을 손에 넣은 군사 전략가이자 중화인민공화국의 창건자다. 1949년 10월 1일 베이징에 중화인민공화국 정부를 세우고 국가 주석 및 혁명 군사위원회 주석으로 뽑혔다. 또한 마오이즘의 창시자로 국제적으로 유명하다.

동시에 집권 이후 독선과 권력욕에 의한 실책들은 대단히 심각한 문제들을 야기해 중국의 발전을 정체시켰으며, 자신만의 일방적 이념으로 중국 사회를 개조하려고 한 독재자로 비판을 받을 때가 많다. 또한 중국의 문화재를 파괴하고 전통문화를 뿌리 뽑은 폭력적인 정치인으로 평가받는 인물이기도 하다. 그리고 현재 중국의 가장 유명한 랜드마크인 천안문 광장에 걸린 대형 초상화의 얼굴 모델로도 유명하다.

마오쩌둥은 중국 혁명의 중추적인 인물 중 한 명으로서, 1911년 중국의 국가적 변화와 중국 공산당의 성장에 큰 역할을 했다. 그의 리더십과 혁명적인 사상은 중국의 정치적, 사회적 변화에 영향을 미쳤다. 그리고 마오쩌둥은 1949년에 중화인민공화국을 설립한 주요 인물로 그의 지도하에 중국은 수천 년 동안 지속된 전제적 체제를 넘어선 새로운 사회주의 국가로 전환하였다.

마오쩌둥은 문화 대혁명을 주도하여 사회, 경제, 문화에 걸친 근본적인 변화를 일으키고자 하였다. 비록 중국 역사상 가장 혼돈스러운 시기를 만들기도 하였지만, 문화 대혁명 후에도 중국을 사회주의로 개혁하려는 그의 정책과 개혁 시도는 중국 사회와 경제에 영향을 미쳤으며, 현대 중국의 성장과 발전에도 영향을 끼쳤다.

이 평전은 그의 삶의 여정과 그가 이끌어간 중국의 변화를 심층적으로 탐구하여, 독자 여러분들에게 그의 인격과 리더십에 대한 깊은 이해를 제공하고자 한다. 우리는 마오쩌둥이라는 역사적 인물을 평가할 때, 그의 업적과 이념을 비롯하여 논란이 있음을 인정한다. 이 평전은 가능한 한 객관적이면서도 중립적인 관점으로 그의 삶과 업적을 다루려고 노력했다. 그런 의미에서 이 책의 내용을 요약하면 다음과 같다.

첫 번째 장 '서론'에서는 마오쩌둥 평전의 목적과 의의, 마오쩌둥이 중국 현대사에 미친 영향에 대해서 살펴보았다.

두 번째 장 '마오쩌둥의 일생'에서는 마오쩌둥의 출생과 어린 시절부터 사망까지 일생을 어떻게 살았는지와 마오쩌둥이 중국 역사에 영향을 끼친 발자취를 살펴보았다. 이 장에서는 역사적인 사건마다 마오쩌둥의 역할과 마오쩌둥에게 영향을 끼친 인물들과의 만남을 통해서 그의 사상이 어떻게 형성되고 변화되는지와 그가 공산주의 사상을 바탕으로 어떻게 중국을 변화시키려 했는지를 다루었다. 특히 장시간의 민족 전쟁에서 그가 어떤 역할을 했으며, 중국 내전을 통해 어떻게 중화인민공화국을 수립했고 정권을 유지했는지를 자세하게 살펴보았다.

세 번째 장 '마오쩌둥의 철학과 사상'에서는 중화인민공화국을 수립하기 위한 마오쩌둥의 정치적 이념 형성 과정, 중화인민공화국만의 차별화된 공산주의 이론인 마오쩌둥 사상, 마오쩌둥의 신민주주의론, 일생에 영향을 준 마오쩌둥의 철학, 법사상, 외교, 문학, 마오이스트, 성격, 리더십에 대해서 살펴보았다.

네 번째 장 '마오쩌둥의 가족'에서는 마오쩌둥의 조상과 부모를 다루어 마오쩌둥의 성장 배경에 어떠한 영향을 받고 자랐는지를 살펴보았다. 그리고 마오쩌둥의 형제들은 어떠한 인생을 살았으며, 마오쩌둥의 부인이었던 뤄이슈, 양카이후이, 허쯔전, 장칭 등의 일대기와 마오쩌둥과의 만남의 과정과 어떻게 생을 마감했는지를 살펴보았다. 그리고 부인들과의 사이에서 태어난 자식들의 삶은 어땠는지를 조명하였다.

다섯 번째 장 '마오쩌둥의 평가'에서는 국내외의 정치인, 언론인, 예술가들이 마오쩌둥에 대해서 어떻게 평가했는지를 살펴보았다. 마오쩌둥의 평가를 통해서 마오쩌둥의 업적이나 인격을 다양한 부분에서 유추해볼 수 있으며, 이를 통해서 마오쩌둥에 대하여 객관적인 평가를 할 수 있다.

'부록'에서는 마오쩌둥의 출생부터 사망까지 역사적인 사건의 연혁을 다루었으며, 마오쩌둥이 공산주의 혁명에 나서면서부터 중국 인민들은 물론 세계사에도 영향을 미친 마오쩌둥의 어록을 다루었다.

이 평전을 통해 독자들은 마오쩌둥의 생애를 객관적으로 이해할 수 있으며, 복잡한 마오쩌둥의 철학과 사상을 쉽게 이해할 수 있게 될 것이다. 마오쩌둥의 위대한 삶과 그가 이끌어간 중국의 역사를 통해서 더 나은 미래를 살아가기 위해 필요한 교훈과 영감을 얻기를 기대한다.

마오쩌둥의 위대한 삶과 그가 이끌어간 중국의 역사에 흥미를 느끼시길 바라며, 독자 여러분들의 관심과 성원에 감사드린다.

筆濟 이창호
한중교류촉진위원회 위원장

★
목차

제3장 마오쩌둥의 사상과 철학

毛澤東

마오쩌둥 평전의 목적

중국 공산당의 지도자 마오쩌둥은 뛰어난 군사 전략가이자 이론가로 우리나라는 물론 전 세계에 널리 알려져 있다. 중화민국을 상대로 승리한 군벌 지도자였으며, 중화인민공화국의 지도자 마오쩌둥은 수억 명의 중국 인민들을 최악의 고통 속으로 몰아넣은, 양면성을 지닌 인물이기도 하다. 자신이 신봉하는 이념을 위해서, 또는 권력을 유지하기 위해서 인간을 서슴없이 도구로 사용하고 어떠한 인명 손실에도 아랑곳하지 않는 냉혹한 인물이었다. 신념과 절대권력을 유지하려 한 욕구 때문에 수천만 명이 굶어 죽거나 맞아 죽고, 나머지는 하루 한 끼로 연명하는 극빈층으로 전락하는 등 중국의 문명은 일시에 후퇴하였다. 그는 "말 위에서 천하를 차지할 수는 있으나 말 위에서 천하를 다스릴 수는 없다."라는 중국 격언을 스스로 증명한 사람이며, 마오쩌둥을 계승하는 중국 공산당과 중국 외부의 평가가 극단적으로 엇갈리는 인물이다. 하지만 마오쩌둥에 대한 깊은 분석이 없이는 지금의 중국을 이해할 수 없다. 지금의 중국을 만드는 데 마오쩌둥이 놀라운 영향력을 미쳤다는 사실은 명확하다.

한국에서는 그저 유명한 공산주의 정치가 정도로 알려져 있지만, 사실은 그보다 훨씬 복잡한 인물이다. 이념과 진영에 관계 없이 마오쩌둥은 권력의 흐름과 대중의 심리를 정확히 읽어내는 탁월한 감각과 대중을 압도하는 카리스마 그리고 뛰어난 문장력으로 수많은 이들을 매혹했으며, 이렇게 모은 추종자들을 바탕으로 평생 권력을 손에서 놓지 않았다. 또한 현대 게릴라 전술을 완성한 군인이자 중국 대륙 통일의 위업을 달성한 정치 지도자이면서 농민을 혁명의 주력으로 내세운 중국식 공산주의 이론을 창시한 사상가이고, 동시에 뛰어난 문장력을 자랑하는 저술가이자 시인이다.

이오시프 스탈린을 격하시킨 소련의 니키타 흐루쇼프와는 달리, 마오쩌둥이 죽은 뒤 새로운 중국의 절대자로 등극한 덩샤오핑도 마오쩌둥과는 정반대의 정책을 실시했지만 "마오쩌둥의 공과는 7:3" 이라고 주장하며 그를 신화적 위치에서 끌어내리진 않았다. 소련에는 스탈린이 없어도 블라디미르 레닌이 있었기 때문에 스탈린에 대한 비판이 가능했다. 1956년 이전에는 주요 관공서에 레닌과 스탈린의 초상화가 함께 걸려 있었으나, 스탈린의 초상화와 동상 등 선전물은 모두 철거되고 레닌이 소련의 절대적인 우상이 되었다. 러시아 내의 공산주의자들 사이에서 레닌과 함께 스탈린이 다시 우상이 된 것은 소련 붕괴 이후의 일이다.

반면 마오쩌둥의 위상은 중국의 다른 인물로는 대체 불가능한 수준이었기 때문에 아직까지도 그에 대한 비판에 민감하다. 천두슈 등 마오쩌둥 이전 중국 공산당 창당 1세대들도 있었다. 하지만 이들은 중화인민공화국 건국 전에 모두 사망했거나, 쑨원 사후 장제스의 등장으로 시작된 중화민국 국민당 정권의 공산당에 대한 정치적 탄압으로 급성장한 마오쩌둥, 주더, 저우언라이, 펑더화이 등의 신진 세력들에게 정당 내 주도권을 잃고 비공산주의자들로 전향했다.

마오쩌둥 평전의 의의

혼란한 시기에 중국 대륙을 통일한 인물이자, 한때 타임지가 선정한 20세기 가장 영향력 있는 100인 중 한 명으로 전 세계적으로 마오쩌둥에 대한 평가도 논란이 많다. 국가 지도자로서는 폭군이며 개인적으로는 수많은 악행을 저지른 악인이라는 점에서 20세기판 진시황이라는 평가를 받기도 한다. 공식적으로는 현대 중국을 탄생시킨 국부의 위치에 있기 때문에 모든 위안화의 앞면에는 마오쩌둥의 초상화가 그려져 있고, 베이징에 있는 천안문 광장에는 초상화가 걸려 있다.

마오쩌둥 평전은 중국의 혁명가이자 정치인인 마오쩌둥(毛澤東)의 생애와 이론, 정치 활동, 사상 등을 체계적으로 기록하고 문서화하는 것을 목적으로 한다. 이것은 중국 역사와 정치의 중요한 산물로서 아래와 같은 의의를 가진다.

가. 역사적 기록 보존

마오쩌둥 평전은 그의 개인적인 업적과 중국 혁명의 주요 사건들을 문서로 남김으로써 중국의 역사를 기록하는 데 도움이 된다. 후대에 이 평전을 통해 마오쩌둥이 주도한 중요한 사회 정치적 사건들을 이해하고 분석할 수 있게 된다.

나. 리더십과 업적 평가

평전은 마오쩌둥의 이론과 사상, 그리고 정치적 행동을 다루면서 그의 리더십과 업적에 대한 평가를 가능하게 한다. 그의 이념과 지도력이 중국 현대 역사에 미치는 영향을 탐구하여 그의 역할과 영향력을 이해하는 데 기여한다.

다. 정치적 사상과 이론 이해

마오쩌둥 평전은 그의 정치적 사상과 이론을 해석하고 이해하는 데 중요한 자료가 된다. 그의 마르크스주의와 레닌주의에 기초한 사회주의 사상과 그에 따른 중국 혁명과 현대화를 위한 정책들을 파악할 수 있다.

마오쩌둥 평전은 중국과 세계 역사에 큰 영향력을 끼친 인물의 삶과 이론을 문서로 남기는 소중한 자료이다. 이를 통해 중국 현대사와 정치의 복잡성을 이해하고, 그가 남긴 역사적 유산을 존중하고 평가할 수 있다. 또한, 그의 정치적인 사상과 이론은 현대 사회와 정치에도 많은 영감과 교훈을 주고 있다.

중국 현대사에 미친 영향

마오쩌둥은 중국의 혁명가이자 정치인으로서 중국 현대사에 미친 영향은 매우 광범위하고 지속적이다. 마오쩌둥은 1921년 중국 공산당 창당에 참여했고, 1927년~1949년까지 주로 제1차 국민당-공산당의 내전, 제2차 국민당-공산당 협력, 중국 항일전쟁, 제2차 국민당-공산당의 내전을 치렀다. 1942년 마오쩌둥은 정풍운동을 일으켰고, 1945년 중국 공산당 제7차 전국대표대회에서 지도적 지위를 확립했다. 그 후 1976년 사망할 때까지 중앙위원회 이전 회의에서 중앙위원회 위원장으로 연이어 선출되었다.

마오쩌둥은 1949년 중화인민공화국 중앙인민정부 주석이 되었고, 1954년~1959년까지 중화인민공화국 주석, 중앙인민정부 인민혁명군사위원회 주석, 중화인민공화국 국방위원회 주석, 중국인민정치협상회의 전국 위원회 주석 및 명예주석을 역임했다.

마오쩌둥의 생애는 중화인민공화국, 조선민주주의인민공화국, 베트남, 라오스 등 여러 나라에 큰 영향을 미쳤으며, 그의 사상은 공산주의 혁명의 수출과 함께 여러 나라의 마오주의 공산당에 의해 전파되었다. 중화인민공화국 건국 초기 마오쩌둥은 전국적으로 계획 경제를 추진하고 농촌에서 농지개혁 운동을 벌였으며 대대적인 문맹퇴치운동을 벌였다.

마오쩌둥 중국에서 원자폭탄과 수소폭탄을 개발하고, 인공위성 1개를 포함한 중대한 과학 기술 공학적 계획을 제안함과 동시에 반혁명 운동과 같은 일련의 정치 운동을 시작하거나 이끌었다.

중국 본토의 전체 인구는 중화민국의 5억 명 이상에서 마오쩌둥 시대에는 9억 명 이상으로 증가했다. 그러나 마오쩌둥이 권력을 잡았을 때 다양한 추정에 따르면 마오쩌둥 시대와 3년의 어려운 시기 동안 다양한 정치적인 캠페인으로 인해 약 4~8천만 명의 중국인이 비정상적으로 사망하였다. 외교적으로 마오쩌둥은 한때 삼국 분할 전략과 중국은 절대 패권을 추구하지 않는다는 사상을 제시했고, 한국전쟁 베트남전쟁 등 냉전 시대 주요 역사적 사건을 일으켰다. 그의 리더십과 정책들은 중국의 정치, 사회, 경제, 문화, 국제 관계 등에 영향을 미쳤는데, 다음과 같이 요약할 수 있다.

가. 중국 공산당의 창립

마오쩌둥은 중국 공산당의 창립자이자 핵심 인물로서, 1921년에 공산당을 창당하고, 1935년에 길림 회담을 통해 중국 공산당의 지도자로 인정받았다. 그의 지도력은 당 내부에서의 지지와 당원들의 단결을 강화했다.

나. 혁명과 공산주의 체제 성립

마오쩌둥은 중국 내부의 부족, 경제적, 사회적 불평등을 해소하고자 1949년에 인민공화국을 선포하면서 중국 혁명의 주도자로 부상하였다. 그는 사회주의 체제의 구축과 경제 개혁을 주도하여 중국의 경제성장과 사회 혁신을 이끌었다.

다. 대중적 지지

마오쩌둥은 인민의 지도자로서 자신을 중국의 근대적인 지도자들과 구별하였다. 그는 대중과 소통하고, 농민과 노동자 등 평민들과의 밀접한 관계를 강조하여 대중의 지지를 받았다.

라. 대약진운동으로 인한 경제적인 실패

마오쩌둥은 1958년 대규모의 실험적인 경제정책인 대약진운동을 전개하였다. 급격한 공업노동력 수요로 농촌에서 과도한 인력을 강제로 차출하였고, 이로 인하여 도시 인구가 급격히 증가하여 필수품의 공급 부족이 일어났으며, 노동력을 잃은 농촌의 농업생산력은 급격히 저하되어 농업경제의 파탄을 가져왔다. 또한 연이은 자연재해로 인한 흉작, 구소련과의 관계 악화로 경제원조 중단이 지속되며 수천만 명의 아사자(餓死者)가 발생하였다. 당시 농업국가인 중국에서 과도한 중공업 정책을 펼쳐 수천만 명이 굶주리는 사태가 발생하였으며 국민경제가 좌초되는 실패를 가져왔고 이에 마오쩌둥은 국가 주석을 사임하였다.

마. 문화 대혁명

1966년~1976년까지 진행된 문화 대혁명은 중국 사회와 정치에 큰 영향을 미쳤다. 마오쩌둥은 대혁명을 주도하여 정치적인 권력을 강화하고 이데올로기의 통제를 강화하려는 시도를 하였다. 1950년대 말 대약진운동의 실패로 정치적 위기에 몰리게 된 마오쩌둥이 10년간의 극좌 사회주의 운동인 문화 대혁명을 활용해 중국 공산당 내부의 정치적 입지를 회복하고 반대파들을 제거하고자 했으며, 대혁명은 공산당 권력 투쟁으로 전개되었다. 1962년 9월 중앙위원회 전체 회의에서 마오쩌둥은 계급투쟁을 강조하고, 수정주의를 비판함으로써 반대파들을 공격하기 시작하였다. 전국 각지마다 청소년으로 구성된 홍위병이 조직되었고 마오쩌둥의 지시에 따라 전국을 휩쓸어 중국은 일시에 경직된 사회로 전락하게 되었다. 마오쩌둥에 반대되는 세력은 모두 실각되거나 숙청되었고 마오쩌둥 사망 후 중국 공산당은 문화 대혁명에 대해 '극좌적 오류'였다는 공식적 평가와 함께 문화 대혁명의 광기는 급속히 소멸되었다.

바. 마오쩌둥 사상의 영향

마오쩌둥은 마르크스주의와 레닌주의에 기반한 중국형 사회주의 사상을 형성하였으며, 이러한 사상은 중국 현대사에 지속적으로 영향을 미치고 있다.

마오쩌둥은 중국 현대사에 막대한 영향을 미친 인물로서, 중국 현대사를 이해하는 데 필수적인 인물 중 하나이다. 그의 리더십과 정책들은 중국의 정치적, 사회적, 경제적 발전에 영향을 미치면서도 그의 결정들은 긍정적인 면과 부정적인 면을 모두 가지고 있다. 그의 업적과 실패들은 중국 현대사를 평가하고 이해하는 데 도움이 된다.

毛澤東

마오쩌둥의 일생

01

마오쩌둥의 출생과 어린 시절

마오쩌둥(중국어 간체자: 毛泽东, 정체자: 毛澤東, 병음: Mao Zedōng, 한자음: 모택동 1893년 12월 26일~1976년 9월 9일)은 1893년 후난성 샹탄에서 아버지 마오이창과 어머니 원수친 사이에서 삼남 중 장남으로 태어났다. 첫째 동생 마오쩌민과 둘째 동생 마오쩌탄이 있다.

후난성 샹탄 마오쩌둥 주석의 생가

마오쩌둥은 농민 집안에서 태어났지만 어려서부터 주변의 평범한 농민 아이와는 다른 성격적 특징을 보였다. 마오쩌둥이 독특한 삶의 길을 걷게 된 것은 바로 이러한 특징들 때문이다.

마오쩌둥은 어렸을 때부터 강한 저항의식을 보였다. 그는 구속을 좋아하지 않았으며 모든 종류의 고정 관념을 싫어했다. 여덟 살에 사립학교에 입학한 그는 사서오경(四書五經)의 책만 공부했고, 선생님은 학생들에게 기계적으로 외우라고만 했다. 마오쩌둥은 『삼국지연의』, 『수호전』 등 좋아하는 역사소설을 경전 밑에 넣어 몰래 읽었다. 이 소설들에서 불평등에 맞서 싸우는 사회적 사례들이 그에게 깊은 영향을 미쳤다.

조금 더 나이가 들었을 때 마오쩌둥은 아버지의 권위에 반항하기 시작했다. 아버지의 부당한 꾸짖음과 처벌에 대해 마오쩌둥은 경전에 나오는 유명한 문구를 강력한 반박 주장으로 인용했다. 그의 어머니와 동생들을 자기편으로 만들어 아버지의 권위에 도전하기도 했다.

1913년의 마오쩌둥 모습

1919년 10월 5일 어머니가 돌아가시고 얼마 지나지 않아 마오 쩌둥은 숙부 마오푸성에게 동행을 부탁하고 아버지를 장사로 모시고 한동안 함께 살게 했다. 아버지의 쉰 번째 생일에 마오쩌둥은 친구들을 초대해 마오이창의 생일을 축하했고, 남동생 마오쩌탄과 아버지, 삼촌과 함께 사진관에 가서 사진을 찍었다.

그러나 1920년 1월 23일 49세의 나이에 아버지가 세상을 떠났을 때 마오쩌둥은 후난 대표단을 이끌고 북경에 있었기에 장례를 치르기 위해 집으로 바로 돌아가지는 못했다. 그래서 동생 마오쩌민에게 장례를 부탁하고 본인은 나중에 아버지의 묘를 참배하게 된다.

후난성 샹탄 마오쩌둥 주석의 생가 부엌

02
동산고등소학교 시절

1902년 9살이 되자 고향인 소산에 있는 사립학교에서 공부하고 중국 전통 계몽 교육을 받았다. 1907년 14살 때 뤄이슈라는 여인과 혼인하여 1910년까지 3년 동안 부부로 지냈다. 이 결혼은 자신의 뜻이 아니라 아버지의 뜻에 따른 것이라서 마오쩌둥은 뤄이슈를 자신의 아내로 여긴 적이 없다고 하였다. 그래서 둘 사이에는 자녀가 없다.

1910년 가을, 17세가 되자 아버지 마오이창은 마오쩌둥을 샹탄의 한 쌀가게에 견습생으로 보낼 계획을 세웠지만, 친척이면서 사립학교 교사인 마오루중과 친척들은 마오쩌둥을 계속 공부시켜야 한다고 아버지를 설득하였다. 결국 후난성 샹샹현에 있는 동산고등소학교에 입학했다.

동산고등소학교를 다니면서 처음으로 중국연방의 인민일보를 보았는데 거기에 마침 중국의 외과 의사이자 정치가이며 나중에 신해혁명을 이끈 혁명가 쑨원(孫文)의 기사를 보고 쑨원의 사상과 철학을

샹샹현에 있는 동산고등소학교   쑨원

알게 되었다. 그리고 청나라 때부터 중화민국 때까지의 사상가이자 정치가인 캉유웨이(康有爲)와 중국 초기 계몽 사상가이자 입헌파 정치인, 언론인이던 량치차오(梁啓超)의 개혁주의 사상에 영향을 받게 된다.

캉유웨이는 이후 여러 차례 청나라를 개혁할 내용을 담은 상소를 올렸으며, 대신들의 집요한 방해 공작 끝에 겨우 당시 황제였던 광서제의 눈에 띄게 된다. 그중 중요한 것이 1898년의 '변법자강책(變法自彊策)'이다.

광서제는 당시 서태후의 손아귀에 휘둘리고 있었고 상황을 타개하고 개혁 정치를 추구하기 위해 캉유웨이의 갖가지 정책을 지지하게 된다. 캉유웨이는 언론이 인간의 의식을 지배하는 세력임을 알고 있었기 때문에 자신의 상소를 신문에 싣는 방법으로 지지자들을 확보하였다. 보국회를 조직하여 지지자들을 정치세력으로 만들었다. 그는 자신이 만든 보국회가 서구식 의회 민주주의의 씨앗이 될 것으로 기대하였다.

하지만 보국회가 정치개혁을 원하는 민중들의 지지를 받자, 서태후는 이를 해산시켜버렸다. 1898년에는 광서제의 지지를 받아 서양의 기술만이 아닌 정치제도를 도입해야 한다는 변법자강운동(變法自强運動)을 일으킨다. 서양 정치를 따라 국회를 만들었고 헌법을 제정했다. 또한 시대의 흐름에 맞지 않는 유학을 중시하는 과거제를 개혁하고 서양 학교를 설립하기도 했으며, 일본의 메이지 유신을 따라 입헌군주제를 도입하려고 했었다. 그러나 쿠데타 음모가 위안스카이(袁世凱)의 밀고로 발각되어 캉유웨이의 정치개혁은 실패하였다. 캉유웨이의 동생은 처형되었으며, 그를 동정하던 관리들도 파면이나 처형을 당하였다. 캉유웨이는 중국을 탈출하여 일본으로 망명하였다.

캉유웨이의 변법자강책에는 과거 제도 개혁, 탐관오리 혁파, 각종 경제 개혁 등이 담겨 있었고, 무술변법을 통해 이 중 일부를 실행에 옮기기도 한다. 그러나 그의 변법은 광서제의 권위에만 의존했으며, 결국 서태후 등 반개혁파에게 패배해 외국으로 망명을 가는 결과로 끝이 난다.

량치차오는 캉유웨이의 뛰어난 제자 중 하나로 중국 근대 개혁의 사상과 서양 근대 지식을 익혔다. 청나라 말기에 캉유웨이와 함께 광서제에게 보내는 상서를 집필하였고, 무술변법이 실패한 후 일본으로 망명을 떠나 언론 활동을 시작한다. 그는 중국 초기의 입헌파 연구계 지도자로서, 자산계급 개량주의와 입헌 공화제도를 지지하였으며, 공화당과 민주당, 통일당을 흡수한 진보당을 창당하여 위안스카이, 쑨원과 경쟁하기도 하였다. 중국 베이징 정부를 지지하였지만, 위안스카이가 중국의 공화주의 제도를 무시하고 황제의 지위에 오르려고 하자 그에 대한 반대 투쟁을 전개하였다.

캉유웨이는 뒷날 선통제를 복위시켜 옛 청나라를 복원시키려고 했다. 량치차오는 이와 달리 새로운 정부를 구성해서 중국을 새롭게 만들려고 했지만, 뜻대로 되지 않아 정치계를 떠났다. 이후 베이징, 상하이 등지에서 강연, 교육과 학교 창설, 민족 계몽, 사상 등의 사업에 주력하였다. 량치차오는 20세기 초 '걸어 다니는 백과사전'이라 불렸을 만큼 동양과 서양 사상에 모두 해박했던 학자 중 하나였다.

캉유웨이

량치차오

신해혁명과 마오쩌둥

1908년 12월 7일 광서제가 37세의 나이로 후사를 남기지 못한 채 급사하자 당시 실권을 쥐고 조정을 농락하던 서태후가 자신의 조카이면서 청나라의 마지막 황제인 푸이를 황제로 세웠다. 청나라 조정을 오랫동안 섭정하면서 개혁을 진압한 서태후는 3살의 어린 푸이를 황제로 임명하고 계속 섭정을 이어가려고 했지만, 광서제가 사망한 다음 날 노환으로 사망하였다. 결국 푸이는 세 살의 나이로 중국 황제가 되었기에 아버지의 섭정을 받게 되었고, 청나라 말기는 더 큰 혼란에 빠지게 된다.

1911년 봄, 18세가 된 마오쩌둥은 창사의 샹샹고등학교에 입학하였다. 마침 5월 14일, 창사에서 철도 국유화 반대 시위가 벌어졌고, 이를 시작으로 창사에서 주저우까지 철도 노동자들의 반대시위가 벌어졌다. 9월 쓰촨성에서 10만 명이 넘는 시위 군중에 대한 발포로 유혈사태가 벌어졌다. 보로운동(保路運動)은 보로 동지군의 봉기로 이어졌고 쓰촨성의 성도(省都)인 청두가 함락되면서 사태는 쓰촨성만으로는 손을 쓸 수 없게 되었다.

결국 이를 제압하기 위한 청의 군대(후베이의 신군)가 민중 봉기의 거점인 쓰촨성에 투입되었고, 이로써 후베이의 중요한 군사 거점인 우창의 군대가 비게 되었다. 때마침 좋은 명분을 얻은 우창의 혁명파는 정부군의 파병을 구실로 1911년 10월 10일에 우창에서 봉기를 일으킨다. 봉기는 우창의 신군부 공병 제8대대의 부사관과 사병들이 시작하여 보병, 포병, 사관생도가 가세했다. 혁명군은 총독 서징의 도주로 당일 우창을 점령했으며 민주공화정을 골자로 하는 중화민국 성립을 선언한다. 이때가 신해년(辛亥年)인 1911년이었기에 신해혁명이라 일컫는다.

혁명의 이념은 10월 22일 후난성과 섬서성을 시작으로 불과 1개월여 만에 중국 전토로 확산되기에 이르렀다. 혁명군이 필요하게 되자 10월 24일, 마오쩌둥은 사병으로 후난 신군 제25 혼성 연합 제50표준 제1대대 좌익에 입대했다가 혁명이 완성되자 6개월 만에 사회로 복귀하였다. 혁명의 근원지 우한과 중국동맹회의 본거지인 상하이의 정치적 경쟁 속에 상하이가 승리를 거두어, 결국 중화민국 임시정부는 난징에 세워졌다.

이 과정에서 쑨원의 삼민주의가 슬로건으로 채택됨에 따라 얼떨결에 주동자가 되어버렸다. 삼민주의(三民主義)는 쑨원이 발표한 초기 중화민국 정치 강령으로, 민족주의(民族主義), 민권주의(民權主義), 민생주의(民生主義)를 뜻한다. 삼민주의는 건국 초기부터 현대에 이르기까지 중화민국의 정치 사상이다.

쑨원은 자신조차 예상치 못했던 급속한 정국 급변에 의해 12월

21일 영국령 홍콩으로 귀국하였다. 연말인 12월 29일 중화민국 대총통으로 선출되고 다음 해인 1912년을 중화민국 원년으로 한다. 쑨원은 캉유웨이를 내각 총리로 임명하고, 외무부 장관으로 량치차오를 임명했다.

그러자 위안스카이가 이끄는 북양군벌이 자금성을 장악했다. 결국 1912년 2월 12일 청나라의 황제 선통제(푸이)가 퇴위하고 267년 역사를 가진 청 황실 무너지고, 2000여 년 역사의 중국 군주제가 무너지게 된다. 다음 날 쑨원은 총통에서 물러났으며, 3월 10일에는 위안스카이가 신정부 2대 임시 대총통에 정식 취임해 청나라의 멸망을 확정 짓는다. 민중이 그토록 고대하던 청나라의 멸망을 달성했음에도 중국 사회는 크게 달라지지 않았다.

쑨원은 위안스카이를 몰아내기 위해 위안스카이 토벌을 외치며 1912년 6월에 제2혁명을 일으키지만 실패하고 7월에 일본으로 망명했다. 청나라 황실의 빈자리를 대신해 새로운 독재자가 된 위안스카이는 자신의 군사력을 이용해 철권 통치를 행사했고, 신념을 꺾지 않는 기존의 혁명파는 불순분자로 취급되어 북양 군벌에게 쫓기게 되었다. 쑨원은 일본에서 1914년에 '중화 혁명당(오늘날 중국 국민당의 전신)'을 조직하여 해외에서 '반(反)위안스카이 독재' 운동에 헌신한다.

북양 군벌

위안스카이

양창지와의 만남

1913년 봄 마오쩌둥은 후난성 제4사범학교 예비 과정에 들어갔다. 당시 청나라의 교육자였던 양창지(楊昌濟)가 영국에서 유학을 마치고 청나라로 돌아오자 후난 제1사범학교 윤리학 교수로 부임하였다.

후난성 제1사범학교

양창지는 1871년 6월 6일 태어나 1889년 9살 때 장사현과시(長沙縣試)에 응시하여 합격하였으며, 집에 도서관을 차리고 제자들을 가르쳤다. 1898년 캉유웨이의 변법자강운동에 동참하여 개혁을 추진했지만, 실패한 후 고향으로 도피하여 경제학을 공부했다.

1903년 양창기는 일본으로 건너가 1909년 영국 애버딘(Aberdeen)대학교에서 철학과 윤리를 전공했으며, 1910년에는 에든버러(Edinburgh)대학교에 문학을 전공하기 위해 입학하여 1912년에 졸업했다. 그리고 교육을 공부하기 위해 독일로 갔다가 1913년 봄 마오쩌둥이 다니던 후난성 제4사범학교에 교수로 부임하였다. 이후 양창지가 후난성 제1사범학교로 자리를 옮기자 마오쩌둥은 양창지를 따라 1914년 가을에 후난성 제1사범학교 제8학부에 등록했다.

양창지는 제자들을 자신의 집에 초대해서 몰락해가는 중국을 구하기 위한 개혁을 모색하는 토론을 자주 벌였다. 혼란스러웠던 중국의 현실을 걱정하던 마오쩌둥과 제자들은 양창지의 가르침을 받았다. 양창지는 마르크스주의를 신봉하는 좌익 지식인으로서 일생 동안 중국의 개혁을 주창했고, 초창기에는 캉유웨이의 개혁안에 동의했으며, 중국의 개혁을 위해 노력했다. 마오쩌둥은 양창지의 영향을 받아 중국을 개혁하려는 꿈을 갖게 되었다. 이때 영향을 받은 제자들을 중심으로 나중에 신인민연구회를 설립하게 된다.

마오쩌둥은 대학 시절 양창지 등 진보적인 선생들의 영향으로 나중에 중국 공산당을 결성한 천두슈(陳獨秀)가 창간한 잡지 〈신청년〉의 열렬한 독자가 되었고, 중화민국의 서구화를 꿈꾼 실용주의, 자유주의 철학가인 후스(胡適)를 존경하기 시작하였다.

　마오쩌둥은 양창지의 집을 드나들면서 자연스럽게 그의 딸인 양카이후이(楊開慧)와 친해지게 되며, 뜻을 같이하여 결국 결혼에 이르게 되었다.

양창지　　　　　　천두슈　　　　　　후스

05

위안스카이의 사망

위안스카이는 1859년 9월 16일 부유한 집안에서 태어나 두 번의 문관 시험 실패 후 청나라 여단에 입대하였다. 조선에서 임오군란이 일어나자 청나라 조정은 우창칭에게 6개의 부대를 이끌고 출병할 것을 명령했고 이때 위안스카이는 우창칭의 휘하로 참전했다. 흥선대원군을 압송하여 톈진에 연금하고 임오군란을 진압하였으며, 갑신정변 진압에서 맹활약하면서 사실상 조선 주재 청국 공사 역할로서 조선 총독(감국대신) 역할을 수행했다.

청나라는 청일전쟁에서 일본의 신식 군대에 패전 후 현대식 군대가 필요해지자 1895년 신건육군의 사령관으로 위안스카이를 임명하고 훈련을 맡겼다. 이홍장의 사망으로 북양군을 넘겨받아 1898년 광서제와 캉유웨이가 주도하는 변법자강운동에 협조하는 듯 보이기도 했으나, 서태후가 1898년 광서제를 퇴위시켰을 때 지지하였다가 1908년 그들이 사망한 후 사형을 피하러 지방으로 달아났다. 청나라 정부는 1911년 10월 우창 봉기가 일어난 후 그를 복무로 다시 불렀으나 그는 혁명당원들의 편을 들어 난징 임시 의회에

의하여 중화민국 임시 대총통으로 선출되었다. 1912년 2월 12일 북양군벌을 이끌고 베이징을 공격하여 청나라의 황제 선통제를 물러나게 하였다. 다음 날 쑨원은 총통에서 물러났으며, 3월 10일에는 위안스카이가 신정부 2대 임시 대총통에 정식 취임해 청나라의 멸망을 확정 짓는다.

1913년 10월 10일 위안스카이는 스스로 중화민국 초대 정식 대총통에 오르고 신해혁명을 일으킨 국민당을 해산시켜 버림으로 국민당을 배신하게 된다. 1914년 1월 중화민국 국회를 해산하여 쑨원의 제2혁명은 완전히 실패하고 중국의 민주주의도 사실상 종언을 고하였다.

1915년 12월 11일 조정 대신들을 소집하여 자신을 황제로 추대하였고 12월 12일에 이를 받아들이면서 중화 제국을 선포하였다. 측근들을 귀족으로 책봉하였으며 12월 31일에 연호를 홍헌(洪憲)으로 정해서 초대 황제에 오르게 된다. 이를 홍헌제제라고 한다.

당시 어용 지식인들, 언론들을 총동원해가면서 "제정 체제로 돌아가야 한다."는 논리를 엄청나게 선전했다. 그러나 여러 강대국들, 주위 인물, 혁명파 학생들과 관리들, 민중들이 모두 위안스카이에게 등을 돌린다. 이에 1915년 12월 25일 운남에서 차이어와 량치차오가 일으킨 봉기를 시작으로 1916년 2월에 이르러서는 전 중국적으로 위안스카이에 대해 격렬한 반발 폭동이 잇따랐다.

이때 카이에(蔡锷)는 자신의 휘하 운남군을 애국군으로 개명하고 봉기를 성공적으로 이끌면서 제3혁명을 다른 이름으로 애국전쟁이라고 부르기도 하였다. 위안스카이가 믿었던 서구 열강들조차 등을 돌리는 가운데 버틸 재간이 없었던 위안스카이는 결국 1916년 3월 23일, 83일 만에 즉위 선언을 취소하였고 6월 6일, 56세의 나이로 급사했다.

위안스카이   카이에

위안스카이는 중국의 군벌, 즉 북양군벌의 수장이며, 중화민국 북양정부의 초대 총통이고, 중화제국의 처음이자 마지막 황제다. 청나라 멸망 후 세워진 공화국 중화민국을 중화제국으로 바꾸고 황제를 자칭한 중국 역사상 최악의 한간(漢奸)으로도 불린다. 군사적 역량은 탁월하나 적과 결탁하여 자신의 나라를 무너뜨렸는데, 1898년엔 황제를 배신했고, 1911년엔 제국을 배신했으며, 1915년엔 공화국을 배신한 중국 역사상 최악의 배신자로 알려져 있다.

06

5.4운동과 마오쩌둥

신해혁명 이후 중화민국은 혼란에 빠져있었다. 특히 위안스카이가 사망하자 남방 각지에는 군벌들이 할거하게 된다. 북방을 장악한 북양군벌도 구심점인 위안스카이가 사망하자 직계, 후계자가 되려는 권신들의 권력투쟁이 심화되어 제대로 된 정치를 펼치는 게 불가능할 정도였다.

1917년에는 청나라의 관료이자 중화민국 정치인이었던 장쉰(張勳)과 휘하의 부대가 청나라 왕조를 복원하려는 시도를 했고, 쑨원은 호법운동(護法運動)을 전개하며 광동에 호법 정부를 구성함으로써 중앙 정부마저도 둘로 쪼개지고 말았다. 호법운동은 1917년부터 1922년까지 북양 정부에 대항하기 위해 쑨원이 일으킨 일련의 운동으로, 이 운동으로 쑨원은 광동에 새로운 정부를 수립하게 되었다. 중국 국민당은 이 혁명을 제3차 혁명이라고 부른다. 호법 운동에서 의미하는 법은 중화민국 임시약법이며, 총 2차례에 걸쳐 운동이 전개되었다.

한편 중국에서는 사상적으로 커다란 혁신이 일어나고 있었는데 신해혁명으로 인한 자극, 사회주의 사상의 전파, 백화문 사용을 둘러싼 소위 문학혁명 논쟁 등이 있었다. 게다가 신해혁명 이후로 언론계가 크게 확장되었기에 1910년대 말의 베이징시는 민족주의에서 무정부주의에 이르기까지 여러 사상들이 서로 자신들의 사상을 전파하는 데 여념이 없었고 이에 중국의 미래를 둘러싼 논쟁이 크게 벌어지고 있었다.

특히 일본의 식민지 신세였던 조선에서 3.1운동이 벌어졌는데, 이 소식이 중국 내 주요 언론사를 통해 상세히 보도되면서 중국인들도 본격적으로 움직이기 시작했다. 또한 우드로 윌슨의 민족자결주의도 중국이 일본의 간섭에서 벗어나 산둥에 대한 권리를 회복해야 한다는 사고로 이어졌다.

당시 일본은 1914년 8월 독일에 선전포고를 한 뒤, 중국에 있던 독일의 조차지 칭다오시를 비롯한 산둥반도 전역에서 군사적 행동을 벌였고, 1915년 1월 18일에는 위안스카이의 베이징 정부에 이른바 '21개조 요구'를 제기했다. 중국인들은 파리 강화회의에서 칭다오가 반환되기 바라고 있었다. 그래서 1918년 11월 11일에 제1차 세계 대전이 끝나자 정부는 3일간의 휴일을 공포했고 각지에서 축하 행사가 거행되었는데, 그 이유는 연합국이 중국에게 칭다오를 반환해줄 것이라고 믿었기 때문이었다.

그러나 일본은 이미 칭다오의 권리에 대해서 중국 정부와 비밀 협상을 마친 상태였고 연합국 역시 이에 따라 일본에게 권리가 있다고 보았다. 결국 파리 강화회의는 중국에게 칭다오를 돌려준다는 내용을 제외하고 독일의 권리를 일본에게 넘기기로 결정했다. 게다가 협상단을 베이징 정부와 광둥 정부가 연합해서 내보낸 탓에 서로 갈등을 맺기 일쑤였다. 이에 중국 민중의 분노가 폭발해 무려 5천 통에 달하는 전보가 중국 대표에게 날아들었다.

1918년 4월 14일, 25세가 된 마오쩌둥은 동산고등소학교에서 같이 공부했던 동창생 샤오자성(蕭子升)의 집에서 양창지의 제자들을 중심으로 신인민연구회를 설립했으며, 샤오자성이 총괄 대표, 마오쩌둥이 대표가 되었다. 샤오자성이 프랑스로 유학을 간 후에는 마오쩌둥이 회의 업무를 주재했다. 신인민연구회는 개인 수양에 중점을 둔 새로운 유형의 협회 중 하나였으며 중국 학생들의 중심이 되었다.

샤오자성

신인민연구회와 학생들은 21개조 조약을 수락한 5월 7일에 학생 2만 5천 명의 시위를 벌이기로 결정했다. 이에 정부는 시위를 단속하려고 했지만, 이는 오히려 분노를 야기하여 시위 날짜를 5월 4일로 사흘 앞당기는 결과만 낳았다. 마침내 오전 10시에 학생 대표가 모여서 시위를 강행하기로 결정하고 전북경 학생 선언을 발표하였다. 이때 경찰과 헌병들은 학생들을 강제로 퇴거시키려 하였다. 이에 분노한 시위대는 군경과 충돌했고, 당시 외무차관이었던 차오루린(曺汝霖)의 집을 불태워버렸다. 그제야 경찰이 등장해 32명을 체포했다. 이후 공사관구 주변에 계엄령이 선포되지만, 이후에도 시위는 계속되었다.

나라가 혼란스러워지자 일본 제국에 망명 중이던 쑨원은 기존 국민당의 후신인 중국혁명당을 창설하였고 1919년 5.4 운동에 편승해 다시 중국 국민당을 조직한다. 그러나 대군벌 시대가 도래하면서 혁명의 투사 쑨원은 지방 군벌에 빌붙어 이리저리 떠도는 식객으로 전락해버렸고, 그런 와중에도 소련과의 대타협을 통해 1차 국공합작을 체결하였다. 천신만고 끝에 겨우 필요한 조건을 모두 갖춘 뒤 본격적인 군벌 진압, 즉 북벌을 추진하게 되었지만 1925년 쑨원은 간암으로 결국 운명을 달리하고 말았다.

07

리다자오와의 만남

1918년 6월, 양창지가 베이징 대학 교수로 고용되면서, 베이징으로 이사를 갔다. 1918년 9월, 마오쩌둥은 후난성에서 뜻을 함께한 동지들과 베이징으로 가서 양창지를 스승으로 모시며 그의 집에 투숙해 가르침을 받았다. 그리고 마오쩌둥은 양창지의 소개로 북경대학교 도서관장 리다자오(李大釗)를 만났다. 리다자오는 1917년부터 국립 베이징 대학의 역사학, 경제학, 철학 교수 겸 도서관 관장으로 근무하고 있었다. 마오쩌둥은 리다자오의 주선으로 북경대학교 사서로 근무하면서 새로운 신문과 정기간행물 및 독자의 이름을 등록하고 정리하고 관리하는 일을 했다.

리다자오는 1889년 10월 29일 허베이성 탕산 라오팅현에서 농민의 아들로 태어났다. 1913년에 톈진시의 북양정법전문학교를 졸업한 후 마르크스주의 정당인 중국사회당 당원으로 활동하다 일본 제국으로 유학하여 1913년부터 1916년까지 와세다 대학 정치과에서 재학 중에 중퇴 후 귀국하였다. 1917년부터 국립 베이징 대학의 역사학, 경제학, 철학 교수 겸 도서관 주임으로 근무하면서 소비에

트 러시아의 10월 혁명을 선전하였고 볼셰비키주의와 코민테른의
세계 혁명을 지지한 중국의 초기 공산주의 혁명가였다.

리다자오는 코민테른의 혁명가 육성을 위한 베이징 대학 마르크
스주의 연구회를 주관하는 한편, 역사 유물주의, 국제 공산주의 운
동사, 공산주의와 사회 운동 등 13개 과목을 담당하였다. 그리고 혁
명적 사회주의에 입각하여 베이징대의 교원들과 학생들에게 마르
크스-레닌주의를 선전하는 한편, 베이징대학교에서 학생들과 교사
들이 코민테른의 마르크스-레닌주의적 혁명에 가담하게 만드는 데
큰 영향을 끼쳤다. 이때 천두슈와 함께 장궈타오, 취추바이(瞿秋白),
장선푸, 천궁보, 덩중샤 등 적잖은 학생들을 마르크스-레닌주의 연
구회에 끌어들이고, 후난성의 공산파 리더이자 베이징 대학의 철
학 선배 교수 양창지의 사위였던 마오쩌둥에게 베이징대 도서관의
보조 사서로 일하도록 자리를 마련해 주고 마오쩌둥의 혁명 사상에
영향을 주었다.

리다자오   장궈타오   장선푸

리다자오는 1921년 천두슈, 마오쩌둥 등과 함께 중국 공산당을 창립하였는데, 이때 비로소 비공식적이고 문단적인 성격의 볼셰비키주의 공산주의 선동가, 혁명가에서 공식적인 중국 공산당 조직의 지도 계열 인사로 활동하기 시작하였다.

1921년 7월에 상하이에서 개최된 중국 공산당 창당 대회에는 그의 부하였던 마오쩌둥 등도 참가하였다. 천두슈와 리다자오 등의 지휘 아래 중국 공산당은 소련 공산당이 지도하는 코민테른의 지도를 본격적으로 받게 되었다. 코민테른은 세계 각국 공산당 및 대표적 공산주의 단체의 연합체이자 지도 조직으로 공산주의 인터내셔널(Communist International)의 약칭을 말한다. 1922년에는 코민테른 지시로 중국 국민당과의 공작에도 나서게 되고 이것이 제1차 국공합작으로 이어졌다. 리다자오는 코민테른의 지시로 1924년에는 마오쩌둥, 리리싼, 취추바이, 마오둔 등 다른 중국 공산당 당원들과 함께 개인 자격으로 중국 국민당 당원으로 입당하기도 하였고, 중앙위원회 위원에 선출되기도 하였다.

게다가 장제스는 1927년 상하이에서 4.12사건을 일으켜 중국 공산당 측의 코민테른 성원에 대한 숙청에 나서게 된다. 4.12사건을 계기로 전국적으로 관련자들이 수배, 체포되었는데, 리다자오도 이때 베이징에서 다른 동료, 제자 등 19명과 함께 감금되었고, 소련 공산당과 코민테른을 대리해서 중화민국 정부의 전복을 꾀하였다는 죄로 4월 28일 베이징을 관할하던 군벌 장쭤린의 명령으로 처형되고 말았다.

08

공산당 조직

마오쩌둥은 1919년 4월 6일 베이징에서 창사로 돌아와 복학하여 1919년 6월에 후난성 제1사범학교를 수석으로 졸업했다. 1919년 사범학교를 졸업한 마오쩌둥은 창사에 있는 시우예 초등학교에서 역사 교사로 재직하였다. 그리고 후난 학생들의 반제애국운동을 지도하기 위하여 후난 학생 연합회를 결성하였다.

이러한 활동을 지켜보던 리다자오는 1921년 중국의 마르크스-레닌주의 혁명가이며 코민테른의 활동가인 천두슈, 마오쩌둥 등과 함께 중국에 중국 공산당을 창립하였다, 이때부터 마오쩌둥은 비공식적인 볼셰비키주의 공산주의 선동가, 혁명가에서 공식적인 중국 공산당 조직의 지도 계열 인사로 활동하기 시작하였다.

1921년 7월 23일~8월 초까지 중국 공산당 제1차 전국대표대회가 상하이 프랑스 조계지에서 비밀리에 개최되었다. 중국 공산당 제1차 전국대표대회에서는 전국과 일본 그룹을 포함하여 총 7개의 공산주의 그룹이 회의에 참석할 13명의 대표를 선출했다. 당시

류런징   리한쥔   덩언밍

베이징 대표로는 류런징(劉仁靜)과 장궈타오(張國燾)가 상하이 대표로
는 리한쥔(李漢俊)과 리다(李達), 산둥 대표로는 왕진메이(王燼美)와 덩언
밍(鄧恩銘), 후베이 대표로는 둥비우(董必武)와 천탄추(陳潭秋), 후난 대
표는 마오쩌둥과 허수헝(何叔衡), 광둥 대표는 천궁보(陳公博)와 바오
후이성(包惠僧)이 참석했으며, 이외에 재일 대표 저우포하이(周佛海)가
있었다.

　13명의 대표는 언론인, 학생 또는 교사였으며 전국의 50명 이상
의 당원을 대표했다. 그러나 중국 공산당에게 중요한 영향력을 가
진 천두슈와 리다자오는 회의에 참석하지 않았다. 천두슈는 당시
광저우에 있었고 남부 정부인 광둥성 교육부장을 역임하고 있었다.
리다자오는 북경대학의 학사 일정으로 바빠서 참석하지 못했다. 당
시 프랑스의 유럽공산당은 중국과 연락이 닿지 않아 회의에 대표단
을 보내지 않았다. 그러나 학계에서는 여전히 그것을 7개 공산주의
단체와 함께 중국 공산당의 초기 조직으로 간주하고 있다.

중국 공산당 제1차 전국대표대회에서는 중국 공산당 강령을 채택하고 당의 목표, 민주중앙집권제, 당규율의 조직원칙을 규정하고 현 실무에 대한 결의를 채택했으며 당 창건 후 당의 중심임무를 확정했다.

제1차 전국대표대회가 끝나자 마오쩌둥은 창사로 돌아와 중국노동기구 사무국 후난지부장을 역임하였으며, 10월 10일에는 중국 공산당 후난 지부가 설립되어 서기직을 맡았다.

1922년 9월~12월에는 광동-한 철도 노동자, 안위안 도로 및 광산 노동자, 창사 진흙 및 목재 노동자들의 노조를 만들고 일련의 파업을 유도하여 후난 노동 운동을 빠르게 절정에 이르게 하였다. 1923년 4월에는 중국 공산당 중앙위원회에서 일하기 위해 창사를 떠나 상하이에 도착하였다.

1923년 6월 마오쩌둥은 중국 공산당 제3차 전국대표대회에 참석하기 위해 광저우로 갔고 중국 공산당 중앙위원회 위원과 중국 공산당 중앙국 서기로 선출되었다. 1923년 9월 16일 중국 공산당 중앙위원회의 결정에 따라 국민당 총무부 부주임 임보취(林博曲)의 위임을 받아 창사로 돌아와 후난성 건국을 준비했다.

09

제1차 국공합작

1921년 4월 2일, 쑨원은 광저우에서 중화민국 정부를 재건했다. 1924년 1월 20일부터 30일까지 국민당은 국민당 중심의 일당제 국가를 세우기 위하여 군벌세력의 타도와 국민혁명(國民革命)의 완성을 목표로 제1차 전국대표대회를 개최했다. 제1차 전국대표대회에서 쑨원 총리는 러시아 공산당으로부터 무기와 재정 지원을 받기 위해 공산당을 수용하고자 소련과 연합할 것을 제안했다. 레닌은 쑨원과 협력해야 한다는 입장을 보였다. 쑨원은 소련의 지원을 받게 되면서 중국 공산당과 제1차 국공합작(國共合作)을 하게 된다.

천두슈와 리다자오 등의 지휘 아래 중국 공산당은 소련 공산당이 지도하는 코민테른의 지도를 본격적으로 받게 되었으며 1922년에는 코민테른 지시로 중국 국민당과의 공작에도 나서게 되고 이것이 제1차 국공합작으로 이어졌다. 중국 공산당을 창당하고 총서기로 있던 천두슈는 처음에는 반대했지만, 코민테른의 지시에 의하여 어쩔 수 없이 쑨원 지지 선언을 발표하고 원조했다. 중국 국민당 제1차 전국대표대회에 마오쩌둥은 리리싼, 취추바이, 마오둔 등 다른 중국 공산당 당원들과 함께 개인 자격으로 중국 국민당 당원으로 입당하기도 하였고, 중앙위원회 위원에 선출되기도 하였다.

쑨원은 제1차 국민당 전국대표대회 직후인 1월 24일 광동군사령부 참모장이었던 장제스(蔣介石)를 군관학교 설립준비위원장에 임명하였고, 2월 6일 설립준비위원회가 구성되어, 6월 16일 개교기념식 행사가 거행되었다. 개교 시의 정식 명칭은 '중국국민당육군군관학교(中國國民黨陸軍軍官學校)'였으나, 소재지가 광저우에서 40여 리 지점으로, 주위 20여 리가 울창한 삼림으로 둘러싸인 황포도(黃埔島)였기 때문에 흔히 황포군관학교로 불렀다. 개교 후 장제스를 교장으로 임명하였다.

교육 목표는 국민혁명을 주도할 군사 간부의 양성이었고, 우한(武漢), 차오저우(潮州), 난닝(南寧), 난창(南昌), 뤄양(洛陽), 청두(成都), 쿤밍(昆明) 등지에 분교를 설치하였다. 무한분교는 중국 국민당 좌우파의 대립 및 '우한국민정부(武漢國民政府)' 수립 등을 배경으로 국민당 좌파와 공산당 세력의 합작으로 운영되었고, 제1차 국공합작의 파탄과 함께 1927년 8월 폐교되었다.

마오쩌둥은 국민당 제2차 전국대표대회에서 중앙위원회 위원 후보로 선출되었다. 1924년 2월 마오쩌둥은 상하이 화교 국민당의 상하이 집행부 조직부 비서와 사무국의 기록 과장을 역임하였다. 그리고 5월에는 중국 공산당 중앙위원회 조직 부장을 겸임했으나 12월에 업무 과로로 병에 걸려 요양을 위해 후난으로 돌아갔다.

1924년 2월 2달간의 휴양을 마치고 소산으로 돌아오면서 농민

운동을 시작했다. 1924년 9월에는 국민당 제2차 전국대표대회 참가를 준비하기 위해 광저우로 갔다. 1924년 10월에는 국민당 중앙 선전부 부장대리를 역임했다.

블라디미르 레닌   장제스

그러나 1925년 3월 12일 블라디미르 레닌의 원조로 중국 공산당과 북벌을 준비하던 쑨원이 58세의 나이에 간암으로 사망하였다. 2월과 10월 장제스는 황포군관학교의 교원과 학생들을 이끌고 민족혁명군의 광동 군벌 천중밍과 전쟁을 일으켜 광동을 완전히 점령했다.

1925년 5월 30일 상하이시에서 영국 경찰이 반일 시위대에 발포하여 13명이 사망한 사건을 계기로 중국 전역으로 반제국주의 민중운동이 일어났다. 5.4 운동 이래 중국에서 발생한 최대의 민중운동이었으며, 그때까지 소규모 조직에 불과했던 중국 공산당은 이

운동을 계기로 중국 각지에 영향력을 확대했다. 중국 공산당의 마오쩌둥 등은 비밀농업회를 핵심으로 하여 "외세를 타도하고 민족의 굴욕을 씻어내라."라는 구호를 내걸고 소산 지역에 20개 이상의 향회를 설립했다. 6월 중순 마오쩌둥 등은 중국 공산당 소산지부를 설립했다.

1925년 7월 1일 마침내 국민정부가 수립되고 국민혁명 기간 중 중국 국민당 좌파 계열의 수장이었으며 왕징웨이가 국민정부 주석에 오르고, 랴오중카이가 재정부장에 추대되고 상당수의 공산당이 정부를 구성하였다. 그리고 국민당 산하의 병력은 국민혁명군으로 재편되어 제1군 사령관으로 장제스, 호남군으로 구성된 제2군 사령관에는 탄옌카이, 운남군으로 구성된 제3군 사령관에는 주페이더, 광동군으로 구성된 제4군 사령관에는 리지선, 광동군으로 구성된 제5군 사령관에는 리푸린이 임명됐다.

왕징웨이 　　　 랴오중카이

1925년 8월 20일, 국민당 재정부장 랴오중카이가 괴한의 총격으로 암살당하면서 국민당은 혼란에 휩싸였다. 이로 인해 장제스는 공산당 간부들이 자기들의 기반 세력을 넓혀가자 이를 견제하기 위하여 중국 공산당 간부들을 숙청하면서 국민혁명군 총사령관이 되고 실권을 잡았다. 중국 공산당은 코민테른에 지시받아 국공합작을 발판으로 반제국주의와 반봉건주의에 기초한 토지 혁명과 프롤레타리아 독재 혁명을 계속 이행하고자 하였고 중국 국민당은 자본주의국가 건설을 맹렬히 추구하였다. 이로써 중국 국민당과 중국 공산당, 코민테른 사이의 관계는 점차 벌어지기 시작하여 국민당은 우파와 좌파로 분열되었고, 공산당은 계속해서 자신들의 세력을 넓혀가고 있었다.

9월 국민당 주석 왕징웨이는 바쁜 정무로 인해 중국 국민당 중앙위원회의 선전부장을 겸임할 수 없었고, 10월 5일 마오쩌둥을 선전부장 대행으로 임명했다. 1926년 3월 19일 마오쩌둥은 농촌에서 공산당 세력을 늘리기 위하여 중국 국민당 중앙위원회 농민부가 후원하는 농민 운동 워크숍의 책임자로 활동하였다. 마오쩌둥은 광저우 농민 운동 워크숍을 주재하고 당의 농민 운동을 전개할 많은 중간 간부들을 훈련시켰다. 5월 25일 마오쩌둥은 공산당 활동에 더욱 전념하기 위하여 중국 국민당 중앙선전부장 대행직을 사임했다. 11월에는 중국 공산당 중앙위원회 농민운동위원회 서기로 일하기 위해 상하이로 갔다.

10

제1차 국공합작 결렬

공산당이 계속 세력을 넓혀가자 장제스는 공산당을 가만히 놔둘수가 없었다. 1926년 3월 20일 공산당원 지휘하에 군함 중산함이 황포에 들어오자, 장제스는 공산당 해군이 반란을 기도한다는 구실로 공산당 간부와 소련 군사고문을 체포하여 연금시키며 중산함 사건이 발생한다. 중산함 사건은 1차 국공합작 중 공산당과 국민당 내균열이 발생하는 시발점이 된다. 중산함 사건이 터지면서 장제스는 공산당원들을 대대적으로 체포하고 키산카를 비롯하여 자신에게 적대적인 소련 고문들을 강제 귀국시킨 사건이 벌어졌는데, 이때까지 친소 용공파로 인식되던 장제스는 점차 우익으로 변해갔다.

중산함 사건에 충격을 받은 왕징웨이는 프랑스로 외유를 떠났고 국민당을 장악한 장제스는 1926년 국민혁명군을 이끌고 군벌이 장악한 북양 정부를 토벌하기 위한 국민당의 1차 북벌을 감행한다. 장제스의 국민혁명군은 민중의 지지로 후난성, 후베이성, 푸젠성, 저장성, 장시성, 안후이성의 6성을 국민당의 세력 안에 편입시키며 우페이푸(吳佩孚), 쑨추안팡(孫傳芳) 등의 군벌을 격파하였고, 만주 군벌 장쭤린과 대치하였다. 이후 국공 간의 갈등은 날이 갈수록 깊어져 영왕운동, 천도논쟁 등이 잇달아 발생했다.

이러한 와중에 천두슈는 국민당에 대한 양보 정책을 취하며 국공 합작을 지속하기 위해 노력했다. 그러나 마오쩌둥은 농촌 지역에서 공산당 세력을 키우기 위하여 1927년 1월 4일 마오쩌둥은 우한으로 가서 전국농민회 사무총장을 역임하고 중앙농민운동 워크숍을 주재했다. 이후 마오쩌둥은 32일 동안 700km를 여행하면서 샹탄현, 샹샹현, 헝산현, 리링현, 창사현을 시찰했다. 마오쩌둥은 농촌을 시찰하면서 혁명 투쟁을 수행하기 위해 농민 연합군에 의존한다는 생각을 갖게 되고 천두슈의 우익 투항주의를 폭로하고 비판하였다.

2월 들어 마오쩌둥은 '후난성 농민 운동에 관한 조사 보고서'를 써서 중국 국민당 중앙위원회에 보내 농민부와 농민강의학원을 중앙 운동강의학원으로 개칭할 것을 제안했다. 3월 7일부터 17개 성에서 온 739명의 학생을 대상으로 공산당 수업을 시작하였다. 3월 10일~17일까지 중국 공산당 중앙위원회의 예비 집행위원인 마오쩌둥은 우한에서 열린 중국 국민당 제2차 중앙위원회 제3차 전체회의에 참석했다. 3월 30일 전국농민회 임시집행위원회가 정식으로 결성되었고 마오쩌둥이 상임위원 겸 조직부장이 되었고 3명이 중앙농민운동회의 상임위원이 되었다.

1927년 4월 들어 중국 공산당은 왕징웨이 등의 국민당 좌파와 연합하여 장제스를 군사 독재자로 비판하면서 북벌을 계기로 강성해진 장제스를 실각시키려고 했다. 특히 쑨원의 정치고문이었던 미하일 보로딘은 장제스의 국민당 상무 위원회 주석 자리를 폐지하고 국민혁명군 총사령관으로서의 권한을 축소시켰으며 급기야 국민혁명군 총사령관에서 면직시켰다.

이에 우파들의 분노가 폭발하면서 결국 장제스는 1927년 4월 12일 상하이에서 쿠데타를 일으켜 공산당과의 관계를 완전히 끊게 되는데 이 사건을 4.12사건이라고 한다. 장제스는 중국 국민당 내의 중국 공산당 초기 혁명 진영을 대상으로 무력을 동원하여 중국 공산당 측의 코민테른 성원의 숙청에 나서게 된다.

급기야 4월 18일 장제스는 4.12사건을 계기로 난징에서 또 다른 국민당 정부를 세웠고, 중국 공산당과 노동자, 농민 조직을 무력으로 섬멸하였다. 특히 마오쩌둥과 다른 중국 공산주의자들과 중국 국민당의 193명의 좌파들은 난징 국민당 정부의 1호 체포 영장을 발부하였다. 이로 인해 전국적으로 관련자들이 수배, 체포되었는데, 리다자오도 이때 베이징에서 다른 동료, 제자 등 19명과 함께 감금되었고, 소련 공산당과 코민테른을 대리해서 중화민국 정부의 전복을 꾀하였다는 죄로 4월 28일 베이징을 관할하던 군벌 장쭤린(張作霖)의 명령으로 처형되고 말았다. 이로 인해 중국 공산당은 괴멸에 가까운 타격을 입고 지하로 숨어들게 되었다.

장제스가 수배령을 내려 코민테른 검거가 시작되자 소련의 방침이 바뀌어서 갑자기 공산당에게 자체적인 무장 세력을 조직할 것이며 국민당 중앙 집행 위원회를 장악하라는 지시가 내려왔다. 이에

쑨원의 정치 고문
미하일 보로딘

베이징을 관할하던
군벌 장쭤린

마오쩌둥은 4월 27일~5월 9일까지 중국 공산당 제5차 전국대표 대회에 참가하여 중앙위원회의 후보집행위원으로 선출되었다. 그리고 장제스의 공산당 탄압에 대항하기 위하여 6월 24일 중국 공산당 중앙정치국 상무위원회는 마오쩌둥 서기와 함께 새로운 후난성 당위원회를 설립하기로 결정했다.

이후 코민테른은 왕징웨이에게 새로운 공산당 방침을 통보하며 이를 따르지 않으면 국민당을 적으로 간주하겠다고 통보했다. 그제야 공산당의 목표가 국민당 장악이라는 걸 알아차린 왕징웨이도 국공합작의 파기를 선언했다. 중국 공산당은 우한 국민정부가 합작을 파기하기 3일 전 선제적으로 합작 파기 선언을 하였다. 이로써 제1차 국공합작이 결렬되고, 국민당과 공산당이 분열되어 첫 번째 국공내전에 들어가게 되었다.

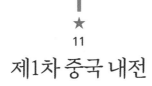

11

제1차 중국 내전

국공내전(国共内战)은 1927년 8월부터 1950년 5월까지 중국의 중앙 정부였던 중화민국 국민정부를 상대로 벌인 내란 혹은 중국 국민당과 중국 공산당 사이에서 중국 대륙의 패권을 두고 일어난 두 차례의 내전을 말한다. 중화민국(대만)에서는 동원감란시기(动员戡乱时期) 또는 항공위국감란전쟁(抗共卫国戡乱战争)이라고 부르며, 반란 세력인 중국 공산당이 당시 중국의 중앙 정부인 중화민국 국민정부를 상대로 일으킨 내란으로 정의한다. 중화인민공화국에서는 중국인민해방전쟁(中国人民解放战争) 또는 간단히 해방전쟁(解放战争)이라고 부르며, 중국 국민당과 중국 공산당이 중국의 재건과 패권을 두고 벌인 내전으로 정의한다.

제1차 국공합작이 결렬되자 중국 공산당은 엄청난 혼란에 빠졌고 국민당의 공격에 분노하여 반격을 촉구했고 코민테른도 무장봉기 조직을 지령했다. 1927년 7월 12일, 코민테른의 지시에 따라 중국 공산당의 창립 멤버인 장궈타오, 중화인민공화국 초대 국무원 총리 저우언라이(周恩來), 공산주의 혁명가 리리싼(李立三), 리웨이한(李維漢), 장타이레이로 중국 공산당 중앙 임시정치국상무위원회가 구성되었다. 이들은 공산당이 조종할 수 있는 부대들을 이용하여 폭동을 일으키고 농민들을 조직해 봉기를 일으킬 것을 결의했다. 그리고 7월 13일 중국 공산당은 국민정부 탈퇴를 선언했다.

중국 공산당의 창립 멤버
장궈타오

중국 국가 주석이 된
저우언라이

공산주의 혁명가 리리싼

리웨이한

장타이레이

취추바이

국공 분열 이후 소련 정치국은 중국 공산당에게 한 개 사단을 무장시키기 위해 필요한 소총 1만 5천 정, 탄약 1천만 통, 기관총 30통, 산포와 포탄 2000발을 제공하기로 결의했다. 공산당은 천두슈의 지휘 아래 저우언라이, 장궈타오, 펑파이 등의 주도로 1927년 7월 31일 난창에 주둔한 장파쿠이의 국민혁명군 제2방면군을 선동하여 난창 폭동을 일으켰다. 2만 명의 봉기군이 8월 1일 난창을 점령하고 국민당 혁명위원회를 설립했으나 열세에 몰려 8월 3일 난창을 떠나야 했고 난창 폭동은 실패로 끝났다.

공산당은 1928년 8월 7일 긴급회의를 열고 마오쩌둥을 중국 공산당 중앙위원회 임시정치국 후보위원으로 선출하고, 난창 폭동의 실패 책임을 물어 천두슈를 몰아냈다. 또한 취추바이, 리리싼 등의 지도를 받아 추수 폭동, 광저우 폭동, 창사 폭동을 일으켜 중요 도시를 장악하려고 반격 작전을 펼쳤다. 마오쩌둥, 중국 인민해방군의 실질적인 창건자라고 할 수 있는 주더(朱德), 장궈타오를 비롯한 유격대 지휘관들이 지휘하는 홍군이 정강산 해방구를 비롯하여 양쯔강 이남의 15군데에 달하는 소규모 해방구를 설립하였다. 그러자 위협을 느낀 국민당 정부는 중국 공산당을 섬멸하기 위하여 초공작전(1920년대 말부터 중국 각지에 소비에트 지구를 건설한 중국 공산당을 섬멸하기 위한 국민정부의 군사작전)을 벌여가며 토벌을 감행하였다.

1928년 2월 4일 마오쩌둥은 노동농민혁명군 제1연대를 수이촨에서 징강산으로 다시 이끌고 징강산에서 국민당군의 첫 번째 공격을 막아냈다. 1929년 1월 14일, 마오쩌둥과 주더는 적군 제4군의

3,600개 주력군을 이끌고 장시 남부로 진입하였다. 마오쩌둥과 주더는 창팅에서 제4홍군을 재편성하고 제1, 2, 3종대를 세웠다 제4홍군은 정치부로 변경되었고, 마오쩌둥은 정치부장을 겸임했다. 6월 22일, 중국 공산당 제4홍군 제7차 대회가 열렸으나 중국 공산당 중앙위원회가 지명한 이전 위원회의 서기였던 마오쩌둥은 선출되지 않았다. 1929년 7월 초, 마오쩌둥은 제4홍군의 특별위원으로 현지 업무를 지도하기 위해 서부 푸젠으로 갔다.

주더

코민테른 중국지부 책임자
파벨 미프

1930년 1월 5일, 마오쩌둥은 붉은 군대의 현재 상황과 행동에 대해 구톈에서 붉은 군대 제4군 1열 사령관 린뱌오신을 해임하고 홍군 제4군을 이끌고 장시 남부로 복귀하기로 결정하였다. 2월 6일~9일까지 마오쩌둥은 2월 7차 회의를 주재하고 홍4군, 홍5군, 홍6군의 전면위원회 합동 서기를 역임했다. 5월 하순에는 상하이에서

제2장 마오쩌둥의 일생

전국소비에트 지역대표대회가 비밀리에 개최되어 마오쩌둥과 주더가 명예 주석으로 선출되었다. 6월에는 홍4군 전선위원회와 서복건성 특별위원회 합동회의에서 홍4군, 홍6군, 홍12군(제4홍군 제3종대)을 통합하기로 결정하고 중국 공산당 중앙위원회의 지시에 따라 육군과 장시남부 적군 제1로군으로 개편했고, 곧 적군 제1군단으로 명칭이 변경되었다.

마오쩌둥은 홍군 제1로군의 정치위원 겸 적전선 총위원회 서기를 역임하였다. 중국 공산당 제6기 중앙위원회 제3차 전체회의는 리리산의 좌익 모험주의 오류를 바로잡았고, 마오쩌둥은 중앙정치국 후보위원으로 임명되었다. 8월 23일, 마오쩌둥과 주더는 홍군 제1군을 이끌고 적군 제3군에 편입되었고, 양군 전선위원회 연석회의에서 두 군대를 합쳐 중국 홍군 제1전선군으로 편입하기로 결정했다. 주더는 총사령관이었고 마오쩌둥은 총사령관이었다. 10월 2일, 마오쩌둥과 주더는 적군에게 4일 새벽 지안시를 공격할 것을 결정하고 장시성 소비에트 정부를 수립하라고 명령했다.

중국 공산당 군사령관 쩡산(曾山)과 함께 10월 25일, 마오쩌둥과 주더는 제1전선 홍군 사령부를 이끌고 30마일을 이동하여 신위현 뤄팡으로 갔다. 마오쩌둥과 주덕은 미리 매복하여 룽강에서 제18사단을 전멸시키고 사단장을 생포하였다.

이 때문에 취추바이가 물러나고 노동자들을 조직하고 파업을 일으켜 지방 군벌에 반기를 들어 총서기가 된 샹중파(向忠发), 조직부장 저우언라이, 선전부장 리리싼을 중심으로 하는 새 노선이 등장하여 당의 역량 확보에 주력했으나 대공황에 고무된 리리싼이 독단적으로 1930년 6월 여러 차례 폭동과 무장봉기를 지시했다가 처참하게 실패했다.

1930년 7월, 중국 공산당은 리리싼의 지시에 따라 창사 폭동을 일으켜 창사를 점령했다. 강서의 마오쩌둥과 주더도 이에 호응하여 7월 31일 난창을 공격했다. 8월 5일 허젠이 창사를 탈환했고 마오쩌둥과 주더도 패퇴당해 호남성 평강, 유양 일대로 퇴각했다. 중원대전에서 남방의 리쭝런, 장파쿠이 연합군을 토벌한 국민정부는 8월 16일 우한 행영 주임 허잉친에게 호남, 호북, 강소의 병력을 소집하여 강서, 호남의 공산군 소탕을 명령했다. 8월 31일과 9월 2일에 재차 창사를 공격했으나 실패했고 퇴각하는 와중에 강서성 중부 길안을 10월 초순부터 1개월 반 동안 점령했다. 홍군의 공격이 계속되자 1930년 11월 1일에 개최된 국민당 4차 전당대회에서 초공작전을 개시하기로 했다. 1930년 11월 5일 1차 초공작전을 시행하였다.

국민당은 3~6개월 안에 공산당을 모두 소탕할 수 있을 것이라 판단했고 강서의 중앙소비에트에 대한 공격은 12월에 이르러야 결정되었다. 1차 초공작전의 총사령관은 강서성 정부주석 겸 9로군 총지휘 루디핑이었고 18사단 장휘찬을 전선 총지휘, 5사단장 공병번을 전위로 하여 강서성 길안에서부터 복건성 건녕에 이르는 400km 구간으로 큰 호를 그리며 전진하게 했다. 또한 6로군 사령관 주사오량과 19로군 총지휘 장광나이에게 부대를 강서성으로 진입하여 루디핑을 돕도록 하였다. 여러 소비에트를 공격하기 위해 총 7개 사단, 10만 명의 병력이 동원되었다. 하지만 이들 대다수는 지방군으로 중앙군에 비해 전투력이 형편없어 국민혁명군은 1만 3~5천 명의 전사자와 3천 명의 포로가 발생했다. 결국 1931년 1월 3일 장제스는 1차 초공작전의 중지를 명령했고 1차 초공작전은 처참한 실패로 끝났다. 1931년 1월 말 장제스는 국민혁명군을 정비하여 전선에서 철수시켰다.

1931년 4월 1일~5월 31일까지 진행된 국민정부의 중국 공산당과 홍군에 대한 2차 초공작전은 첫 번째와 마찬가지로 실패로 돌아갔다. 2차 초공작전의 실패로 충격을 받은 장제스는 세 번째 초공작전을 준비하여 6월 6일에 내란을 종식하고 공비를 토벌하기 위해 자신이 직접 지휘하겠다고 선언하고 총사령관에 올랐다. 장제스가 직접 13만 대군을 거느리고 공격에 나섰으며 이때 영국인, 일본인, 독일인 고문들까지 대동하여 만반의 준비를 갖추었다. 전체 동원된 병력은 강서성 현지에 주둔한 23개 사단 및 3개 독립여단을 합쳐 30만에 달했다. 국민혁명군은 7월 2일 광창에 주둔한 홍군을 격파하고 7월 중순 광창과 동고를, 7월 20일에 석성을 함락시켜 홍군을 루이진으로 압박시켰고 7월 21일 시작된 광저우 국민정부의 북벌은 도중에 흐지부지해짐에 따라 국민혁명군은 8월 1일 흥국, 우도를 함락시켜 홍군을 더욱 바짝 포위하였다. 하지만 상당수의 홍군 지배지역을 탈환했음에도 8월 28일, 광저우 국민정부가 북벌을 재개함에 따라 초공작전에 더 이상 집중할 수 없게 되었다. 거기에 계속된 폭우와 빈약한 보급 때문에 국민혁명군은 공세 종말점에 이르렀다. 9월 18일, 관동군이 만주를 침략하여 만주사변이 터지면서 중국 전역이 충격에 빠졌다. 국민정부는 즉각 장제스에게 난징으로 돌아올 것을 타전했고 전국적으로 불어닥친 항일 여론에 장제스는 9월 20일 공격을 중지하고 난징으로 돌아갈 수밖에 없었다. 9월 21일 오후 난징에 도착한 장제스는 광저우 국민정부와 항일을 위한 합작을 논하기 시작했다.

이후 코민테른 중국지부 책임자 파벨 미프가 개입하여 리리싼, 취추바이 등을 숙청하면서 중국 공산당을 정리했고 이로 인해 샹중파가 물러나고 공산주의 인터내셔널의 중국 공산당 대표 왕밍(王明)이 총서기에 올라 당권을 잡았다. 이때부터 공산당은 무모한 무장봉기를 포기하고 지하활동과 지방 소비에트 건설에 주력했다.

이후 상하이에 있던 중국 공산당은 마오쩌둥이 이끌던 강서성 중

쩡산　　　　　총서기가 된 샹중파　　　　왕밍

앙 소비에트를 중심으로 중화소비에트공화국의 성립을 선언하고 토지 개혁으로 농민들을 징집하면서 내전을 지속해 나갔다. 하지만 제3차 초공작전 이후 중화소비에트 공화국 주석 마오쩌둥과 보구를 비롯한 상하이 임시 당 중앙의 노선 갈등이 심각해졌고 제4차 초공작전에 즈음하여서는 마오쩌둥이 결국 실각했다.

1932년 6월부터 1933년 3월까지 9개월 동안 중국 공산당과 홍군을 상대로 국민정부의 4번째 초공작전이 시작되었다. 그간 행해진 모든 토벌전을 통틀어 가장 높은 성과를 거두었지만 일본군이 관동군 스파이 총살사건을 빌미 삼아 만주국의 영토라 주장해오던 열하성을 공격하여 만주국에 합병시킨 열하사변이 일어나자 중도에 중단될 수밖에 없었다.

이후 오토 브라운과 소련 유학파가 혁명을 지휘했지만 1933년 시작된 장제스의 제5차 초공작전에서 공산당은 궤멸 위기에 몰렸다. 이에 중국 공산당은 잔존 병력과 당원들을 재편하여 부대별로 해방구를 탈출하여 서부로 이동하기 시작한다. 국민혁명군과 각 지역 군벌과의 끊임없는 전투 속에서도 핵심 당원을 보존한 채 중국 북서부의 산시성 옌안에 도착하였는데 이것을 대장정이라고 부른다.

★
12

대장정

대장정(大長征)은 1934년 10월~1935년 10월까지 370일에 거쳐, 중국 공산당이 국민당군의 포위 압력을 견디지 못해 중국 공산당의 근거지였던 중국 동남부 장시성의 포위망을 뚫고 북서부의 옌안으로 12,000km 행군한 사건을 말한다. 대장정은 마오쩌둥의 지도력과 중국 공산당의 결속력을 보여주는 사건으로, 중국 공산당이 장제스의 국민당군을 제압하고 중국을 통일하는 데 큰 역할을 했다. 서쪽으로 천도한다는 뜻으로 대서천(大西遷)이라고도 한다.

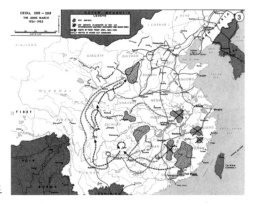

중국 공산당 대장정도

　　　　　　　　　　　　　　제2장 마오쩌둥의 일생

1934년 10월 10일 공산당 홍군은 일단 국민당의 포위망이 너무 견고하여 전면전을 하기 어려워 돌파 작전에 나선다는 방침을 확정하고 병력들을 집결시켰다. 10월 13일부터 먼저 전투 부대들을 집결시켜 야간을 틈타 1차 집결 장소인 우도를 향해 철수 길에 올랐다. 뒤를 이어 병기창, 피복창, 인쇄창, 의무 부대, 병참 부대 등은 10월 14일까지 루이진 인근의 상대적으로 방어가 유리한 산악지대인 관전에 모두 집결했다. 그리고 마오쩌둥, 주더, 저우언라이 등의 총사령부 요인들도 함께 관전에 도착했다.

국민당군의 지속적인 추격으로 15일 홍군은 다시 루이진을 떠나기로 결정했다. 16일에 모든 부대가 집결을 마치고 정렬한 후 17일에 본격적인 대장정을 시작하였다. 먼저 공산당 1군단과 3군단이 선봉에 서서 이동을 시작하였고 5군단이 후미를 방어하면서 뒤쫓아 갔으며, 8군단과 9군단은 좌우 측면을 엄호하면서 이동했다. 주요 총사령부 요인들이 소속된 종대는 이들 군단의 호위를 받으며 이동했다. 홍군의 행렬은 10만 명이 참여했기에 이동하는 군대의 길이만 수십 리에 달했다.

대장정 동안 중국 공산당은 12,000km에 달하는 엄청난 거리를 도보와 우마로만 이동하였다. 10만에 육박했던 출발 인원 중 산시성에 도착했을 때 살아남은 인원은 6,000명에 불과할 정도로 어려운 이동이었다. 홍군 중에서 행군하다 병들거나 강행군에 낙오한 병사가 많아서 포로로 잡힌 인원은 약 3만 명 정도로 추산된다. 실

대장정 중의 마오쩌둥

제로는 더 많은 수가 중도에 탈영하거나 포로로 잡혔으며 대장정의 끝까지 완주한 홍군의 숫자는 3,000명 아래였다. 그러나 대장정 도중 계속해서 현지에서 병력을 보충하면서 이동했기 때문에 장정을 마무리할 때는 6,000명 정도를 확보할 수 있었다.

홍군의 주력은 무사히 산시성 옌안시의 즈단현에 도착하고 그곳을 일시적으로 중화소비에트공화국의 새로운 수도로 정하였다. 당시 중국 서북지방에는 장제스가 군벌 출신의 장쉐량(張學良)을 서북 초비 부사령관으로 임명 후 공산군을 토벌하라는 명령을 내렸다. 이후 공산군의 게릴라 전술에 번번이 참패한 장쉐량은 지원 없이 자신을 몰아붙이는 장제스에게 불만을 품고 공산당에 동조적이고 공산당이 주장하는 항일 정신에 경도되면서 비밀리에 공산군과 강화를 맺고 장제스에게 초공작전을 중단하고 공산당과 합작하라고 간곡히 설득했다. 장제스는 크게 화를 내면서 거부하고 초공작전을 수행하기 싫으면 다른 곳으로 떠나라고 했다.

대장정은 중국 공산당에서 매우 중요하게 다루는 사건이다. 공산당은 자신들의 정통성이 이곳에서 나온다고 자부하고 있다. 그도 그럴 것이 대장정을 기점으로 보구, 낙보 등 공산당을 영도하던 상하이 임시 당중앙이 완전히 몰락하고 가장 유력한 군사적 경쟁자인 장궈타오도 국부군에게 토벌당하면서 마오쩌둥이 권좌에 복귀하게 된다. 그리고 공산당 역시도 어떻게든 핵심 지도부가 국민당에게 체포당하는 것만은 면하여 후일을 도모할 수 있게 되었고 국공내전 이후 중국 대륙을 장악할 수 있는 발판이 되었다.

★
13
시안 사건

시안 사건은 중국 국민당의 장제스 총통이 중국 공산당의 주석 마오쩌둥과 함께 시안을 방문했을 때, 장쉐량이 장제스를 납치하고 일본과의 항전을 요구한 사건이다. 장쉐량은 장제스가 공산당을 토벌하는 데만 관심을 가질 뿐, 일본과의 전쟁을 준비하지 않고 있다고 생각했다. 그는 장제스를 납치함으로써 일본과의 항전을 요구하고, 공산당과의 내전을 중단시키려고 했다. 장제스는 장쉐량의 요구를 받아들여 공산당과의 내전을 중단하고, 일본과의 항전을 결의했다. 시안 사건은 중국의 통일과 일본과의 항전에 중요한 역할을 했다.

1936년 12월 2일 장제스는 뤄양에서 장쉐량을 만나 실정을 물었고 장쉐량은 시안의 사태가 급하니 시안을 방문해달라고 요청했다. 이에 장제스는 위험을 무릅쓰고 12월 4일 시안에 와서 당나라 현종과 양귀비의 로맨스 무대인 화청지(華淸池)에 투숙했다. 그리고 동북군의 고급 간부들을 모아 초공작전은 이제 성공이라는 최후의 단계를 앞두고 있다며 초공작전 강화를 지시하고 항일전쟁은 시기상조임을 강조했다.

12월 7일에도 장쉐량과 양후청(楊虎城)에게 초공작전 강화를 지시했다. 12월 9일 시안에서 구국회의 학생연합회 데모대가 서북초비총부와 섬서성 정부로 몰려들어 시위했다. 시위대는 이어 장제스에게 직접 청원하겠다고 경찰 저지선을 돌파하고 영해 철로를 따라 화청지로 몰려들었다. 이에 장쉐량이 이들을 설득하여 해산했으나 실은 설득이 아니라 미온적인 모습을 보였다.

12월 10일 장제스는 장쉐량의 모호한 태도를 질책했고 그의 심리적 불안정함을 걱정했다. 장쉐량은 12월 11일의 회동을 통해 장제스를 마지막으로 설득하려 했지만, 이것이 수포로 돌아가자 장제스를 억류하기로 결심했다.

12월 12일 장쉐량은 13명의 군관을 불러 장제스 체포를 지시하고 이들은 4개 트럭에 탄 120명의 정예 병력을 대동하고 장제스가 머무르고 있던 서안성 화청지를 습격하여 격렬한 총격전을 벌였다. 이 과정에서 장제스의 호위병 대부분이 사살되었다.

새벽 4시 반에 막 일어나 체조를 하고 있던 장제스는 습격을 피해 화청지 뒷산으로 피신하였다. 결국 습격하던 군인들에게 억류되어 오전 10시경에 서북수정공사가 설치된 신성대루의 양후청 본거지로 이송되어 수감되었다.

장쉐량은 장제스에게 국공합작의 대의에 대해 설득하려 했지만 격심한 언쟁이 이어질 뿐 진전이 없었고 극도로 분노한 장제스가 장쉐량을 내쫓았다. 장제스는 좁고 더러운 방에 수감되고 장쉐량이 제공한 음식과 담요를 모두 거부했다. 좋은 숙소로 이동시켜주겠다며 두 번이나 감방 문까지 직접 찾아온 장쉐량의 제안도 단호하게 물리쳤다. 장제스는 풀어주지 않으면 이곳에서 죽겠다는 의지를 완강하게 표현했다.

한편 피를 보고 흥분한 양후청의 병사들은 장제스의 호위병들을 대부분 죽이고 장제스의 조카인 헌병대 장교 장샤오셴까지 죽였다. 그리고 시안 시내에 있는 장제스 부하들을 체포한다는 구실로 대대적인 약탈을 벌였다. 란저우 등지에서도 부화뇌동하여 반란이 일어났다. 이들의 난동을 보다 못한 일부 동북군 장교들이 제지에 나서자 양후청의 군대는 동북군 장교들까지 살해하고 장제스를 따라온 중앙의 고급장교와 고관들을 체포하여 시안 영빈관에 억류하였다.

장쉐량　　　　　　　　　　　양후청

난징 정부는 오후 11시에 즉각 국민당 중앙상무위원회와 중앙정치 위원회를 소집, 장쉐량의 모든 직무를 박탈하고 체포, 징벌할 것을 결의했다. 여기에 시안 주둔군도 장쉐량의 말을 듣지 않았다. 장쉐량은 장제스의 부하들이 장악하고 있는 시안 공항을 점거하라는 명령을 내렸지만, 시안 주둔군은 그 명령을 거부했다. 게다가 장제스의 전투기들이 시안 시내로 날아들기 시작하면서 장쉐량은 더더욱 궁지에 몰렸다.

장쉐량은 즉각 산서의 공산당과 접촉하여 장제스가 억류되었으니 저우언라이를 보내 협상을 하자고 제안했다. 옌안에 장제스 억류의 소식이 들려온 것은 12일 밤으로 많은 공산당원이 인민재판을 외치며 장제스를 죽이자고 했고 마오쩌둥도 처음엔 살장항일(殺蔣抗日)을 외쳤다. 마오쩌둥은 이들에게 장제스를 연행해 오라고 지시했으나 이오시프 스탈린이 제지하였다. 12월 14일 오후 스탈린은 연장 항일 정책을 취하여 10일 이내에 장제스를 석방하라는 지시를 내렸다.

장제스는 수감된 지 60시간 만에 동북군 사단장의 집으로 옮겨졌고, 장쉐량의 8대 요구사항에 대해 알게 되어 장쉐량을 매우 매섭게 질책했다. 장쉐량은 장제스가 친일반민족행위자들에게 둘러싸여 있으니 그들을 내치고 대중의 요구를 받아들여야 한다고 요구했다.

12월 16일 허잉친이 토벌군 사령관에 취임하여 공세를 시작했다. 시안에는 폭격이 시작되어 시안 동부에 폭탄이 떨어졌고 이미 양후청의 섬서군이 중앙의 국민혁명군과 대치하고 있었다.

12월 19일, 장제스의 통증은 점점 심해졌고 장쉐량이 밤에 찾아와 8개 항목 중 4개 항목을 취하할 테니 나머지라도 들어달라고 요청했으나 장제스는 거부했다. 쑹메이링과 장제스의 심복인 다이리를 데리고 12월 22일 다시 시안으로 이동했다. 쑹메이링은 중화민국을 위해 오랫동안 외교관으로 일했고 실력을 발휘해서 장쉐량의 비위를 맞춰주었다.

한편 쑹메이링은 분노를 드러내지 않고 온화하게 장쉐량과의 협상을 진행했다. 이때 저우언라이가 시안에 도착했는데, 스탈린은 시안 사건은 나치 독일과 손잡은 일본 제국이 중국의 내전을 심화시키려는 술수가 틀림없다는 결론을 내리고 있었고 "장제스의 납치는 항일 투쟁에 대한 손해다."라고 통보했다.

12월 24일 저우언라이는 장제스와 만났고 장제스가 구두로 공동항일전선을 펴겠다고 한 것에 동의했다. 이로써 12월 26일 14일간의 억류에서 풀려난 장제스는 뤄양에서 난징으로 돌아왔다.

장쉐량과 장제스의
석방 기념 사진

장쉐량은 군법회의에 회부되어 12월 31일 징역 10년과 공권 박탈 5년을 선고받았다. 1937년 1월 4일 장제스는 그를 특별사면해 주었지만, 가택연금에 처했다. 장제스는 시안에서의 완강한 모습에 다시 지도자의 위치를 굳건히 했지만, 전국 동시에서 끓어오르는 여론을 어찌하진 못해 초공작전을 취소하고 국공합작에 합의해야 했다.

장쉐량은 1937년 시커우에서 연금되었고 중국 곳곳의 안가를 전전하다가 1946년에 타이완섬으로 끌려갔고 장제스가 죽은 후에도 계속 연금 상태로 지내다가 장징궈가 죽은 후인 1991년에야 석방되었다.

양후청은 해외 시찰을 명목으로 구미로 외유를 떠나야 했고 중일전쟁 발발 이후 귀국했지만, 즉각 특무기관에 체포되어 중국 곳곳을 전전했다. 결국 난징 정부가 함락되기 직전인 1949년 9월 충칭에서 장제스의 명령에 의해 맏딸과 함께 총살당했다.

장제스와 협상을
마치고 옌안으로
돌아온 저우언라이를
환영하는 마오쩌둥

시안 사건에 대해서는 중국 내에서 평가가 극과 극으로 갈린다. 중화인민공화국 측에서는 그를 제2차 국공합작을 이루어내 항일전쟁에 공헌한 애국자로 높이 평가하고 있다. 이는 시안 사건이 아니었다면 중국 공산당이 소멸되었을지도 모를 일이었기 때문이다.

반면 중화민국과 중국 국민당에서는 역적 취급을 하고 있으며, 훗날 장제스는 "8년간 들인 공(공산당 토벌 작전)이 불과 2주일 만에 무너져 버리고 말았다."라고 치를 떨었다.

14

제2차 국공합작

시안 사건을 계기로 국공내전이 정지되었고, 양측은 공동 항일 투쟁을 위한 협상에 들어갔다. 그러던 중 1937년 7월 7일 노구교 사건으로 중일전쟁이 본격적으로 발발하자 국공합작이 성립되었다.

2차 국공합작으로 국민당 정부는 이제까지 불법화했던 공산당을 합법화했다. 공산당의 합법적인 지위를 인정하고 정치범을 석방하였으며 1938년 일종의 민주의회인 국민 참정회를 설치하여 국민당

2차 국공합작에서의 마오쩌둥과 장제스

1당 독재에서 벗어나 공산당을 비롯한 다른 당파, 각계 인사들을 참여시켰다.

반면 공산당은 토지 개혁의 중지, 소비에트 정부 해체, 국민당 정부의 통치를 받는 지방정부로의 편입(사실상 자치) 등을 골자로 하는 국민당의 제안을 받아들였다. 그리고 1937년 10월 공산당 홍군은 국민혁명군 제8로군(八路軍)과 국민혁명군 신4군(新四軍)으로 재편성 되었다. 팔로군과 신사군은 국민혁명군 소속이긴 하지만 공산당 독자적으로 작전권과 지휘권을 가졌고 장제스의 지시를 받지 않았다.

대일 항전 초기에는 장제스의 보병 중심인 국민혁명군이 일본군의 전차와 포병의 기계화 부대와의 전투에서 연속적으로 패하고 후퇴를 거듭했다. 반면 공산당이 지휘하던 팔로군과 신사군 등은 특유의 유격 전술로 일본군 후방에서 활약하면서 큰 전투를 치르지 않고 일본군을 괴롭혔다. 따라서 공산군의 피해는 크지 않았으며, 오히려 주력 부대는 증강되면서 그 세력을 넓혀갔다.

공산당의 세력이 점차 강해지자 위기를 느낀 장제스는 1938년 10월 일본군에게 우한이 함락당하자 더 이상 공산당과 국공합작을 유지하기 힘들다고 판단했다. 그래서 공산당과의 협동 작전에 비협조적으로 나왔고 때로는 노골적으로 공산당을 탄압하기 시작했다.

1940년 12월 3일 원래 강남(江南: 황하 이남)의 신사군이 강북(江北) 으로 전장을 넓히면서 신사군의 세력이 확장되기 시작하였다. 이에 위협을 느낀 장제스는 신사군을 항명으로 간주해 소탕하기로 결정하고 신사군을 안후이성과 장쑤성에서 철수하라는 명령을 내렸다. 공산당은 이에 동의하고 병력을 양쯔강 이북으로 이동하라고 명령했다. 처음에 신사군 공산당 장교들은 이 명령에 반발했으나 결국 이동에 합의했다.

예팅이 이끄는 신사군의 정예 병력 9,000명은 3개 방면으로 나눠 양쯔강을 도하하기 시작했고 1월 5일 도하를 마치고 집결하였다. 이때 갑자기 8만 명의 국민혁명군이 나타나 이들을 포위하고 다음 날부터 공격을 개시하였다.

신사군은 8만이 넘는 국민당군과 7일 밤낮을 싸웠다. 결국 2천 명이 겨우 포위를 뚫고 나왔으며 3천여 명이 장렬하게 전사하고 3천 6백여 명이 사로잡히거나 실종되었다. 수적 열세에 밀린 신사군은 병력의 상당수를 잃었고 부대장 예팅은 부하를 살리기 위해 1941년 1월 13일 국민당군 측과 협상을 시도하였다.

국민당군에게 포위당한 신사군

부대장 예팅이 협상하러 오자 갑자기 국민당 측은 그를 체포해 버렸고 결국 신사군의 부부대장도 전사하였다. 1941년 1월 17일 장제스는 신사군의 해체를 명령했고 예팅은 군법회의에 넘겨졌다. 이로써 양측의 긴장 관계는 점차 악화되었고 서로를 믿지 않게 되었다.

이 사건으로 국민당은 항일전선을 깨뜨렸다는 비난에 당면한 반면 공산당은 항일의 영웅으로 인식되었다. 비록 공산당은 이 사건으로 인해 양쯔강 남쪽의 영토에 대한 영향력을 상실했지만, 인민의 지지를 얻을 수 있었다.

1945년 8월 15일 일본의 패망으로 종전되자 국민당과 공산당은 더 이상 국공합작의 의미를 상실하게 되었다. 일본의 점령지 배분을 둘러싸고 무력충돌을 하게 되며 결국 국공합작이 결렬되었다.

15
정풍운동

    정풍운동은 중국 공산당이 1942년부터 1944년까지 대장정 기간 중 옌안에서 진행한 대중운동을 말한다. 공산당 내 나쁜 풍조를 뿌리 뽑고 당원과 홍군을 진정한 마르크스-레닌주의자로 육성시킨다는 명목하에 진행되었다. 그러나 내면에는 권력을 장악한 마오쩌둥이 당내 경쟁 세력을 완전히 굴복시키고 자신의 독재 권력을 확고히 하기 위한 목적이 숨겨져 있었다. 마오쩌둥은 이 운동을 통해 공산당을 완벽하게 장악했고, 마오이즘은 중국 공산당의 근본이념으로 자리 잡게 되었다.

    1934년 10월, 중국 공산당은 국민혁명군의 제5차 초공작전으로 궤멸적인 타격을 입고 본거지인 루이진이 위험해지자 대장정에 돌입했다. 그 후 1935년 1월에 열린 쭌이회의에서 마오쩌둥은 국민혁명군을 상대로 전면전을 벌였다가 참패를 면치 못한 보구 등을 맹렬하게 비난했고, 저우언라이 등 당 핵심 인사들의 동조를 얻어내면서 당권 장악에 성공했다.

그러나 마오쩌둥이 완전한 지도권을 장악한 것은 아니었다. 모스크바에는 왕밍이, 쓰촨성에는 장궈타오가 강력한 세력을 형성하고 있어서 1930년대 말까지만 해도 마오쩌둥의 정치적, 이데올로기적 권위는 확립되지 않았다. 물론 마오쩌둥의 입지는 왕밍과 장궈타오보다 훨씬 강력했지만, 당 내부에는 여전히 분파적인 요소들이 남아 있었고 마르크스-레닌주의를 어떻게 수용하고 해석할 것인가를 둘러싸고 마오쩌둥과 왕밍 간에는 이견이 계속 존재했다.

한편 1937년 중일전쟁이 발발하면서 공산주의 운동이 점차 활발해지기 시작했다. 그러나 해방구를 중심으로 분산, 발전하는 과정에서 지역마다 독자적인 엘리트 집단이 형성됐기 때문에 공산당 중앙위원회의 통일된 지도체제를 관철하기 어려웠다. 그리고 공산당의 규모는 급격하게 팽창했다. 1937년 4만여 명이었던 당원은 3년 동안 80만으로 20배 이상 늘었으며, 팔로군은 3만여 명에서 40만 명으로, 신서군은 1만 명에서 10만 명으로, 옌안의 인구는 4,400만 명 이상으로 늘어났다.

특히 1938년, 1939년 이후 일본군 점령지와 국민당 지배 지역의 학생과 지식인들이 옌안을 항일 구국의 중심지로 보고 모여들었다. 그들은 5·4운동 시기부터 중국 옌안을 중심으로 발전한 근대사상과 개량 사상의 영향을 받고 있었다.

1940년대에 접어들면서 중국 공산당은 본격적인 어려움에 직면했다. 먼저 일본의 중국 침략이 확대되는 과정에서 일본은 중국 공산당이 지배하는 해방구를 집중적으로 공격하기 시작했다. 1940년

8월 당 중앙은 화북 5개 성에서 일본군에 대한 군사 공격을 개시했다. 이 백단대전 이후 일본은 공산당 지배 지역 확장에 경계심을 갖게 되었고, 해방구에 대한 공세를 강화했다.

1941년과 1942년에 일본군은 각기 중국 주둔 병력의 75%와 63%를 집중 배치하여 팔로군과 신서군을 공격했으며, 점령지역에 대해서는 가혹한 지배정책을 실행했다.

한편, 홍군은 제2차 국공합작이 체결된 후에도 기회만 되면 국민혁명군에게 훼방을 놓기 일쑤였다. 이에 국민혁명군은 공산당 해방구에 대한 봉쇄를 강화했고 1940년에 국민당 정부는 팔로군과 신서군에 대한 군비 지급을 1/5로 줄였다. 이러한 여러 문제로 공산당은 위기에 직면했다. 1940년에 40만 가까이 되던 팔로군은 1942년엔 30만으로 줄어들었고 신서군은 13만에서 11만 1,000명으로 줄어들었다. 해방구의 인구도 1억 명에서 5,000만 명 이하로 줄어들었고 군민의 생활은 매우 빈곤해져서 입을 옷이나 먹을 기름, 채소와 종이, 병사들의 신발도 부족해졌다. 이러한 문제를 해결하기 위해 당 차원에서 여러 정책이 추진되었는데, 그중 하나가 바로 정풍운동이었다.

제1단계: 사상학습 단계

1941년 5월, 마오쩌둥은 옌안의 고급 간부회의에서 '개조아문적학습(改造我們的學習)'이라는 문건을 발표하고 "주관주의는 공산당과 민족의 적으로 주관주의를 타파해야 한다."고 주장했다. 1941년 9

월 10일 당 중앙은 정치국 확대회의를 개최하여 당내 역사, 특히 토지혁명 전쟁기 후기의 노선 문제를 검토한 뒤 다시 주관주의와 종파주의에 대한 반대 문제를 중점적으로 논의했다.

중앙위원회는 고급 간부 약 300명을 조직 몇 개로 나누어 고급학습조를 구성하여 정풍 학습을 진행했다. 이 학습조는 마르크스-레닌주의 사상과 공산당의 역사를 연구함으로써 주관주의를 극복하고 이론 수준을 끌어올리고자 했다.

1941년 12월, 마오쩌둥은 당의 중요한 역사적 문건을 모아 고급 간부들을 학습시키는 『육대이래(六大以來)』교재를 정식으로 출판했다. 마오쩌둥은 이를 통해 고급 간부의 사상 인식을 제고하여 전반적으로 보편적인 정풍운동을 전개하기 위한 조건을 갖추고자 했다.

정풍운동을 전개할 때의 마오쩌둥

정풍운동

이 준비 단계에서, 마오쩌둥은 정치력을 발휘하여 권력 기반을 강화했다. 특히 장궈타오와 28인의 볼셰비키 세력을 약화시키고 정적을 하나씩 숙청할 수 있었다.

제2단계: 정풍 개조 단계

1942년 2월 초, 마오쩌둥은 '정돈당적작풍(整頓黨的作風)'과 '당팔고를 반대함(反對黨八股)'이라는 문건을 발표했다. 이로써 옌안의 정풍운동은 소수의 고급 간부가 참가하던 것에서 나아가 전당 각급 지도 간부와 당원이 참여하는 것으로 바뀌었고, 학습 내용도 정치 노선을 주로 연구하던 것에서 더 나아가 보편적인 사상 방법, 사업 방법을 교육하고 점검하고 투쟁하며 단결하는 것으로 바뀌었다. 이는 당 내부 상층부에 싹트고 있던 관료주의에 대한 경계였다.

마오쩌둥이 규정한 정풍 방침은 당원들이 서로 비판과 자아비판을 전개함으로써 진리를 견지하고 잘못을 바로잡아 당의 단결을 강화한다는 것이었다.

1942년 3월 20일, 공산당 중앙정치국은 회의를 개최했다. 이 회의에서 마오쩌둥이 중앙정치국 주석과 서기국 주석을 겸임했고, 총학습위원회 위원장 류사오치, 부위원장 강성과 펑전이 마오쩌둥을 보좌했다. 마오쩌둥은 이 회의를 통해 중앙정치국과 서기국에 대해 지도적 권위를 확보했다.

마오쩌둥은 자신의 경쟁 세력을 두 그룹으로 분류했다. 한 그룹은 독단주의자 그룹으로 왕밍과 28명의 볼셰비키, 그리고 소련에 유학을 가 외국 이론에 깊은 영향을 받은 이들이었다. 또 다른 그룹은 경험주의자 그룹으로 류보청, 쥐취안, 런비스 등이었다. 마오쩌둥은 이 그룹에 속한 이들이 서로를 비판하고 모두가 지켜보는 앞에서 자아비판을 하도록 강요했다. 그들 모두는 자신의 실수에 대한 고백과 사과문을 작성했으며 자아비판을 한 사람들은 나중에 자신의 고백에 따라 박해를 받았다.

이후 마오쩌둥은 총연구위원회를 통해 교정 및 숙청 작업을 단행했다. 여기서 대활약한 인물이 바로 강성이다. 그는 위원회를 주도해 공산당 간부들에 대한 사상 교정 및 정적 숙청을 차질 없이 진행했고 마오쩌둥이 선거와 임기에 제한을 두지 않고 독재 권력을 행사할 수 있게 했다. 이리하여 마오쩌둥은 옌안 정권을 자신의 소유물로 만들었다.

제3단계: 심간(審幹) 단계

1943년 10월, 공산당 중앙위원회는 고위 간부들이 당의 역사적 문제를 더 깊이 연구하고 논의해야 한다고 결정했다. 여기서 정풍운동은 세 번째 단계로 넘어갔다. 이 단계의 주된 임무는 당의 역사적 경험에 대한 결론을 종합적, 체계적으로 요약하고 당 역사에서 몇 가지 주요 오류를 매듭짓는 것이었다.

그 후 당 고위 간부들을 심사하여 그들의 죄를 심판하는, 소위 심간(審幹) 현상이 발생했다. 간부들은 교정 운동에서 자신의 고백에 대해 글을 썼고 사람들은 그들의 죄와 오류를 엄중히 꾸짖었다. 이는 곧 인민재판이 되어 많은 이들을 죽음으로 몰아넣는 악순환으로 이어졌다. 이러한 정풍운동을 수행한 캉성은 온갖 수단을 총동원해 마오쩌둥에게 조금이라도 거슬리는 이들을 가차 없이 탄압했다. 왕밍은 실수를 자백하도록 강요받았고 보구도 잘못된 좌익 노선을 추구하는 것에 대해 비난받았다.

특히 스탈린의 대숙청에 의문을 제기한 바 있고 마오쩌둥에게 절대평균주의자라는 비판을 받았던 왕스웨이에 대한 탄압은 극심했다. 1943년 4월 1일, 캉성은 왕스웨이의 공식 체포를 명했다. 이후 왕스웨이는 수년간 심사를 받았고 마침내 1946년에 당으로부터 '숨겨진 트로츠키주의자이자 반혁명가'라는 판정을 받고 감옥에 수감되었다. 1947년 7월 1일, 왕스웨이는 캉성이 극비리에 파견한 공안 요원들에 의해 은밀히 살해되어 어느 우물에 파묻혔다.

한편 정풍운동은 학생들에게도 영향을 미쳤다. 펑전은 중앙 정치학교에 다니는 학생들에게 정류 운동을 실시했다. 수많은 학생들이 서로를 비판하고 자아비판을 하는 글을 당에 제출했다. 중앙 연구위원회는 이를 연구하고 트로츠키주의자이거나 반혁명사상을 가진 것으로 의심되는 이들에 대한 교정을 실시했다. 수천 명의 사람들, 특히 국민당이 통치하는 지역에서 온 신입 당원들은 정화, 구금, 검열, 고문을 당했고 그중 수백 명이 왕스웨이처럼 처형되었다. 그뿐만 아니라 가족과 친척들도 연좌제로 인해 함께 박해받았다. 이 박해로부터 해방될 수 있는 유일한 방법은 그들이 결코 저지르지 않았던 범죄에 대한 고백을 한 다음 다른 사람들을 고발하는 것이었다.

1945년 4월 20일, 제6차 중앙위원회 제7차 기본회의는 여러 번의 역사적인 쟁점에 관한 결의안을 통과시키고 역사적 교훈을 체계적으로 요약한 뒤 옌안에서 마르크스-레닌주의가 확고히 자리 잡았고 마오쩌둥의 사상이 당의 기본 이념으로 확정되었음을 선언했다. 이로써 옌안의 정풍운동은 막을 내렸다.

정풍운동은 마오쩌둥의 중국 공산당에서의 절대적인 위치를 확고히 다지는 데 기여했다. 과거 마오쩌둥과 치열한 당권 다툼을 벌였던 왕밍, 보구 등은 자신의 죄를 고백하고 마오쩌둥에게 용서를 구하는 처지로 전락했고 수천 명의 당원들이 호된 탄압을 받고 수백 명이 목숨을 잃었다. 마오쩌둥은 중국을 통일한 후에도 정풍운동을 수차례 추진해 많은 지식인들을 트로츠키주의자, 반혁명분자, 분파주의자로 몰아세워 숙청했고, 나중에는 마르크스-레닌주의마저도 배격하고 마오이즘을 중국의 유일무이한 이데올로기로 삼았다.

16

소련의 만주 전략 공세 작전

제2차 세계 대전의 전세가 일본 쪽에 결정적으로 불리하게 된 마지막 사건은 소련의 극동전선 개입이라고 할 수 있다. 소련의 만주 전략 공세 작전은 1945년 8월 9일부터 시작된 소련-일본 전쟁의 주요 전투로 제2차 세계 대전의 일부이다. 간단하게 만주 작전이라고도 부른다. 소련의 만주 전략 공세 작전은 태평양 전쟁의 막바지에 일본 제국과 일본군의 최후의 저항 의지와 숨통을 완전히 끊어놓은 사건이다. 만주사변 이래 괴뢰국 만주국을 15년간 점령하고 있던, 이미 껍데기만 남은 관동군은 이로써 해체되었다.

소련은 당장 눈앞의 나치 독일이 더 큰 위협적 존재임이 분명했기에 일본과 군이 충돌하려 하지 않았다. 일본 또한 남방자원지대라 부르던 동남아 지역이 중요했기에 소련은 안중에도 없었다. 이처럼 양국의 이해가 일치해서 1941년 4월 소-일 불가침조약이 체결되었으며 이러한 분위기는 독소전쟁 발발 이후에도 지속되었다.

히틀러가 소련 침공을 준비할 때 1941년 5월 만주의 관동군은 일본 최정예 육군으로 이름을 날렸고 일본 연합함대 역시 막강한 전력으로 평가받고 있었다. 그렇기 때문에 독일은 일본군이 충분히 소련군을 상대로 선전해 줄 수 있을 정도라고 과대평가했다. 하지만 기대와 달리 현실은 제대로 된 전쟁을 안 겪은 것이 독이 되었고, 전쟁이 나자마자 일부 일본군 장성들은 제1차 세계 대전의 돌격 전술을 고집해서 정예 병력과 징집 병력들을 소모하기 시작했다. 그럼에도 불구하고 관동군은 병력을 100만 명까지 증강하고 대대적인 군사훈련에 돌입했다.

이에 이오시프 스탈린은 일본이 독일과 호응하여 시베리아와 연해주를 공격할 것을 우려했지만 소련은 극동과 시베리아에 있는 병력 중 다수를 유럽 전선 방면으로 차출했다. 그리고 그 결과 모스크바 공방전에서 나치의 진격을 막았고, 스탈린그라드 전투에서 나치 독일군에 참패를 안겼다.

최대 주적을 제거한 소련은 이제 미국에 의해 패전 직전인 일본 제국의 만주에서 정예 사단은 다 빠진 껍데기만 남은 관동군을 무장 해제하기 위해 참전을 기획했다. 무엇보다 일본군의 결사 항전에 생각보다 큰 희생을 치른 미국은 테헤란 회담과 얄타 회담을 거듭해서 소련에 대일전 참전을 요구했다.

소련 정부는 처음에 크게 내키진 않았으나 미국의 요구와 유럽 전선의 종결, 스탈린의 야심이 서로 맞물리자 스탈린과 소련군 지도부는 유럽에서 승리한 뒤 3개월 이내에 만주를 공격하겠다고 약속했으며 결국 전쟁이 끝나자 소련은 만주 침공을 결정하고 준비에

착수했다.

1945년 4월, 얄타회담에서 일소중립조약을 깨고 8월부터 일본과 전쟁을 시작하겠다고 통보했다. 7월에 극동의 전선군들을 효율적으로 지휘할 자체 사령부인 극동전략방면군을 창설하였다. 8월 9일 0시 1분에 만주 침공을 단행하였다. 소련군은 극동의 500km 전선에 걸쳐 일본에 대한 총공격을 개시했다. 이때 동원된 병력은 약 150만 명이다. 소련군은 8월 중 하얼빈, 여순, 대련 등 만주의 대부분을 점령했다. 만주의 괴뢰정부 만주국도 공격하여 없애 버렸다.

소련군은 45년에 관동군이 1,115대의 전차와 5,360문의 화포, 1,800대의 항공기를 보유하고 있을 것으로 예상했고, 만주국군까지 합쳐 8개 사단, 7개 기병사단이 추가되었다고 추산했다. 이에 따라 만주 국경 전체의 소련군과 관동군 병력 비율은 1.2:1, 일본군만 따지면 2.2:1이 되고 전차와 포의 경우 4.8:1, 항공기는 2:1의 비율이 된다. 소련군이 수적 우위에 있긴 하지만 기갑 전력을 제외하고는 그렇게까지 압도적이지는 않았다.

당시 만주군은 중국인, 몽강자치군은 몽골인으로 구성된 괴뢰부대이다. 만주군의 경우 명목상 만주국 소속이었으나, 실제로는 관동군의 작전지휘를 받았다. 예를 들어 조선인들로 구성된 간도특설대의 경우 만주군 제5군관구 소속으로 러허성의 항일독립군 토벌을 담당하며, 제5군관구는 관동군 제3방면군의 작전지휘를 받는다. 전쟁이 끝나고 관동군은 시베리아로 끌려가서 개고생 하였지만, 대부분 중국인으로 구성된 만주군은 무장해제 후 각자 집으로 갔다.

덕분에 백선엽, 정일권, 박정희 등은 신생 한국군의 주류가 될 수 있었다.

편제상으로는 괜찮은 전력 같아 보이지만 관동군은 계속되는 전황 악화 속에 주력 부대가 껍데기만 남은 채 병력과 장비가 본토 방위를 위해 꾸준히 차출당하고, 신규 편성 부대 등으로 공백을 메꾸고 있어 전력이 약화된 상태였다.

소련군은 전술적으로도 일본군이 예상치 못한 방법을 사용하여 관동군을 유린하였다. 소련군은 강력한 공병 및 화력 지원을 받는, 임무 지향적인 소규모 돌격집단을 사용했으며, 이런 돌격집단들은 인해전술보다 훨씬 방어하기 어려움을 입증했다. 일본군은 인력 소모보다 기계화와 화력에 의존하는 소련군의 공격에 속수무책으로 당할 수밖에 없었다. 소련 제병협동군들은 평균 300~400km를 작전 기간 동안 진격했으며 제6근위전차군은 총 800km 이상을 진격했다.

하얼빈에 입성한 소련군

소련군의 한반도 전투는 만주 전략 공세 작전 개시와 동시에 시작되었다. 1945년 8월 9일, 공군은 함경북도 웅기읍의 일본군 시설에 대한 공습을 실시하였고 육군 부대들은 두만강을 건너 일본군을 공격하기 시작하였다. 그 지역 주둔 일본군은 소련군 급습에 치열한 전투를 벌였으나 결국 후퇴하였다. 따라서 8월 9일 밤 소련군 부대들이 경흥군을 해방시켰다.

8월 15일 정오 일본 천황이 무조건 항복을 선포한 '옥음방송'이 울렸지만 포성이 멈추지 않았다. 심지어 일본 관동군 사령부는 무기를 내려놓으라는 명령도 내리지 않았다. 살벌한 청진 전투는 동해 해안선을 따라 내려오는 육군사단이 전투에 들어간 16일까지 지속되었다. 청진 상륙작전의 성공과 만주에서의 소련군 승리 소식을 들은 관동군 사령부는 지속적인 저항의 무의미함을 인정하고 19일 드디어 무기를 내려놓았다.

소련은 결국 관동군을 무력화하고 8월 19일 항복을 받아내 주 작전은 11일 만에 끝을 맺었고 만주는 소련 치하에 들어간다. 관동군은 이로써 해체되었다. 만주 전략 공세 작전 중에 소련군은 3만 5,000명 이상의 사상자를 냈다. 그중 약 60%가 만주 남부와 한반도를 해방시킨 제1극동 전선군이었다. 육군부대들도 2,000여 명, 해군부대들은 1,000여 명의 사상자를 냈다.

평양에 진주한 소련군과 그들을 환영하는 인파의 모습

17

제2차 국공내전

　제2차 국공내전 또는 중국 공산혁명은 중일전쟁 직후 1946년부
터 시작된 분쟁으로 국공내전의 두 번째 단계이다. 중국 공산당이
1921년 설립 이후 힘을 키웠던 시기이며, 중국 공식 언론은 해방전
쟁이라 부르기도 한다. 제2차 국공내전으로 중국 공산당은 중국을
통일했으며 중화인민공화국이 1949년 수립되었다. 장제스의 국민
당 정부는 대만으로 밀려나게 된다.

　2차 국공합작에 의해 항일 통일 전선을 형성하고 있었던 공산당
과 국민당은 겉으로는 일본군과의 싸움에 온 힘을 집중하고 있는
것처럼 보였지만 안으로는 일본 패망 이후 중국에서의 패권을 누가
가질지에 대해서 더 관심을 가지고 있었다.

　1945년 8월 일본군이 항복하면서 8년간에 걸친 전쟁에서 중국
은 승리를 거두었다. 그러나 중국인들은 오랜 전쟁의 승리에도 불
구하고 전쟁의 공포에서 완전히 해방된 것이 아니었다. 일본 패망
직후 공동의 적이 사라지자 공산당과 국민당 사이에는 일본군의 무

장 해제와 함께 점령지를 정리하기 위한 긴장이 고조되었다.

　1945년 4~6월 사이, 국민당과 공산당은 각각 전당대회를 개최하고 전후의 중국에 대한 입장을 천명하였다. 만 17년 만에 옌안(延安)에서 개최된 공산당 제7차 전당대회에서 마오쩌둥은 '연합정부론'을 발표하였다. 한편 국민당도 5월에 충칭(重慶)에서 10년 만에 제6차 전당대회를 개최하고 중국 전성기인 한나라, 당나라 규모와 기백 수준으로의 부흥을 일으키고 쑨원의 삼민주의 구현을 약속하면서 쑨원 탄생 80주년이 되는 1945년 11월 12일에 국민대회를 소집하여 새로운 헌정기(憲政期)를 시작하겠다고 선언하였다. 이는 공산당을 배제한 채 국민당 주도로 정치 계획을 실시하겠다는 뜻을 분명히 함으로써, 공산당의 연합정부론을 사실상 거부한 것이었다.

　국민당과 공산당은 일본군 및 난징 괴뢰정부 점령지역에 대한 무장해제와 접수를 놓고 치열한 무력투쟁과 내전의 위기가 심화되자, 오랜 전쟁의 참상과 국공 양당 간 내전 조짐에 불안을 느낀 중국인들은 양당 간 평화 협상을 요구하기에 이르렀다.

　결국 오랜 전쟁에 지쳐 있던 공산당과 국민당 양측은 내전을 피하기 위해 1945년 8월부터 45일간 충칭에서 장제스와 마오쩌둥이 만나 긴 회담을 가졌다. 회의 도중 일본은 미국의 원자폭탄 투하에 굴복하여 마침내 1945년 8월 15일 항복선언을 하게 된다. 이제 중국에서는 국민당과 공산당 간의 최후의 한판이 남아 있었다. 중국인들은 오랜 전쟁 끝에 찾아온 평화가 깨지지 않기를 바랐지만, 그것은 희망 사항에 불과했다.

회의에서는 장래 내전을 회피하고 평화적 건국을 지향하며, 모든 당파가 참여하는 정치협상회의를 개최하기로 하였다. 10월 10일에 합의 사항을 발표했다고 하여 이를 '쌍십(雙十)협정'이라고 부른다.

그러나 충칭에서 협상이 진행되고 있었지만 여전히 화북과 동북 지역에서는 공산당군과 국민당군의 무력충돌이 계속 확산되고 있었다. 이런 가운데 미국은 국민당 정부에 제한적인 군사 지원을 계속하는 한편, 공산당과의 협상에 의한 내전 중지와 평화적, 민주적 통일정부 수립을 독려하였다.

미국의 트루먼 대통령은 1945년 11월 조지 마셜 장군을 특사로 파견하여 국민당과 공산당의 협상을 중재하였다. 이에 대해 소련도 찬성하는 분위기였고, 그해 12월 모스크바에서 개최된 미·영·소 외상회담에서 중국의 내전 중지와 제3세력들이 광범위하게 참가하는 민주적 정부 수립을 촉구하기도 하였다.

트루먼 대통령   마셜 장군

마셜 장군의 중재로 1946년 1월부터 국민당 대표 장췬(張群)과 공산당 대표 저우언라이로 구성된 '군사 3인위원회'가 상호 협의하에 '국공 정전협정(停戰協定)'에 조인하였고, 이날 1945년에 합의한 바 있는 정치협상 회의를 다시 소집했다.

그러나 어느 정도 합의에 다다르자 이를 인준하는 과정에서 국민당이 다시 합의안을 번복하고 공산당이 이에 항의하면서 결국 공동 정부 구성에 실패하였다. 결국 정치협상은 만주 지방에서 두 세력이 충돌하면서 깨지고 만다. 국민당은 소련군의 철수와 함께 만주의 지배권을 확보하려 했고, 그 지역에 지지기반을 가지고 있었던 공산당이 그것을 막으려고 하는 과정에서 무력충돌로 번지게 된 것이었다.

1946년 6월 국민혁명군은 본격적으로 공산당이 점령한 지역을 침공하면서 전면적인 내전이 개시되었다. 10월 국민당 정부는 약

국민당 대표 장췬

200여 만에 가까운 군대를 동원하여 공산당의 거점인 해방구를 공격해서 홍군은 화중지방, 양자강 하류 등의 거점에서 밀려났다. 초기에는 국민혁명군이 병력, 장비, 보급 등 모든 면에서 중국 인민해방군(홍군)보다 우세했다. 더욱이 국민혁명군은 미국의 군사 물자 지원을 받아 무장하고 있어서 내전은 곧 종식될 듯 보였다. 특히 1947년 3월에는 후쫑난이 지휘한 20만의 병력이 중화소비에트공화국의 수도인 옌안을 점령하여 공산당에게 큰 타격을 입히기도 했다.

　그러나 무리하게 점령지를 늘린 국민혁명군은 병력을 지나치게 분산시키는 전략적 오류를 범하게 되었다. 공산당의 홍군은 국민당의 공격 대상이 되는 도시거점을 지키는 데 주력하지 않았다. 그들은 군대를 빼돌려 국민당군을 교란시키는 작전을 택한 것이다. 그들은 철도가 통과하는 지역 등을 공격하여 국민당 군대의 보급선을 끊었다. 또한 연안을 내주는 대신 좀 더 풍요로운 산서 지역을 장악했다. 홍군의 발표에 의하면 국민당군이 승리를 거듭하고 있었던

2차 국공내전에서의 인민해방군

　　　　　　　　　　　　　　　제2장 마오쩌둥의 일생

46~47년 사이 국민당군 70만 명을 무력화시켰다.

치열한 싸움 중에도 두 세력 사이에는 평화협상이 계속되었으나 어느 쪽도 진정으로 상대방을 대화의 상대로 생각하고 있지 않았다. 장제스는 남경에서 1947년 국민대회를 개최하여 총통인 자신이 강력한 권력을 행사할 수 있는 헌법을 채택했다. 공산당도 역시 1947년 2월 당중앙위원회에서 국민당 정부를 전복한다는 정책을 결정했다. 3월에는 중경, 남경, 상해, 북경 등지에 남아 있던 공산당 대표단이 철수했다. 협상은 끝났고, 싸우는 일만 남게 되었다.

게다가 국민당 정부의 총체적 부패, 인플레로 인한 경제 붕괴, 그리고 생존에 허덕이는 국민의 고통을 외면함으로써 이미 민심을 잃고 있었다. 국민당 정부의 부패와 물가 폭등에 대한 도시 노동자들의 항의 시위가 계속되었고 농촌에서는 납세 거부 시위가 각지에서 일어나고 있었다. 1948년 가을부터는 공산당 측에 유리하게 내전이 전개되었다.

1947년 홍군은 전세가 유리해진 것으로 판단하고 대대적인 반격을 가하기 시작했다. 46년에 국민당군 400만에 대해 100만에 그쳤던 공산당 군대가 200만으로 증가했다. 1948년 11월 린뱌오가 지휘한 동북 인민해방군이 만주에서 중화민국 국군을 격파하는 것을 시작으로 전세가 역전되고 힘의 균형이 깨지기 시작하였다. 이때부터 인민해방군은 파죽지세로 남하하였다.

위기를 느끼며 궁지에 몰리기 시작한 장제스는 1949년 남경 정부를 그대로 유지하는 선에서 공산당과의 평화 교섭을 제안했다. 그러나 그 답으로 공산당은 8개 항의 평화안(장제스를 포함한 전쟁범죄자의 처벌, 민주주의적 원칙에 따른 군대 재편성, 관료자본 몰수, 토지개혁 등)을 제시했다. 장제스는 이미 대세가 기운 것으로 판단, 1949년 봄부터 정부의 금괴와 정예부대를 대만으로 빼돌리기 시작했다.

마침내 내전 3년 만인 1949년 1월 공산당은 국민당의 정예부대를 격파하고 북경에 입성했다. 양쯔강을 건너 4월 23일에는 국민당 정부의 수도 난징을 함락시키고, 5월 27일 중국 대륙 최대 도시 상하이까지 손에 넣었다. 남경 국민당 정부는 광동과 중경, 다시 청두로 옮겼다.

중화민국의 수도인 난징 총통부를 점령하고 기를 게양하는 중국 인민해방군

제2장 마오쩌둥의 일생

18
중화인민공화국 수립

1949년 9월경, 중국의 대부분 지역이 인민해방군에 점령되었다.1949년 9월 12일 중공은 인민정치협상회의를 열어 새로운 정부 수립을 준비했다. 12일간 열린 회의에서 정부조직법, 공동강령, 국기 등이 결정되었다. 중화인민공화국 국기는 붉은색 바탕에 왼쪽에 다섯 개의 별을 그렸는데, 큰 별은 공산당, 작은 별 4개는 노동자, 농민, 소부르주아, 민족부르주아 계급을 상징했다. 새로운 공화국은 베이핑(北平)을 수도로 하고, 수도 명칭을 베이징(北京)으로 환원했다.

1949년 10월 1일 마오쩌둥은 베이징에서 중화인민공화국의 수립을 선포하였다. 공산당 창당 이후 30년에 걸친 긴 내전에서 최후의 승자는 공산당이 된 것이다. 수도는 북경으로 정하고 주석에는 마오쩌둥이 선출되었다.

1949년 10월 1일 오후 3시, 마오쩌둥은 쑨원이 입던 국방색 중산복을 입고 톈안먼(天安門) 성루에 나타났다. 광장에는 30만 명의 인민이 운집했다. 마오쩌둥은 마이크를 잡고 "이제 인류의 4분의 1을

마오쩌둥의 중화인민공화국 수립 선포

차지하는 중국 인민이 일어났다."며 중화인민공화국 건국을 선포했
다. 1918년 블라디미르 레닌이 사회주의 혁명을 선포한 것과 달리
마오쩌둥은 민족해방자로 자신을 포장했다.

　마오쩌둥은 1948년 자신이 집필한 『인민민주독재론』에서 "앞으
로 세워질 새 나라는 노동자, 농민, 도시 소부르주아, 민족부르주아
를 결집, 노동자계급의 지도 아래 민족통일전선을 형성하고 동시
에 노동자계급에 지도된 노농동맹을 기초로 하는 인민독재의 국가
이어야 한다."라고 했다. 소위 민족통일전선은 모든 정파를 망라한
'중국인민정치협상회의'로 나타났다. 이것이 바로 중화인민공화국
의 모체가 됐다.

중화인민공화국이 수립되자 소련을 비롯한 공산국과 서방 일부 국가의 즉각적인 승인을 받았다. 공산주의 종주국인 소련이 가장 먼저 승인했고, 곧이어 소비에트 연방 국가인 불가리아와 루마니아, 체코슬로바키아, 폴란드, 헝가리, 유고슬라비아, 동독, 알바니아가 승인했다. 비공산 국가로는 인도, 버마, 파키스탄, 실론(스리랑카), 서방 국가로는 프랑스와 영국이 중공 정권을 승인했다. 미국은 중화인민공화국을 승인하지 않았을 뿐 아니라, 국제적 지지세 확산을 방해했다. 미국은 30년이 지난 1979년에야 중화인민공화국을 승인하게 된다.

19

국민당 군대의 패배

중국 인민해방군은 10월 14일에는 광저우를 접수하고, 11월 30
일에는 중화민국 정부의 임시수도였던 충칭마저 함락시켰다. 12월
10일 장제스는 대륙 최후 거점인 청두에서 타이완(臺灣, 대만)으로 탈
출했고, 12월 27일 인민해방군이 청두에 입성함으로써 대륙에서
국민당을 완전히 몰아냈다.

1949년 10월 25일 인민해방군은 푸젠성 연안에 있는 진먼도(金
門島)에 상륙했다. 국민당군은 푸젠성 해안에 진먼도와 마쭈도(馬祖
島)에 병력을 주둔시키고 있었기에 푸젠성 해안을 정리한 후에 대만

대만과 진먼도

진먼도

을 공격할 심산으로 2만 명의 병력을 투입했다. 국민당군은 해안에 지뢰와 장애물을 겹겹이 설치하고, 200여 개의 벙커도 구축하는 등 만반의 준비를 했다. 인민해방군은 25일과 26일 두 차례에 걸쳐 진 먼도 구닝터우(古寧頭)에 상륙작전을 폈지만 패배하고 말았다.

연전연패하던 국민당군은 이 전투의 승리를 계기로 사기가 올라 갔다. 인민해방군은 해군이 절대 부족했다. 국민당군은 푸젠성 해 안에서 중공군을 방어함으로써 국민정부는 대만을 보호할 수 있다 는 자신감을 가졌다. 이 전투를 구닝터우전투라 한다.

이후 인민해방군은 1950년 4월 국민군의 거점이던 하이난섬(海南島)을 공격해 점령하고, 완산 군도, 난아오섬, 둥산섬, 난펑섬 등 국 민당군이 점거 중이던 도서 지역 거점들을 수중에 넣었다. 그리고 상하이 근해의 저우산 군도(舟山群島)와 다천(大陳)섬에서 국민당군이 철수함으로써 양안(兩岸) 사이에 현재와 같은 경계가 만들어졌다.

1950년 6월 25일 한국에서 전쟁이 발발하자 중화인민공화국은 북한을 지원하게 되면서 대만섬 공격을 보류했다. 그 사이에 미국 의 입장도 변했다. 국공내전에서 불간섭, 불개입의 원칙을 내세웠 던 미국의 해리 트루먼 행정부는 한국전에 미군을 파병하면서 대만 을 방어하기로 입장을 전환하였다.

중국 인민해방군은 1958년에 무려 47만 발에 이르는 포탄을 진 먼도에 쏟아부었으나 점령하지 못하였고(진먼 포격전), 1979년 1월 1 일 미국과 수교하기 전까지 20년간 이 섬에 대한 간헐적인 포격을 계속하였다.

★
20

국민당 잔당 토벌

공산정권 수립 당시, 아직도 중남부, 서남부, 화동(華東) 지역에는 여전히 국민당 3개 집단군 70만 명이 할거하고 있었다. 공산군은 국민군 잔당 토벌에 나섰다. 이들 지역은 인구밀도가 높고 오랫동안 국민당 지역이었기 때문에 국민군 패잔병을 속히 제거하지 않으면 위험하다는 판단이었다.

광둥과 광시에는 바이충시(白崇禧)와 위한모(余漢謀)가 버티고 있었고, 산시(陝西) 친링(秦嶺)산맥에는 천혜의 방어선을 활용해 후쭝난(胡宗南)이 방어선을 구축하고 있었다. 공산당은 린뱌오(林彪)가 이끄는 제4야전군, 류보청(劉伯承)과 덩샤오핑(鄧小平)이 이끄는 제2야전군을 후난과 광둥에 투입했다. 두 부대는 10여만 명의 국민군을 섬멸하고 후난과 광둥을 장악하고, 12월 16일에 광시로 패주하는 바이충시를 섬멸했다.

류보청과 덩샤오핑의 공산당 제2야전군이 구이저우, 광시, 쓰촨을 거쳐 윈난을 포위했다. 윈난성 국민당 주속 루한(盧漢)이 투항하

린뱌오   류보청   덩샤오핑

기로 결정했지만, 8군단장 리미(李彌)가 불복했다. 루한이 리미를 체포하자 리미 휘하의 리궈후이(李國輝)가 군대를 동원해 쿤밍(昆明)을 공격하다 인민해방군의 기습공격을 받고 패주했다. 결국 윈난성의 국민당 군대는 국경 너머 미얀마로 탈출했다. 리궈후이는 남은 병력과 가족을 이끌고 국경을 넘어 미얀마 북부에 진입해 샤오멍펑(小孟捧)이란 마을에 안착했다. 그들은 그곳에서 국민당 패잔병 1,600여 명을 규합해 중화민국 반공구국군을 조직했다.

  이들은 대만으로 쫓겨 간 장제스와 연락해 지시를 요청했다. 장제스는 이들을 지원할 방법이 없었기 때문에 "모든 문제는 스스로 해결하라."는 전문을 보냈다. 이들은 버림받았지만, 국민당 군복을 벗지 않고 연병장에 청천백일기를 내리지 않았다. 하지만 리미는 대만의 국민당 정부에게서 봉급을 받았고, 미국 중앙정보국(CIA)의 지원을 받았다.

  이들은 미얀마의 지배자였던 영국인들이 이곳 주민들에게 가르

쳐준 양귀비 재배와 아편 제조 방법을 배웠다. 버마(미얀마), 태국, 라오스를 잇는 골든트라이앵글(Golden Triangle) 지역을 장악한 국민당 잔당들은 아편 재배에 주력했다. 이 지역에서 나오는 아편은 아프가니스탄에 이어 두 번째로 많은 물량이며, 한때 전 세계 재배량의 25%를 차지했다. 아편 때문에 서양국가에 치욕을 당했던 중국인들이 이젠 남의 나라 영토에서 아편을 생산한 것이다. 국민당 잔당들은 버마에서 군벌을 형성해 아편 장사로 큰 수익을 냈다.

1948년 영국에서 독립한 버마(1989년 미얀마로 개명) 정부는 군대를 동원해 중국인 부대를 공격했지만 실패했다. 무력 공격에 실패한 미얀마는 국제연합에 국민당 군대의 철수를 호소했다. 1953년 유엔은 미얀마 내 외국군의 철수를 요구하는 결의안을 채택했고, 장제스도 더 이상 버티기 어려워 미얀마 주둔 국민군 6,000명을 대만으로 소환했다. 리미도 미얀마 주둔군의 해산을 명령하고 타이페이로 귀국했다. 귀국을 거부한 수천 명의 중국인들은 현지에서 마약 재배를 계속하며 국제적으로 거대한 마약 커넥션을 형성했다. 유명한 마약왕 쿤사(Khun Sa, 張奇夫)는 중국인 2세로 국민당 군대에서 교육과 무기를 받은 인물이다.

한편 공산당은 신장과 칭하이 등 서북 지역에서 저항을 이어 나가는 국민당계 회족, 위구르족 군벌들에 대해서도 소탕 작전에 나서 1958년까지 완전 제압했다.

골든트라이앵글

쿤사

21

한국전쟁

1948년 한반도에는 미국이 주도하는 남과 소련이 주도하는 북에 각기 정부가 수립되었다. 그러나 민족 내부의 대립과 투쟁은 끝나지 않았으며 서로에게 있어 상대방은 공존할 수 없는 타도 대상이었다. 더구나 38선은 단순한 남과 북의 분단선이었을 뿐만 아니라 공산주의와 자유주의가 부딪치는 국제적 진영 대립의 최전선이었다.

북한의 김일성은 국공내전 기간에 북한이 경제적으로 어려운 상황임에도 불구하고 가능한 한 중국 공산당을 지원하려고 했다. 북한은 중공군을 위해 물류 이동을 지원하고 무기를 공급하며, 부상병을 치료해 주었다. 심지어 군대도 일부 파견한 것으로 알려져 있다.

북한의 김일성은 1949년 3월 모스크바를 방문하여 소련으로부터 군사 장비를 대대적으로 지원받았다. 김일성은 1950년 3월 스탈린과 만나 전쟁계획을 확정하고 5월 마오쩌둥의 동의를 얻어 결정적 시기를 기다렸다.

김일성은 전쟁 수행을 위한 대내외적 조건이 북한에 크게 유리하다고 보고 있었다. 중국에서 공산혁명이 성공하여 든든한 지원세력을 확보하였고 미국은 애치슨 국무장관이 한국을 방위선에서 제외하고 전쟁에 개입하지 않겠다는 시사를 하였다. 무엇보다 북한은 정치와 군사력 면에서 남한에 비해 월등하게 우위라는 자신감을 갖고 있었다.

북한 인민군은 1950년 6월 25일 새벽을 기하여 전 전선에서 무력 침공을 감행하였다. 군사적 열세에 있던 한국군은 일방적으로 패퇴하여 전쟁 발발 두 달여 만에 남한 지역 거의 대부분을 인민군이 점령하였다.

6·25 발발은 동아시아에 대한 미국의 인식을 반전시키는 계기가 되었다. 중국 내전에 중립을 유지하던 미국은 동아시아에 적극적으로 개입, 한반도에 유엔군을 투입하고 대만해협에 미 7함대를 배치했다. 미국은 유엔 안전보장 이사회 소집을 요구했고, 소련이 불참한 가운데 북한을 침략자로 규정하고 유엔군을 파견하게 된다. 미국은 남한을 공산 세력을 막는 기지로 삼을 생각이었기 때문에 남한의 공산화를 적극적으로 막고자 했다. 동아시아에서 사회주의의 확대를 저지하고자 했던 미국의 계획은 중국 국민당의 패배로 좌절되었는데, 이제 동아시아 보루인 남한이 공격을 받게 되었던 것이다.

중화인민공화국은 베이징에서 정권을 수립한 지 1년이 채 지나지 않았고, 동해안과 남해안에선 국민당 잔여 세력과 전투를 벌이고 있어 안정된 상황은 아니었다. 따라서 북한을 도울 여력도 없었

거니와, 전쟁 초기에 북한군이 파죽지세로 남하했기 때문에 한반도 상황을 지켜만 보았다.

한반도의 전쟁은 초반에는 북한의 압도적인 우세로 전개되었으나 맥아더의 인천상륙작전 이후 1950년 말쯤에는 남한군의 선두부대가 백두산까지 진격, 중국 국경을 눈앞에 두게 되었다.

한반도 정세가 급변하면서 중화인민공화국 지도부는 당황했다. 만일 북한이 패전하여 사회주의권에서 떨어져 나간다면 중국으로서는 심히 우려할 상황이 올 것이라는 점은 불을 보듯 뻔한 일이었다. 한반도가 적에게 넘어가면 만주가 흔들리고 중원이 위협받는다는 중국의 지정학적 위치를 고려하여 임진왜란 때 명군이 항일원조전쟁을 벌인 명분이 되었고, 마오쩌둥에겐 항미원조전쟁에 참전할 이유를 제공했다.

1950년 10월 유엔군이 평양을 탈환하자 베이징의 중화인민공화국 지도부에서는 한국전 참전 여부에 대한 팽팽한 논쟁이 벌어졌다. 마오쩌둥은 한국전쟁을 중화인민공화국에서 권력 장악의 기회로 삼고 싶었다. 그러나 외교부장 저우언라이, 베이징 군구사령관 예젠잉(葉劍英)은 항일전쟁과 내전으로 국토가 폐허가 되었고, 인민들이 지쳐 있다는 이유에서 참전을 반대하였다. 게다가 초강대국 미국과의 전쟁을 할 여력이 없다는 것이었다. 만주를 책임지던 동북 제4야전군 사령관 가오강(高崗)도 적극 반대했다. 그는 참전 시 자기 휘하의 군대가 한반도에 투입될 것임을 알고 있었다.

예젠잉   가오강

펑더화이는 소련군의 지원이 있다면 참전할 수도 있다고 하였다. 이에 처음부터 참전을 결정해 놓았던 마오쩌둥은 미군이 북조선군을 끝까지 추격하면 만주가 위태로워지고, 만주가 전쟁터가 되면 자산가 계급이 적대적으로 돌아설 것이므로 출병해야 한다고 주장했다. 결국 참전을 반대하던 주더도 마오쩌둥의 결정을 받아들여 참전으로 돌아섰다.

펑더화이

중화인민공화국은 한국군이 38선을 넘는 것은 상관없지만 미군이나 유엔군이 북상할 때는 전쟁에 개입하지 않을 수 없다는 입장을 밝혔다. 즉, 제국주의자들이 중국 침략과 아시아를 장악하려는 음모에 강력히 대항하겠다는 것이다. 미국은 중국의 이러한 입장을 전혀 개의치 않았다. 싸움에 밀려 중국 쪽으로 퇴주한 북한군을 공격한다는 명목으로 중국영토 내에 비행기를 띄우기도 했다.

미국의 군사행동은 중국의 위기의식을 더욱 크게 했고, 마침내 중국은 1950년 10월 말 참전을 결정하게 된다. 중국 홍군의 최고 지도자 중 하나인 펑더화이를 사령관으로 하는 인민지원군 약 60만 명의 참전으로 전세는 다시 북한 쪽에 유리하게 기울어 한때 다시 서울이 함락되기도 했다. 그러나 서울은 다시 수복되었고 원래의 경계선이었던 북위 38도선을 사이에 두고 전쟁은 교착상태에 빠지게 된다.

중화인민공화국 군대의 6·25전쟁 참전

중화인민공화국이 군대를 파견하여 북한을 돕자 맥아더 사령관
은 대만의 국민당 군대 50만을 동원하여 중국 남부를 공격하고 만
주 지방에 30~40발의 원자폭탄을 투하할 것을 제안했다. 그러한
제안에 발맞추어 당시 트루먼 대통령도 그해 11월에 원폭 사용을
고려할 수도 있다는 성명을 발표했다. 그러나 그 계획은 영국과 프
랑스의 반대, 국제여론의 지지하지 않는 분위기로 실행되지는 않
았다.

미국은 한국전쟁이 시작되자마자 중국에 대한 경제 봉쇄를 했으
며 미국의 동맹국에게도 동참하기를 요구했다. 미국은 1951년 5
월 유엔 총회에서 중국 및 북한에 대한 전략물자 금수안을 가결시
켰다. 미국 내에서는 '상호방위원조통제법'을 통과시켜 특정품목을
공산국가에 수출하는 나라에 대해서는 미국의 원조를 중단하겠다

맥아더 사령관   인천상륙작전

는 뜻을 표명했다. 이런 미국의 조치는 중국이 자본주의 국가들과
교류할 수 있는 기회를 더욱 좁게 만들었다. 중국 경제는 이제 사회
주의 국가들과의 교류로 제한되었고 경제개발에 막 나서는 중국의
상황을 매우 어렵게 했다.

　한국전쟁은 1951년에 접어들어 일진일퇴를 거듭하면서 어느 쪽
도 일방적인 우세를 보이지 않게 되면서 휴전회담이 시작되었다.
결국 한국전쟁은 1953년 휴전협정의 조인과 함께 끝이 났으며 이
때부터 중국은 본격적으로 사회주의 국가건설에 착수하게 된다.

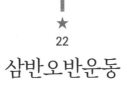

22
삼반오반운동

삼반오반운동은 중화인민공화국 정부가 1951~1952년까지 전개한 정치개혁 운동을 말한다. 삼반운동(三反運動)과 오반운동(五反運動)을 합쳐서 일컫는 용어로, 삼반오반(三反五反)이라고 부르기도 한다.

1949년 국공내전에서 승리하여 중국 전역을 통일한 중국 공산당이 부패 관료들을 처벌하고 엘리트 집단을 통제해 공산주의 정권을 공고히 하기 위한 목적과 물가 및 재정 안정 목적까지 겸해서 진행된 운동이다. 한국의 금융실명제 도입과 비슷한 목적이었지만 이 과정에서 관료뿐만 아니라 지식인들도 같이 숙청되었다.

1949년 국공내전에서 승리한 중국 공산당은 그해 10월 1일 중화인민공화국 수립을 공식적으로 선포했다. 당시 중국의 경제는 매우 열악했다. 1937년부터 시작된 중일전쟁은 1945년까지 8년간 지속되어 중국에게 막대한 인적, 물적, 정신적 피해를 입혔다. 게다가 1946~1949년까지 3년간 국공내전을 치렀고 초인플레이션과 산업시설 파괴로 중국의 경제는 파탄 상황이었다.

국민당이 물가 폭등으로 민심을 잃은 틈을 파고들어 중국을 통일한 공산당 입장에서는 당장 전후복구가 시급한 과제였지만 마오쩌둥은 1950년 10월 "미국에 반대하고 조선을 지원하며 가정을 보호하고 나라를 지킨다."는 명분을 내세워 한국전쟁에 전격 개입해 3년간 60만에 가까운 대병력을 투입했다.

한국전쟁이 발발하자 중국 내에서는 미국의 도움을 받아 국민당 군대가 다시 중국에 진입하기를 바라는 구체제 인물들과 국민당 관련 세력들의 움직임이 활발해졌다. 공산당 간부를 암살하거나 토지개혁을 방해하는 등의 움직임도 있었다.

1951년 12월 1일 마오쩌둥은 이러한 움직임을 저지하고 통제를 강화하기 위하여 공식적으로 반부패, 반낭비, 반관료주의 등의 3반운동을 전국적으로 시행하기로 결정하였다. 이때 중국은 미국에 대항하는 원조 운동을 더욱 강화할 것, 애국 증산운동을 제창 추진할 것, 마오쩌둥 사상 학습 운동을 조직할 것 등의 3개항을 결의했다.

이는 한국에서 휴전 협상이 진행되고 있는 시점에서 한국전쟁이 끝난 후 미국의 장기적인 군사 압력에 대항하고 국방의 강화 및 근대화와 중공업 기반건설을 위한 물질적 조건을 급속하게 만들어내자는 중국 지도자들의 의도를 반영하고 있는 것이었다.

1951~1952년 사이에 부패한 관료들과 자산계급의 불법행위를 적발하여 처벌했으며, 지식인들의 사상개조운동을 전개하였다. 삼반운동은 중국 전역의 부패 관료들을 적발하고 처벌하는 데 크게 기여했으나 얼마 안 가서 당국이 예상하지 못했던 부작용이 발생했

다. 삼반운동에 동원된 대중들이 점차 과격해지며 법률의 허가 범위를 뛰어넘는 과격행위를 벌이기 시작한 것이다. 무창에서는 2백여 명이 관료들을 고발하는 탄원서를 올렸고 천여 명이 시위에 참가해 관료 전원을 물갈이해달라고 호소했으며, 무창 시의원은 삼반운동에 동참한 사람들에 의해 장악되었다. 그들은 부패와 관련 없는 관료들을 모함해 없는 죄를 뒤집어씌웠고 자백을 거부하는 간부의 부패 문제를 대중이 직접 심판했다.

중화인민공화국은 삼반운동을 통해 밝혀진 부패 문제들의 원인을 모두 자산계급의 탓으로 돌려 간부들의 부패에 초점이 맞춰진 대중의 시선과 여론을 분산시키고 자산계급을 통제하려 했다. 이리하여 1952년 1월 26일, 마오쩌둥은 공산당 전체회의에서 자산계급의 뇌물 공여, 조세 포탈, 부실공사, 국가자산 유용, 경제 기밀 누설

심판받는 관료

등 5가지 독에 반대하는 운동을 전개하자고 하였다. 오반운동의 내용은 삼반운동과 크게 다르지 않았으나 보다 구체적이고 세분화되어 자산계급을 겨냥한 운동임이 좀 더 노골적으로 드러났다. 이후 오반운동은 삼반운동과 상호 협력하며 공동으로 진행되었다.

노동자들에게는 국가를 위한 경쟁적인 생산 활동을 촉구했고 농민들에게는 사회질서 강화, 민병 참가, 군량 납인 등을 요구하였다. 상업이나 공업에 종사하는 사람들에게는 투기 방지, 물가안정 등을 이룰 수 있도록 유도했다. 많은 인민들이 이러한 정신 무장 교육에 참가했으며 북경, 상해, 천진 등 대도시 인민들의 80% 정도가 국가를 위한 애국 선언에 동참했다. 공산당 정부는 이러한 분위기를 바탕으로 한국전에 계속 참가하면서 반혁명 운동을 완전히 누르고, 토지개혁 등 새로운 국가건설을 가속화시켰다.

삼반오반운동에 동참하는 국민들

마오쩌둥은 모든 계급을 분리시킨 다음 자신의 주적(한때 국민당)을 부수기 위해 결집을 부르짖고 일단 주적이 섬멸되면 또 다른 주적을 설정하여 다시 다른 세력과의 통일전선을 주창하는 과정을 되풀이해서 끝내는 공산당만을 남기는 최후의 승리를 노리고 있었다.

따라서 한국전쟁을 통하여 미국이라는 주적을 만들어 중국인들의 결집을 가져오고 중국 내에서 공산당의 중국에 대한 지배권을 강화시키는 계기가 되었다. 이로 인해서 무정부주의자나 자유주의자 등 공산당에 속하지 않는 파벌들이 설 자리는 더욱 좁아졌다. 공산당은 중국 내에서 더욱 확고한 지배력을 행사할 수 있게 되었다.

마오쩌둥이 사상개조운동을 시작한 의도는 중국인들의 애국주의를 고조시키는 것이었다. 마오쩌둥은 사상개조운동을 하면서 항미원조(抗美援朝), 보가위국(保家衛國)을 참전 구호로 내걸었다. 이를 통하여 국민당 정권 시절에 오랫동안 중국인 마음속에 자리 잡고 있던 미국 숭배(崇美) 사상을 제거하고, 미국에 대한 두려움(恐美)을 극복하고자 하였다. 그래서 중화인민공화국은 중국 내의 공장을 풀가동해서 한국전쟁에 사용할 대포와 총을 생산하고, 노동자들에게는 애국, 반미 감정을 부추겼다.

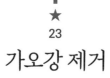

23

가오강 제거

　마오쩌둥의 또 다른 목적은 만주에 웅크리고 군벌화하고 있는 가오강(高崗)을 제거하는 것이었다. 한국전 지원을 빌미로 만주의 군부세력을 한반도로 빼돌려 중앙의 권력을 강화하겠다는 취지였다. 청나라 멸망 직후 만주 군벌 장쩌린과 장쒜량이 대를 이어 세력화했던 사실을 마오쩌둥은 예의주시했다.

　가오강을 제거한 사건은 마오쩌둥이 중화인민공화국이 수립될 때 권력을 완전하게 장악하지 못했음을 보여준 것이다. 그래서 가오강의 막강한 군대를 한국전 전선에 투입, 약화시킨 후에 가오강을 전선에서 떼어 중앙으로 불러들였다가 사상투쟁을 거쳐 제거한 것이다.

　가오강은 산시(陝西)성 출신으로, 1927년 산시성 북부에서 혁명운동에 참여하며 공산당 서북 근거지를 창시했다. 중국 북서부 중앙위원회 비서관 및 산시성 홍군 정치위원을 역임했다. 국공내전 시기에는 북동부 사무국 차관을 맡아 만주 및 동북 일대를 확실히 장악했고 마오쩌둥의 군대가 대장정 끝에 옌안에 도착하자 마오쩌둥에 대한 지지를 선언했다. 당시 지칠 대로 지쳐 있던 마오쩌둥에겐 가오강의 지지가 천군만마와 같았기에 강한 신뢰를 받았다.

가오강은 중국 공산당 중에서 친소파였기에 공산주의 종주국인 소련의 도움을 받고 스탈린의 지시를 받아들였다. 그래서 국민당과 공산당의 내전 시기에 마오쩌둥은 가오강이 절대적으로 필요했다. 소련이 만주를 점령하자 마오쩌둥은 소련에 우호적인 가오강을 보내 만주가 국민당의 손에 넘어가지 않도록 선수를 칠 수 있었다.

가오강은 마오쩌둥의 신임과 소련을 뒷배경으로 만주 지방에서 자신의 세력을 키워나갔다. 2차 대전 종전 후 만주는 일본이 대륙 침략기지로 산업화시킨 덕분에 중국 내에서 산업시설이 발달한 유일한 지역이었다. 소련군이 관동군에 빼앗은 무기도 가오강 휘하 군대가 물려받았다. 그래서 국공내전에서 다른 부대에 비하여 무장이 잘된 가오강의 군대가 국민당군을 몰아내는 데 결정적인 역할을 할 수 있었다.

결국 가오강의 동북 3성 제4야전군은 중국 전역의 6개 군관할지에서 최대, 최고의 병력을 확보하여 청나라 말기의 군벌과 같은 존재가 되었다. 자연스럽게 가오강의 어깨에 힘이 들어가기 시작했으며, 공산당 간부들이 추종하였다. 마오쩌둥의 입장에서는 날로 성장하는 가오강이 어제의 동지에서 견제해야 할 세력이 된 것이다.

1949년 8월 베이징의 중앙 정부는 만주 행정기구를 동북 인민 정부로 개편하고 상당한 자치권을 부여했다. 부주석으로 승진한 가오강은 지역 군벌이나 다름없는 영향력을 행사했다. 동북지역의 관공서에는 마오쩌둥의 초상화 대신 스탈린의 초상화가 걸렸다. 베이징 정부가 마오쩌둥 초상화를 걸도록 지시를 내렸지만, 1949년 12월 마오쩌둥이 선양에 들렀을 때 자신의 초상화를 구경하지 못했다고 한다. 외지인들에겐 동북 3성이 중국 땅이 아니라 소련령처럼 보였다는 것이다.

소련을 배경으로 북한 권력을 장악한 김일성은 베이징 정부보다는 동북 제1서기인 가오강과 긴밀한 연락을 취했다. 그러나 마오쩌둥은 국민당과의 전쟁에 주력하기 위해 더 이상 만주에 개입하지 않았고, 소련이 후원하는 북한의 일을 모른 척했다.

1950년 9월 미군의 인천상륙작전 이후 북한군이 패주하면서 마오쩌둥은 참전 여론을 이끌어냈다. 그는 한국전 참전을 경쟁자이자 친소파였던 가오강의 군대를 무력화시키는 기회로 활용했다. 그래서 중국 공산당 지도부는 한국전에 가오강이 지휘하는 제4야전군을 투입했다. 하지만 가오강은 자신의 군대가 피해를 당할 것을 예측하고 있었기에 참전을 반대하였다. 이에 마오쩌둥은 가오강에게 파병군의 총책임을 맡기지 않고, 그의 위에 펑더화이를 올려 놓았다. 가오강은 자기 휘하의 군대를 한반도에 보내 펑더화이의 지휘에 맡기고, 자신은 병참 지원을 맡도록 하였다. 결국 제4야전군은 한국전에서 20여만 명이 사망하여 전력의 대부분을 상실했다.

한국전이 끝날 무렵인 1952년 가오강은 국가계획위원회 주임에 지명되면서 베이징으로 불려 들어갔다. 마오쩌둥이 가오강과 동북군 근거지를 차단한 인사였다.

한국전 종전 직후 1953년, 중국 공산당 내에선 건국 후 첫 권력 투쟁이 벌어졌다. 만주의 지도자였던 가오강과 화동의 군정 주석이자 상하이 시장인 라오수스(饒漱石)가 연합해 소련의 경제발전 제도를 받아들이자며 당 지도부의 지도체제를 비판했다. 가오강과 라오수스는 당이 기업에 개입하지 못하도록 해 기업을 독자 책임으로 운영해야 한다고 주장하며 마오쩌둥을 중심으로 저우언라이, 류샤오치(劉少奇) 등 지도부가 추진하는 집단지도에 이의를 제기했다. 군벌화한 지방 세력과 중앙지도부와의 첫 대결이 벌어진 것이다. 중화인민공화국의 첫 정치 투쟁에서 마오쩌둥의 중앙당이 승리했다.

이후 바로 마오쩌둥의 세력은 가오강과 라오수스를 숙청했다. 이유는 이들이 소련과 연계해 만주 지역을 독립 왕국화하려는 기도를 사전에 차단한다는 것이었다. 갓 태어난 중화인민공화국의 입장

라오수스

에서는 청나라 말기에 지방이 군벌화한 것을 경계했고, 상대적으로 독립되어 있던 지역 권력을 회수할 필요가 있었다. 그 타깃이 가오강과 라오수스였다.

중화인민공화국 초기 군대 관할구역을 여섯 개 지구로 개편했는데, 가오강이 제4야전군으로 동북지역을 장악했고, 라오수스가 상하이를 중심으로 한 화동지역을 맡고 있었다. 마오쩌둥은 두 지역이 연대하면 중국이 다시 분열될 수 있다고 생각했던 것이다. 가오강은 1954년 체포되자 자살했고, 라오수스도 실각한 후 구금되었다. 가오강의 숙청은 중국 동북지역 만주가 친소 기지화하는 것을 막으려는 시도로 볼 수 있다.

24
백화제방·백가쟁명

　백화제방·백가쟁명(百花齊放,　百家爭鳴) 또는 쌍백운동(雙百運動)은 1956~1957년까지 중화인민공화국에서 전개된 정치 운동이다. 백화제방이란 온갖 꽃이 만발하여 수많은 학설이 자유롭게 토론하며 발전하는 모습을 말하며, 또 백가쟁명이란 수많은 학자나 학파가 자유롭게 자신들의 사상을 내세우는 것을 말한다. 이 말은 중국 역사상 사회적, 정치적으로 가장 혼란스러웠던 춘추전국 시대 때 등장한 제자백가들이 서로 토론하고 발전해나가는 과정에서 나온 말이다.

　1950년대 후반 동유럽에서 반공주의 운동, 유혈 폭동이 일어나자 이에 자극받은 중국 공산당이 사상의 유연함을 어느 정도 허용해야 한다고 생각해서 1957년 5월 1일부터 인민일보에 사상의 자유를 허용한다는 글을 게재했다. 공산당에 대한 자유로운 비판이 가능하도록 했으나 비판의 수준은 날로 높아졌다. 38일이 지난 1957년 6월 8일 중국 공산당의 태도가 급변하여 반우파 운동을 주도했고 그동안 입을 열었던 비판적 지식인들을 탄압하였다.

1949년 10월 3일 중화인민공화국은 소비에트 연방(소련)과 국교를 수립하게 되고, 1950년 2월 14일에는 마오쩌둥과 스탈린이 모스크바에서 '중소우호동맹상호원조조약(中蘇友好同盟相互援助條約)'을 체결하게 된다. 이 조약에는 다음과 같은 내용이 명시되어 있다. "양국은 우호 협력 정신을 가지고 소비에트 연방과 중국과의 경제적 및 문화적인 제휴를 강화하고 상호 간 가능한 모든 경제원조를 제공하며, 아울러 경제적으로 필요한 협력을 하기로 약속한다." 따라서 이 조약은 중국과 소련이 신중국 초기부터 상당히 우호적인 관계를 유지하였고, 중국이 제1차 5개년계획의 계획안을 수립할 때 소련이 중국의 계획안 작성과 수정에 상당히 중요한 영향을 미쳤다는 것을 알 수 있는 근거가 된다.

중화인민공화국의 1957년 1차 5개년계획이 끝났을 무렵 중국의 경제 조건은 상당히 개선되었다. 임금은 높아졌으며 실업자는 줄었다. 이 상황에서 마오쩌둥은 1957년 2월 '인민 내부의 모순을 올바르게 처리하는 문제에 대하여'라는 제목으로 연설하면서 중국에 건설된 사회주의도 많은 문제점을 안고 있기 때문에 그것을 해결하기 위해 많은 의견이 나와야 한다는 주장을 했다.

사회주의 사회에는 적과의 모순, 인민 내부의 자체 모순 등 두 종류의 모순이 있으며 각기 다른 방법으로 처리되어야 한다는 것이다. 특히 인민 내부의 모순을 잘못 처리하게 되면 모순이 격화되어 적대적인 모순으로 발전한다고 했는데, 이러한 생각은 헝가리 같은 동유럽 사회주의 국가들의 민주화 시위에 대한 경험에서 비롯된 것이다. 당시에는 소련, 폴란드, 헝가리 등 사회주의 국가의 부정적인 측면이 드러나고 있던 시기였기 때문에 공산당의 지배권이 유지되는 토대 위에서 사회주의가 안고 있는 모순점들을 평화적이고 민주적으로 해결하고자 했던 것이다. 인민 내부에서는 단결과 비판을 통한 새로운 단결을, 과학과 문화에서는 백화제방, 백가쟁명을, 경제적인 면에서는 국가이익, 집단이익, 개인 이익을 아울러 고려할 수 있는 방안이 모색되어야 한다는 것이었다.

1957년 4월 마오쩌둥은 상해에서 "민주적인 사람들을 타도하려 한다면 그들은 우리에게 반대하기 위해 궐기하게 될 것이다. 열린 마음을 가지고 그들로부터 배우는 것이 꼭 필요하다."라고 연설하면서 국가가 발전하기 위해서는 국민의 소리를 들어야 한다고 주장하였다. 이는 중화인민공화국이 공산당의 기반이 잡혔기 때문에 어느 정도의 공산당에 대한 비판은 견뎌낼 수 있을 것이라는 자신감의 표현이기도 했다.

마오쩌둥의 지시로 공산당은 지식인들에게는 당에 대한 비판을 권유했다. 지식인들은 그동안 반대의견을 내지 못하고 있었기 때문에 이 권유 이후 입을 열기 시작했다. 전문적인 지식이 없는 당원들이 공산당 실권을 쥐고 있는 것에 대한 비판이 당에 가해졌으며, 대학에서는 당 위원회가 대학을 장악하는 것을 비판하는 대자보가 나붙었다.

이러한 분위기에 편승하여 민주동맹을 중심으로 하는 민주적인 당파들이 10여만 명 규모의 정치적 조직으로 활발한 활동을 전개했다. 당원 가운데서 이들에 합류하는 사람들이 나오기도 했다. 심지어는 공산당의 지배권을 비판하는 사람도 나오게 되었다. 민주 제 당파의 지도자 중 한 사람인 교통부장 장백균 등은 공산당의 지도권 자체를 부인하고 신문의 자유 및 양당제 아래의 정당정치적인 체제제로의 변화까지노 주상하고 나섰다. 많은 수의 지식인들과 학생들이 이러한 견해에 동조했다.

공산당은 예상했던 것보다 훨씬 강도 높은 비판이 제기되자 1957년 6월부터 반대 세력에 대한 반우파 투쟁이라는 전면적인 공격을 가했다. 공산당의 지도권을 부정하거나 비판을 가한 사람들은 부르주아로 지목되었다.

공산당 기관지인 인민일보는 당의 지도권에 도전하는 부르주아 우파들을 향해 공격을 개시하자는 주장의 글을 실었다. 그 후 1년여에 걸쳐 우파에 대한 총공격이 행해졌다.

1958년 7월까지 전 당원과 공산주의 청년단을 동원하여 우파에 대한 철저한 공격이 진행되었다. 국무원 고위관직에 있던 장보쥔(章伯鈞)이 대표적인 표적이었다. 중앙당의 고위 간부, 당원 작가, 예술가 등 7천여 명이 우파로 지목되어 당에서 쫓겨나 노동 개조에 보내지거나 한직으로 밀려났다. 당의 말만 곧이곧대로 믿고 서슴없이 비판에 나섰던 상당수의 사람들이 고통을 당했다.

심지어는 마오쩌둥이 우파는 전인구의 5% 정도일 것이라는 말을 그대로 따라 각 직장에서 무턱대고 5% 정도의 인원을 찍어 추방한

장보쥔

곳도 있을 지경이었다. 이들은 나중에 덩샤오핑이 다시 집권하게 되는 1970년대 복권되어 제자리로 돌아오게 된다.

반우파 투쟁 이후 많은 사람들은 자기의 속마음을 털어놓지 않고 침묵하거나 공산당이 행하는 정책을 무조건 따르게 되어 중국의 발전을 늦추는 걸림돌이 되었다. 반우파 투쟁은 공산당의 경직성이 강화되는 것을 잘 보여주는 사건이었다.

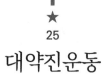

25
대약진운동

　대약진운동(大躍進運動)은 공산혁명 후 중화인민공화국에서 부강한 사회주의 국가를 만드는 것을 목적으로 1958~1962년 초까지 마오쩌둥의 주도로 시작된 농공업의 대증산 정책이다.

　마오쩌둥은 '생산성 이론'에 근거해 이 정책을 실시했지만, 농촌의 현실을 무시한 무리한 집단 농장화나 농촌에서의 원시적인 철강 생산 등을 진행시켰다. 대약진운동은 인류 역사상 가장 거대한 규모의 원시 공산주의 실험이었다. 비록 4년에 불과했지만 2,500만 명에 이르는 사상 최악의 아사자를 내고 큰 실패로 끝이 난다. 학자들은 인류역사상 최악의 기황으로 기록하고 있다. 이 때문에 마오쩌둥의 권위는 추락하고 권력 회복을 목적으로 문화대혁명을 일으키게 된다.

　한국전쟁이 끝나가는 1952년경 중화인민공화국에서는 토지 개혁도 어느 정도 마무리되어 본격적인 사회주의 경제체제를 수립하기 위한 계획이 세워진다. 이 정책의 핵심은 장기간의 점진적인 사회주의 공업화의 실현, 국가가 주도하는 농업, 수공업, 상업정책 등이다.

사회주의 건설을 위해 3차에 걸친 5개년계획이 수립되었고, 제1차 5개년계획은 1953년부터 시행되었다. 계획대로라면 1967년 3차 5개년계획이 끝나는 해 중국은 사회주의 체제를 안정시킬 수 있게 된다. 특히 이 계획은 경제적인 측면에 집중되었는데, 사회주의 선배 격인 소련을 모델로 했다.

중공업을 크게 발전시키고자 했으며 군사적인 면에서는 무기의 자급체계를 비롯한 자주국방체제를 확립하는 것이었다. 농업 면에서는 소농 중심의 농업상산체제를 고쳐 소련의 집단농장인 콜호즈와 유사한 집단농장화를 적극 추진해나갔다. 집단농장화는 빠른 속도로 진행되었으나 기대했던 만큼의 소득 증대는 이루어지지 않았다. 집단농장 관리의 문제, 운영하는 간부의 자질 부족, 강압적인 방법으로 인한 농민의 참여의식 부족 등의 이유였다.

1955년 전국 대표대회에서는 이 문제에 대해 첫째, 자발적인 의사, 상호이익을 기초로 하여 빈농에 의지하고 중농과 단결할 것, 둘째, 강제성을 줄이고 중농의 이익을 해치는 것을 줄일 것, 셋째, 개인이 경영하는 농가의 생산 의욕을 꺾지 말 것 등의 개선책을 마련했다.

어떻든 1차 5개년계획으로 인해 농업, 수공업, 자본주의적 상공업은 사회주의적 집단소유 혹은 국유제가 되었다. 공업의 비중이 농업보다 높아졌고, 철강 생산 등의 목표량을 달성하는 등 사회주의 체제의 기초가 이루어지는 것처럼 보였다.

1956년 9월 8회 당대회가 열려 지금까지의 경제정책에 대한 검토 및 새로운 정책에 대한 결의가 있었다. 이 회의에서는 그동안의 성과를 바탕으로 2차 5개년계획의 방향을 결정했다. 첫째, 국민경제의 均형 있는 발선과 각 부분의 均형 있는 발선, 둘째, 공업과 농업 간의 격차를 줄이기 위해 농업에 대한 투자 비율을 높일 것, 셋째, 합작회사의 이익 분배 비율을 높일 것 등이었다.

그러나 1975년에 접어들면서 중국 사회주의 건설계획에 대한 근본적인 변화 조짐이 보였다. 10월 당대회에서 빠르고 훌륭하고 유익한 사회주의를 건설한다는 이른바 대약진운동이 결정된 것이다.

제국주의의 위협이 계속되고 있는 만큼 무엇보다 인민 내부의 반사회주의 세력들의 반동적인 움직임을 차단하고 사회주의 혁명을 완수해야 한다는 것이 중국의 정책 노선이었다. 이것은 공업과 국방건설의 속도를 빨리해야 한다는 정책변화로 이어졌다. 15년 내에 강철, 전력, 석탄 생산을 대폭 늘려 공업 생산 면에서 영국을 추월하자는 것이었다. 이러한 정책은 1958년 당대회에서 통과되었다. 또한 이제는 소련을 모델로 하지 않고, 수정주의로 빠지고 있는 소련을 새로운 사회주의 모델로 만들어내고자 했다.

마오쩌둥과 같이 흐루쇼프는 지방분권화, 농민에 대한 관대한 정책들을 시행해 1970년대 소련 경제 침체를 불러일으켰고, 이것을 철회하고 스탈린 시절보다 중앙집중경제를 강화한 브레즈네프 치

질 낮은 철을 생산하던 악명 높은 토법고로

하의 코시긴 개혁은 중간재에 대한 계획 기구인 고스납을 수립함으로써 더욱 사회주의 계획 경제를 강화했다. 그 결과 당시 선진 자본주의 국가의 공업 생산이 하락할 때 소련만이 성장하는 성과를 내놓았다.

공업정책이 적극 추진되었으며 늘어나는 노동자들의 식량을 해결하기 위해 합작사가 합병되어 인민공사가 만들어졌다. 1958년 말에는 거의 대부분의 농가가 인민공사에 소속되었다. 인민공사는 평균 5천 호 정도로 구성되고 전국에 2만 4천여 개가 설립되었다. 인민공사에서는 공급제와 임금제가 채용되었는데, 식비는 노동의 유무에 상관없이 인민공사가 지급하고 일정 등급에 따라 임금을 지불했다. 그러나 임금은 거의 유명무실한 것이었고 노동에 따른 분배원칙에도 맞지 않아 농민들의 열심히 일할 의욕을 고취하는 데 도움이 되지 않았다.

시골 지역 철광석 생산지에서 야간 근무하는 사람들

결국 대약진운동은 실패하였다. 조건에 맞지 않는 무리한 목표는 농민과 노동자들을 혹사했으며, 목표량에 이르지 못했어도 허위 보고를 올리는 일이 빈번했다. 그리하여 표면적으로 대약진운동은 엄청난 성과를 거둔 것으로 보고되곤 했다.

현실은 보고된 수치와는 전혀 달랐다. 농촌에서는 식량의 자급자족이 되지 않아 굶어 죽은 사람들이 적지 않았고, 거지가 되거나 강도가 되는 경우도 많았다. 대약진운동은 참담한 실패로 끝났다.

1958년에는 참새잡이 광풍이 불어 참새 개체 수가 급락, 해충이 창궐하여 대흉년이 들었다. 이것을 제사해 운동이라고 한다. 1959년 국방상 펑더화이는 대약진운동의 실패를 솔직히 시인해야 한다고 주장했다. 그는 당을 분열시키고 마오쩌둥을 비판했다는 이유로 직위에서 파면되었다. 당에서는 대약진운동 실패가 급속한 공업화 노선 때문이 아니라 소련의 비협조, 자연재해 때문이었다고 진단했다. 1960년, 중국의 총농경지의 반을 차지하는 약 1억 5천만 에이커의 농토가 가뭄, 태풍 및 수해에 휩쓸렸으며 동 농토의 반 이상이 막대한 피해를 입고 농사 중이던 농산물을 전부 잃었다.

이후에도 펑더화이는 마오쩌둥에 의해 문화대혁명 기간 동안 심한 박해를 받아 건강이 악화된다. 1976년 마오쩌둥의 죽음 이후 취임한 덩샤오핑은 '흑묘백묘론'을 주장했는데, 이는 오늘날까지 중국식 시장 경제의 기본이념이 된다. 이후 덩샤오핑의 지휘 아래 중국 정부는 사유지와 농기구를 농민에게 되돌려 주었으며 각종 인민 공사 조직도 폐지되었다.

한편 대약진운동은 1966년 초에 일어난 문화대혁명의 불씨가 되었다. 대약진은 제2차 세계 대전의 중국 측 사상자에 이르는 인구를 전쟁 한번 없이 굶어 죽게 함으로써 경종을 울리며 끝이 났다. 1977년 화궈펑의 집권 시 두 번째 대약진운동이 있었으나 역시 큰 성과를 이루지 못하고 실패했다.

26

중소 분쟁

중소 분쟁(中蘇 紛爭) 또는 중소 대립(中蘇 對立)은 1956년 소련 공산당 제20차 대회 이후 소련 공산당과 중국 공산당이 공산주의 이념의 원칙적인 여러 문제에 관해 벌인 분쟁을 말한다.

중국 공산당은 1921년 리다자오, 천두슈, 마오쩌둥 등이 공산당을 창립할 때부터 소련 공산당의 지도를 계속 받으면서 활동했다. 그리고 1949년 중화인민공화국이 수립되어 마오쩌둥이 주석이 되어 중국을 장악했을 때도 소련이 이끄는 국제 사회주의를 확고하게 따를 것이라고 말했다. 그만큼 중국 공산당의 역사에서 소련은 중요한 역할을 해왔으며 영향을 끼쳐왔다.

그러나 1950년대 미국에 대한 입장으로 소련과 견해 차이가 생기기 시작했다. 중국은 미제국주의에 대한 강경한 대응을 주장한 반면 소련은 가능하면 미국을 자극하지 않으려는 입장이었다. 이후 1958년부터 시작된 중국의 제2차 5개년계획에 적극 후원하겠다던 소련이 전혀 후원을 하지 않았으며, 중화인민공화국과 인도 사이에 국경분쟁이 일어났을 때 소련이 중립적 입장을 취하자 중국 공산당은 소련 공산당에게 불만을 표현하기 시작하였다. 그러다 점차 중국 공산당은 국제사회에서 자신들의 발언권을 강화해나가기 위해서 소련의 그늘에서 벗어나려 했는데 이것을 중소 분쟁이라고 한다.

1957년 11월 모스크바에서는 12개국이 참가한 공산당 회의가 열렸다. 마오쩌둥은 중국 대표단을 이끌고 회의에 참석하여 미국과의 핵전쟁도 피하지 않겠다는 강경한 발언을 하였다. 소련이 미국과의 대결을 피하고 평화를 원하는 타협적인 자세를 보이는 것에 대해 중국은 아직도 제국주의자들이 사회주의에 대한 공격 의도가 있다고 판단하였다.

1960년 2월 모스크바에서 열린 바르샤바 조약기구 회의에서는 1956년에 채택된 흐루쇼프의 평화공존론을 재확인하는 공동선언서를 채택하였다. 이 회의에 배석원 자격으로 참석한 중화인민공화국의 대표 캉성(康生)은 이때까지 쌓였던 소련에 대한 불만을 소련의 평화공존론을 비판함으로써 시작했다. 캉성은 "미국이 여전히 제국주의적 침략성을 버리지 않고 있으며 타이완 해방은 미국의 방해 공작으로 완수되지 않았는데 흐루쇼프의 낙관적인 평화공존론으로 대미 유화 정책이 대두되고 있다."라고 비판하였다. 이후 중화인민공화국은 지속되는 탈스탈린 정책과 수정주의에 대해 거센 비판을 가하였고, 레닌주의의 정당성을 신봉해야 한다고 진단했다.

캉성　　　　　쿠시넨

　이에 대하여 소련의 쿠시넨(Kwusinen)은 마르크스-레닌주의 이론은 한낱 낡은 교조주의가 아니라 항상 변천하는 새로운 역사 상황에 보조를 맞추어 끊임없이 창조적으로 발전해 나가야 하며, 흐루쇼프야말로 현재 상황에 가장 알맞게 마르크스-레닌주의 이론을 창조적으로 발전시킨 위대한 공로자이며 그의 평화공존론은 현 국제정세에 가장 합당하도록 레닌주의 외교정책을 창조적으로 발전시킨 신노선이라고 중화인민공화국의 주장을 반박하였다.

　이는 중국은 소련이 사회주의의 순수성을 포기하고 수정주의 노선으로 가고 있다고 비판한 것이며, 소련은 중국이 국제정세를 정확하게 판단하지 않고 사회주의의 원칙에만 충실하려는 교조주의라고 비판한 것이다.

　수정주의(修正主義, revisionism)는 기존의 공산주의 사상을 해당 사상의 전통적 입지에서 벗어나 다른 방향으로 개량, 변질, 수정하는 행위 또는 그러한 이념을 뜻한다. 즉, 공산주의 이론을 창시한 마르크스와 레닌이 주창한 공산주의와 다른 방향으로 가는 행위나 이념을 말한다.

교조주의(敎條主義, dogmatism)는 무비판적인 독단주의의 다른 표현으로, 전승된 공산주의로부터 출발해 그 진리 내용과 인식 가치를 구체적으로 주어진 새로운 인식과 실천적인 경험에 비추어 재고하지 않는 무비판적이고 비역사적이며 형이상학적인 사고방식을 의미한다. 즉, 교조주의는 마르크스-레닌주의의 혁명적 정신과 창조적인 정신을 파악하지 못한 채, 마르크스와 레닌이 주창한 공산주의를 무조건 따르려는 행위나 이념을 말한다.

1958년 7월 31일 소련 공산당 제1서기 겸 총리인 니키타 흐루쇼프(Nikita S. Khrushchyov)가 베이징을 비밀리에 방문하여 중소정상회담이 열린다. 이 회담에서 흐루쇼프는 중소연합함대를 구성하여 극동의 방위체제를 설립할 것을 마오쩌둥에게 제안했다. 소련이 핵전쟁의 위협을 제거하기 위해 중국의 핵을 소련의 통제 아래 두고자 하는 의도였다. 그러나 중국은 이 제안을 거부했고, 소련은 이에 대응, 원자폭탄의 견본과 생산기술을 제공하기로 한 약속을 무효화시켰으며, 소련에서 파견한 기술자들을 철수시켰다. 이 사건을 중소분쟁이라고 하며 이 사건 이후 소련은 중국에 대한 기술, 군사적 지원을 완전히 끊으면서 중국은 위기에 빠진다.

평화공존론에서 시작된 논쟁은 개인 숭배 사상 배격론, 알바니아 문제, 유고슬라비아 문제, 탈스탈린 정책 및 소련 공산당의 신강령,

1958년 마오쩌둥과 니키타 흐루쇼프의 만남

개발도상국 민족해방운동 성격 규정, 핵무기 문제 등을 둘러싼 전면적 논전으로 번져갔다.

중소 분쟁 이후 공산권은 크게 친소파와 친중파로 분열하였다. 동유럽 대부분의 국가는 친소련 노선을 유지하였으나 소련의 탈스탈린 정책과 수정주의를 날카롭게 비판하며 마르크스-레닌주의를 철저히 고수한 알바니아는 마오쩌둥의 반수정주의를 적극적으로 지지함으로써 중화인민공화국과의 친교를 강화하였다. 이 외에 쿠바 공화국, 베트남, 라오스, 아프가니스탄, 에티오피아, 토고, 남예멘, 앙골라, 모잠비크, 콩고 공화국은 소련 지지를 고수하던 친소련파였으며, 소말리아는 1977년까지 소련과 친교를 강화했으나 1979년 이후로는 중화인민공화국 쪽으로 선회하였다.

27

중인 전쟁

1951년 인민해방군을 동원해서 티베트를 무력 병합하였다. 1920년대 이래 사실상 독립 상태를 유지하고 있던 티베트의 토착 정권은 인민해방군의 침공 이후 중국 공산당과의 17개조 합의를 통해 자치권을 보장받는 조건으로 티베트가 중국의 영토라는 것을 인정한다. 이후 달라이 라마가 티베트지역 대표로 베이징에서 열리는 중국인민정치협상회의에 직접 출석해서 마오쩌둥과 만나는 등 한동안은 우호적인 관계가 유지되었다.

1959년에 티베트에서 중국으로부터의 독립을 원하는 대규모 봉기가 발생하자 중국 정부는 진압군을 티베트로 파견해 유혈 진압을 벌였고, 티베트의 지도자 달라이 라마 14세가 중국 공산당 정권의 종교 탄압과 티베트 문화 말살 정책에 반발하면서 인도로 피신해 망명정부를 수립하는 사건이 발생한다.

인도에서 달라이 라마의 망명정부 수립으로 중국과의 갈등은 더욱 증폭되어 갔다. 이런 와중에 1950년대 말, 히말라야 소국을 병

대치 중인 중국과 인도 국경

합하던 인도군은 티베트 접경까지 주둔하게 되었고, 원래부터 인구가 희박해서 불명확한 국경에서 잦은 교전이 일어났다. 이에 따라 소련은 중국을 견제하려는 목적으로 인도를 지지하고 나서면서 인도에 막대한 경제적 지원을 한다. 이로 인해 중국과의 관계는 더욱 악화되었다.

10월 6일 중국의 마오쩌둥 및 수뇌부는 인도와의 동부 및 서부 국경에서 동시에 조정된 공격을 감행하기로 결정하고, 동부 전선을 주공격으로 결정했다. 10월 8일 중국의 청두와 란저우 군구로부터 티베트에 정예 부대를 파견하였고, 10월 16일 중국의 류보청 원수가 수립한 중인 전쟁 계획이 승인받았다. 그리고 10월 18일 중국 공산당 중앙정치국이 중인 전쟁 개전을 최종 결정했다.

마침내 10월 20일에는 1,000km에 이르는 국경의 전 방면으로 중국의 주력군이 침공을 개시하면서 바야흐로 1개월간의 전면전이 시작되었다. 중국이 80,000~90,000명의 병력을 동원하였으며, 미처 전쟁을 예측하지 못한 인도군은 겨우 1~1.2만 병력으로 대응하다가 후퇴할 수밖에 없었다.

이후 중국군은 산악 통로로 접근하여 인도군 1만 명의 보급로를 끊고 인도군에게 막대한 사상자를 내게 하고, 아삼 북동 국경으로부터 50km 들어간 테즈푸르까지 진격한 후 전쟁을 중단했다.

인도를 침공한 중화인민공화국 군인

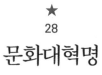

28
문화대혁명

　문화대혁명(文化大革命)은 1966~1976년까지 10년 동안 중화인민
공화국에서 일어난 대규모 파괴 운동으로, 친위 쿠데타이며, 내란
이라고 할 수 있다. 문화대혁명은 20세기의 분서갱유(焚書坑儒)라고도
하며, 중국 내에서는 우회적으로 십년동란(十年動亂) 등으로 표기하기
도 한다.

　문화대혁명은 대약진운동의 여파로 권력이 약화된 마오쩌둥이
권력를 강화하기 위하여 사욕으로 일으킨 사태로 보는 견해가 우수
하다. 문화대혁명기에는 많은 지식인들이 탄압을 받았으며, 오래된
문화재까지 상당히 파괴되어 회복할 수 없게 된 안타까운 사건이
다. 문화대혁명에 대한 평가는 중국에서 공식적으로 극히 부정적인
사건으로 명시하고 있으며 마오쩌둥의 책임이라고 단언하고 있다.
다만 중국에서는 장칭(江靑)과 린뱌오의 탓으로 돌리려는 경향도 존
재한다.

　대약진운동의 결과로 3~5천만 명에 달하는 중국 인민들이 아사

하고 경제가 나락으로 추락하는 파멸적인 결과가 초래되었다. 대약진운동을 강행한 마오쩌둥의 권위는 추락하여 사실상 2선으로 후퇴하면서 국정에서 배제되었다. 대신 류사오치가 국가 주석직을 승계해서 덩샤오핑과 함께 실용주의 정책을 펼쳐 중국 인민들의 호평을 듣게 되자, 마오쩌둥은 류사오치와 덩샤오핑의 영향력이 점점 커지면서 자신의 위치가 흔들리는 것에 대해 초조해했다.

1959년 6월 북경시 부시장인 우한(吳晗)은 인민일보에 명나라 때 해서라는 관리가 황제를 비판하는 내용으로 글을 실었다. "황제도 조금이지만 사람들에게 말할 자유를 주었다. 그러나 마오쩌둥은 독단적이고 편견에 가득 차 있어 비판을 받아들이지 않고 있다."라고 당시 중국에서 절대적인 권위를 가지고 있던 마오쩌둥에 대한 간접적인 비판을 했다.

1959년 7월 2일부터 열린 루산회의에서 펑더화이는 마오쩌둥이 밀어붙인 대약진운동에 대해서 "총노선은 옳았으나 대약진운동과 인민공사는 잘못되었다."라고 비판했다. 펑더화이의 발언은 나름대로 마오쩌둥을 생각해서 완곡하게 표현한 충언이었다. 그러나 초조해져 있던 마오쩌둥에게는 충격적이었기에 펑더화이를 실각시키고, 자신의 최측근인 린뱌오를 펑더화이의 후임 국방부장으로 임명하였다.

대약진운동에 대해 긍정적이던 류사오치조차도 고향 후난성을 시찰한 후 상상을 초월하는 사태를 보고 경악하여 7천인 대회를 소

우한   류사오치

집하여 마오쩌둥의 과오를 지적하며 정면으로 비판했다. 분노한 마오쩌둥은 류사오치의 말을 막으면서 실패는 일부 지역에 국한된다고 반박했지만, 류사오치는 오히려 성공이 일부 지역에 국한될 뿐이라고 맞서고 마오쩌둥을 개인적으로 만나 역사가 심판할 것이라고 소리를 지를 정도로 격렬하게 논쟁을 하며 싸웠다.

이 때문에 학생들 사이에서는 류사오치 정권에 대한 극도의 불만과 분노가 퍼졌는데 마오쩌둥은 이를 노리고 학생들에게 접근, 학생들을 영웅으로 내세우며 류사오치를 비판했다. 여기에 장칭과 천보다, 린뱌오 등 당내 좌경세력이 마오쩌둥을 적극 지지하며 덩샤오핑과 류사오치에 대한 비난을 쏟아부었다.

1961년 1월 북경에서 부시장인 우한은 역사학자로 자신이 인민일보에 실었던 글을 〈해서면관〉이라는 연극으로 공연하였다. 마오쩌둥이 해서의 자세를 배워야 한다고 했기 때문에 이 연극은 마오쩌둥을 지지하는 의미도 있었다.

그러나 문화대혁명의 직접적인 발단은 1965년 요문원이 '해서의 면관을 평한다'는 글을 써서 〈해서면관〉을 비판하면서였다. 이 글이 바로 마오쩌둥을 비판하는 모든 것을 배격하고 마오쩌둥을 신격화하는 문화대혁명의 시발점이 되었다. 1966년 5월 청화대학에서 학생들로 구성된 최초의 홍위병이 조직되었으며 6월, 10월 인민일보 사설에서 '프롤레타리아 문화대혁명'이란 말이 처음 사용되었다.

1966년 8월 8일, 마오쩌둥은 인민일보에 '사령부를 폭격하라-나의 대자보'라는 제목의 짧은 논평을 발표했다. 공산당 안의 우파를 척결하자는 내용이었지만, 사실상 류사오치와 덩샤오핑에게 선전포고를 한 것이나 다름이 없었다. 이때부터 문화대혁명이 시작되었다.

1966년 8월 8일, 마오쩌둥의 논평에 맞춰 중국 공산당 중앙위원회는 '중국 공산당 중앙위원회의 프롤레타리아 문화대혁명에 관한 결정'을 선택하고 16개항을 발표하였다. 내용은 쉽게 말해서 마오쩌둥이 하라는 대로 하는 게 진리라는 것이었다. 물론 표현의 자유가 보장되었다지만, 그 표현의 자유는 홍위병이 자유롭게 기존의 낡은 것들을 비판하고 타도할 수 있다는 의미였다.

홍위병들의 활동에 사실상 한없는 자유를 부여하자, 청년 노동자, 대학생, 중학생, 심지어 소학교 학생 등이 가담한 홍위병 단체가 무수히 만들어지면서 마오쩌둥의 외침에 호응하여 일제히 거리를 휩쓸기 시작했다. 홍위병들은 날개 달린 듯이 다니며 각지에서 낡은 것들을 마구 파괴했다. 절, 사당, 성당은 문을 닫거나 약탈되었으며, 베이징과 상하이에선 낡은 사상의 소유자들이라며 사람들이 무차별로 홍위병늘에게 붙늘려 구타를 당했고, 심지어 살해당하기까지 했다. 사건의 발단이 된 우한도 홍위병에게 탄압을 당했으나 목숨은 건지고 1979년 덩샤오핑 집권 이후 복귀했다.

공안들은 홍위병의 행위를 바라보기만 할 뿐이었다. 심지어 당시 공안 수장 셰푸즈(謝富治)는 "누가 맞아서 죽어도 우리 소관이 아니다. 만약에 이렇게 때려죽인 사람을 구속한다면, 이것이야말로 과오를 범하는 것이다."라고 발언할 정도였다. 공안이 막으려고 해도 홍위병들이 워낙 살기등등해서 함부로 다가가기도 힘들었다.

홍위병의 탄압

세푸즈

마오쩌둥은 이런 사태를 보고 받고 "히틀러가 더 잔인하지 않았나? 사람을 더 많이 죽일수록 진정한 혁명가가 되어간다."라는 망언을 하였다.

1966년 8월 천안문 광장에서는 문화대혁명을 축하하는 100만인 집회가 열렸으며 마오쩌둥은 이러한 광기를 동원하여 류사오치, 덩샤오핑 등을 자기비판 하게 하여 실각시켰다.

1967년에 접어들어 각 지역에서 홍위병을 중심으로 한 무장세력은 당과 정부가 장악하고 있던 권력을 빼앗기 시작했다. 상해에서는 당과 정부 관리를 밀어내고 홍위병 중심의 상해인민공사를 만들기도 했다. 이것은 마오쩌둥이 생각한 제2의 혁명을 통한 새로운 권력을 만들어내는 것이었다. 공산당 중앙정부는 문혁파들에 의해 탈취된 권력을 하나로 모아 혁명위원회로 통일시켰다. 1968년에 이르면 임표가 이끄는 해방군의 지원을 받아 전국적으로 혁명위원회가 성립한다.

그러나 홍위병들의 활동은 1968년에 접어들어 서서히 약화되고, 마오쩌둥은 자기에게 대항할 만한 세력이나 인물을 어느 정도 정리했기 때문에 홍위병은 더 이상 필요치 않았다. 홍위병들을 이용할 필요가 없어졌기에 문화대혁명을 진정시키고 1968년 12월에는 도시 청년, 간부 지식인늘을 농촌에서 일하게 하는 하방이 제창되었다.

문화대혁명은 1969년에 와서 끝을 맺게 되었다. 이 과정에서 린뱌오의 해방군이 가장 부각되었고 자신의 최측근이자 문혁(文革)의 일등 공신인 린뱌오를 사실상 후계자로 내정했다. 이후 모든 공식 행사에서 '마오 주석과 린 부주석'이란 식으로 호칭되었다. 린뱌오의 위상은 1969년 제9차 중국 공산당 중앙위원회에서 그대로 드러났다. 새로 구성된 정치국 상무위원에서, 린뱌오는 마오쩌둥에 이어 제2인자 자리를 차지했다. 저우언라이는 4위로 밀려나 더 이상 린뱌오의 적수가 되지 못하는 상황이었다.

하지만 1969년 중국-소련 국경분쟁에서 린뱌오는 강경한 저항론을 주장하다가 마오쩌둥과 충돌했다. 소련이 핵 공격까지 시사하자 엄청난 충격을 받은 마오쩌둥은 소련을 막기 위해 미국과 손잡아야 한다고 주장했고 예젠잉, 쉬샹첸, 녜룽전 등 원수들도 대부분 동의했지만, 린뱌오는 인민해방군만으로 충분히 소련과 미국을 동시에 막을 수 있다면서 수정주의자를 막기 위해 제국주의자와 손잡을 수 없다고 반발했다. 마오쩌둥은 린뱌오를 정신 나간 대국 쇼비니스트라고 면박 주면서 그를 배제하고 저우언라이, 예젠잉 등을 앞세워 헨리 키신저와 접촉했다.

위신에 타격을 입은 린뱌오는 천보다와 손을 잡고 자신의 지위를 다시 공고히 하려 했다. 1970년 8월 23일, 려산에서 열린 중국 공산당 제9기 중앙위원회 제2차 전원회의에서, 천보다가 총대를 메고 국가 주석직의 복원을 제안하는 발언을 했다. 그러나 마오쩌둥은 천보다의 발언을 비난하면서 그를 정치국 상무위원에서 해임해 버렸다. 마오쩌둥은 국가 주석직 복원을 린뱌오가 자신의 권력을 찬탈하려는 것으로 여겼다. 린뱌오를 의심하기 시작한 마오쩌둥은 린뱌오의 권력과 당내 영향력을 점점 줄이기 시작했다.

권력에서 밀려나기 시작한 린뱌오와 그의 측근들은 아직 남아있는 군권을 이용해 마오쩌둥을 제거하기로 결정한다. 그러나 마오쩌둥이 음모가 있다는 첩보가 입수하여 암살을 피함으로써 린뱌오의 음모는 결국 실패했다.

일이 틀어지자 린뱌오는 아들 린리궈와 가족들, 측근들과 함께 비행기를 타고 소련으로 망명하려 했다. 그러나 린뱌오 일행이 탄 비행기는 소련까지 가지 못하고, 몽골 상공에서 추락했다. 이를 9.13 사건이라고 한다.

문화대혁명 이전까지 관료층으로서 실권을 가지고 있던 세력들은 밀려났고 문화계의 많은 사람들도 피해를 입었다. 약 70만 명이 문화대혁명 기간 동안 불이익을 당했다고 한다.

홍위병에 가담하여 열성적으로 문화대혁명을 이끌었던 청소년들에게도 마지막 남은 것은 정치에 대한 불신과 증오, 공포, 그리고 부모나 친구의 죽음을 보면서 느끼는 비탄의 심정뿐이었다.

29

4인방 체제의 등장

    문화대혁명을 거치면서 1966년 8월 마오쩌둥의 혁명동지이자 유력한 당 간부였던 류사오치는 결국 국가 주석직에서 물러나고 가택연금 상태가 되었다가 폐렴으로 죽었다. 덩샤오핑은 당직에서 쫓겨나고, 이른바 재교육을 세 번이나 받고 난 뒤, 지방의 트랙터 엔진 공장에서 일하게 되었다. 덩샤오핑의 손에는 줄칼에 베인 흔적이 있는데, 이 트랙터 엔진 공장에서 얻은 상처다. 이후 그는 1973년, 저우언라이가 복귀시켜 줄 때까지 꼼짝없이 그곳에 있어야만 했다.

    마오쩌둥의 우상숭배는 날이 갈수록 기승을 부렸다. 홍위병의 광란은 2년여 만에 진정되었지만, 마오쩌둥을 비판한 사람들은 하방에 의해 다시 시골로 내려갔다. 69년에 중국 공산당 9전대회가 열렸다. 여기서 선출된 중앙위원 279명 중 그전부터 중앙위원이었던 사람은 고작 53명에 지나지 않았고 문화대혁명 기간 중 새로운 인물들이 대거 등장한 것이다.

당대회에서 린뱌오가 마오쩌둥의 후계자로 정식 지명되고 마오쩌둥 주석 바로 다음 직위인 부주석에 임명되었다. 그리고 문화대혁명 기간 중 새롭게 등장한 문혁파가 강력한 위치를 차지하게 된다. 린뱌오가 비행기 추락사고로 사망한 후 잠시 중국의 권력을 장악했던 문혁파 4인이 있었는데 4인방이라고 한다.

4인방이란 왕홍원(王洪文), 장춘차오(张春桥), 야오원위안(姚文元), 장칭(江青)을 가리킨다. 1973년 대회에서 당 부주석에 선출된 왕홍원은 문화 혁명기에 활발한 조직 활동을 전개했던 사람이다. 장춘차오는 대약진운동의 이론가로 활약했던 인물로서, 붓 하나로 중국을 휘어잡아서 일명 '붓대'라는 별명을 가지고 있는 평론가 야오원위안은 문장 실력으로 문화대혁명의 불을 지핀 사람이다. 그리고 또 한 사람은 예술단원 출신으로 1930년대 마오쩌둥과 결혼한 장칭이다.

1973년 공산당 전국대회를 계기로 문화대혁명 세대들은 급속하게 공산당 조직의 중심부로 스며들었다. 그들이 가장 취약한 곳은

왕홍원　　　　장춘차오　　　　야오원위안　　　장칭

군사 부문이었기 때문에 그것을 메꾸기 위해 민병을 그들의 세력 기반으로 삼았다. 그러나 당의 실질적인 운영 경험이 없기 때문에 린뱌오시대 추방되었던 당의 원로들이 복귀하게 되었고 그들은 원로 중심인 저우언라이 주변에 모이게 된다. 이들의 복귀는 문화대혁명으로 성장한 새로운 세력늘에게 큰 위협이었다.

1976년 혁명 1세대이자 당의 핵심인 저우언라이가 죽었다. 덩샤오핑은 1976년 4월 저우언라이를 추모하기 위해 천안문 광장에 모인 군중들을 배후 조종했다는 죄목으로 다시 공산당으로부터 추방되었다. 4인방과의 권력투쟁에서 패배한 것이다. 그러나 천안문 사건에서 이들은 중국 인민들의 지탄의 대상이 되었다. 이어서 공산당의 살아있는 신화였던 마오쩌둥도 죽음을 맞게 되자 그의 후계자로 화궈펑(華國鋒)이라는 그리 널리 알려지지 않은 인물을 지명했다.

화궈펑

4인방은 세력 기반을 갖추고 있지 않는 화궈펑의 등장이 그들에게 유리하다고 판단했다. 그리고 마오쩌둥이 죽으면서 더 이상 4인방을 보호해줄 사람들도 없었다. 이에 4인방은 마오쩌둥의 뒤를 잇기 위해 자신들의 정치적 근거지인 상하이에서 병력을 소집하고 장칭과 친밀했던 마오쩌둥의 조카, 마오위안신을 통해 베이징의 군부대들을 포섭하기 시작했다. 그러나 마오쩌둥의 죽음은 인민들이나 당 간부들로 하여금 당에 대한 비판 및 4인방에 대한 반발을 거세게 일으키는 계기가 되었다. 이에 위기감을 느낀 군부 원로들이 예젠잉을 중심으로 결집해서 4인방 체포를 촉구했다. 절대적인 권위를 가진 존재가 사라진 공백기를 틈타 권력투쟁이 표면화되었던 것이다.

화궈펑은 이와 같은 분위기를 틈타 마오쩌둥이 죽은 지 채 한 달이 되기도 전에 4인방을 전격 체포했으며, 4인방 체제는 힘없이 무너지고 말았다. 4인방의 급격한 몰락은 그들이 오직 마오쩌둥이라는 개인의 힘에 의존하고 있었으며 당내에 탄탄한 뿌리를 내리고 있지 못했기 때문이다. 4인방의 몰락은 많은 사람들을 놀라게 했다. 그 정도까지 그들의 기반이 취약할지 몰랐던 것이다.

체포된 4인방은 마오쩌둥이 사망한 지 28일 만에 중난하이 지하실에 수감되었다. 1976년 10월 12일 4인방 체포가 서방 언론에 보도되었고 4인방의 근거지인 상하이에서는 4인방 석방을 요구하는 무장봉기를 준비했다. 하지만 그해 10월 18일 상하이의 지도자들이 신속하게 체포되면서 4인방의 무력 기반도 붕괴되었다. 온 중국인들의 증오를 받던 4인방의 몰락에 인민들은 환호했다.

1981년에 공개 재판이 열렸는데, 장칭은 판관들과 덩샤오핑을 저주했지만 나머지 3인방은 즉각 태도를 돌변하여 이게 다 장칭 때문이라고 주장하며 매우 고분고분한 모습을 보여 장칭에게 덩달아 욕을 먹었다. 결과적으로 장칭과 장춘자오는 사형 십행유예도 원래는 사형이지만 2년간 별일 없이 복무하면 무기징역으로 감형해주는 형을 받았고, 왕훙원은 종신형을, 야오원위안은 20년형을 선고받았다.

판결 후 2년 뒤에 장칭은 종신형으로 형량이 조정되었지만, 1991년에 지병인 식도암 치료를 위해 병원에 옮겨진 뒤 목을 매 자살했다. 왕훙원은 1992년에 감옥에서 복역 중 병사했고, 야오원위안과 장춘차오는 각각 1996년과 1998년에 가석방됐는데 둘 다 2005년에 병사했다.

4인방을 몰락으로 몰아간 세력은 화궈펑을 중심으로 한 4인방을 제외한 문화대혁명파와 실무관료, 그리고 군인 그룹들이었다. 화궈펑은 그의 체제를 갖추어 나가기 위해 4인방의 영향력을 배제하고 정치적 단결과 경제건설을 강조하는 한편 4인방의 체제하에서 피해를 당한 사람들을 구제했다. 이때 덩샤오핑도 화궈펑을 전면적으로 지지한다는 편지를 보냈고 곧 중앙관직에 다시 복귀했다. 덩샤오핑은 중앙에 복귀하여 화궈펑과 권력투쟁을 전개한 끝에 결국 그를 몰아내고 실권을 장악했다.

제2장 마오쩌둥의 일생

4인방의 몰락은 문화대혁명을 통해 등장했던 문화대혁명파의 몰락을 상징하는 사건이었다. 그리고 문화대혁명에 의해 추방되었던 인물들이 다시 정계로 복귀하는 상징적인 사건이었다.

4인방 재판

1980년 재판장에 나타난 장칭

30

미국과의 화해

1960년대 중국은 소련과 심각하게 대립하고 있었다. 그 절정은 1969년 우수리강을 사이에 둔 영토분쟁이다. 한때 동반자였던 소련이 이제는 중국을 위협하는 가장 위험한 나라로 등장한 것이다. 이제 중국은 소련이라는 초강대국의 현실적인 위협에 대처하기 위한 새로운 동반자를 구해야 했다. 지구상에서 소련에 대항할 수 있는 나라는 미국뿐이었다. 그러나 중국이 볼 때 미국은 '세계 인민의 적'이었다. 어려운 처지에 놓인 중국은 부득이 세계에 대한 관점을 바꿀 수밖에 없었다. 그리고 그러한 중국의 변신에 중대한 계기를 미국이 제공하게 된다.

1969년 미국의 닉슨 대통령은 이른바 '닉슨 독트린'을 발표했다. 긴장과 대결의 냉전체제를 청산하자는 것이었다. 당시 미국은 베트남 전쟁에서 곤욕을 치르고 있었다. 국내에서는 연일 베트남 전쟁에 반대하는 시위가 계속되었고 미국의 경제도 해외 군사비 지출 등으로 어려운 상태였다. 미국은 베트남 전쟁의 종결 및 냉전체제를 해소하고 싶었던 것이다. 닉슨 독트린으로 세계는 냉전체제에서 벗어나 긴장 완화 시대, 이른바 '데탕트'의 시대에 접어들게 된다.

소련에 위기의식을 느끼고 있던 중국과 국내외적으로 여러 어려움을 당하고 있던 미국은 서로에게 손짓하여 가까워질 충분한 이유를 가지고 있었다.1969년 소련과 중국의 국경분쟁에 대해 미국은 전쟁이 일어나서는 안 된다는 태도를 보임으로써 중국 편을 들었다. 당시 중국은 소련을 상대로 전쟁을 벌일 처지가 아니었기 때문이다.

중국과 미국 사이를 두껍게 막고 있던 얼음이 녹기 시작했다. 그 속도는 매우 빨랐다. 닉슨 독트린이 발표되던 1969년 11월에 미국 함대의 대만해협 순찰이 중단되었으며 12월에는 중국에 대한 미국인의 여행 제한이 완화되었다. 1970년 11월의 유엔총회에서는 중화인민공화국을 받아들이고 대만을 밀어내자는 안이 알바니아에 의해 제안되어 과반수를 간신히 넘기면서 통과되었다. 그리고 중국은 안정보장이사회 상임이사국이 되었다. 대만은 유엔을 탈퇴했다.

닉슨은 파키스탄이나 루마니아의 지도자들을 통해 미국 고위층의 북경 방문 가능성을 타진했고 중국은 이에 긍정적인 답을 했다. 1971년 미국의 국무장관인 헨리 키신저가 비밀리에 북경을 방문했다. 그는 저우언라이를 만나 대만과 월남을 비롯한 여러 문제들에 대해 긴 시간 동안 회담했고 저우언라이는 닉슨의 중국 방문을 요청했다. 닉슨이 중국을 방문할 것이라는 발표는 세계를 놀라게 했다. 이것은 동아시아 관계는 말할 것도 없고 세계질서의 근본적인 변화를 의미하는 것이었기 때문이다.

닉슨 대통령

헨리 키신저

마침내 1972년 2월21일, '세계 인민의 적'의 우두머리인 미국 대통령이 북경에 모습을 드러냈고 미국과 중국 사이에 상해공동성명이 발표되었다. 이 공동성명은 양국의 20여 년간에 걸친 적대관계를 끝내고 관계를 정상화한다는 것을 밝히고 있다. 앞으로 오산이나 오해로 인한 적대의 위험을 줄이기 위해 서로 다른 이데올로기를 가진 국가들 사이의 관계 개선이 필요하다는 것이다. 또한 미국은 자결의 목적과 부합되는 지역으로부터 모든 미군이 궁극적으로는 철수할 것을 밝혀 베트남에서 철수하겠다는 의사를 보였다.

중국도 자유와 해방을 위한 모든 피압박 인민들과 민족들의 투쟁에 대한 지지를 거듭 밝히면서도 중국은 결코 초강대국이 되지 않을 것이라고 선언했다. 아울러 두 나라는 다른 국가들을 대상으로 하는 제3국과의 협정이나 이해관계에 따르지 않을 것임을 밝혔다. 이것은 중국의 입장에서 보면 미국이 소련과 공모하여 중국을 위협

마오쩌둥 주석과 닉슨 대통령

하지 않겠다는 미국의 약속이었다.

그러나 미국과의 관계 개선에 가장 큰 걸림돌은 대만이었다. 이 문제에 관해 상해공동성명에서 무력의 사용이나 위협에 호소하지 않고 국제분쟁을 해결할 용의가 있음을 양국이 합의하는 문구를 넣었다. 중국은 중화인민공화국 정부가 중국의 유일한 합법 정부이며 대만은 이미 오래전에 모국에 속한 중국의 1개 성이라고 하여 대만에 관한 문제는 다른 나라가 간섭할 권리가 없는 중국 국내의 문제임을 분명히 했다.

이에 대해 미국은 대만해협 양쪽에 있는 모든 중국인에게는 오직 하나의 중국만이 있을 뿐이며 대만은 중국의 일부라는 것을 인정했다. 이것은 그야말로 외교적인 표현이다. 미국은 대만을 오랫동안 지지해왔고 반공 전선의 가장 철저한 우방으로 간주해왔다. 따라서 이러한 외교적인 표현은 중국이나 대만 어느 쪽도 자기들에게 유

만찬 중인 닉슨 대통령과 저우언라이 중국 총리

리하게 해석할 수 있는 여지를 남김으로써 대만의 반발을 무마하면서 중국에게도 명분을 제공하는 방법이었다. 이와 같이 상해공동성명은 서로 합의하고 있는 부분과 아직은 합의되지 않는 양국의 견해 차이를 밝히고 있다. 이 공동성명을 구체적으로 실현하기 위해서 두 나라는 스포츠나 문화 등으로부터 관계를 발전시켜 나가기로 했다.

1973년 이후 덩샤오핑의 위치는 강하되어 1975년에는 당 부주석, 인민해방군 총참모장에 임명되었고 75년 이래 생산 활동을 향상시키는 경제정책을 적극 추진했다.

미국과 중국은 스포츠나 문화 등으로부터 관계를 발전시켜 나가기로 하고, 1973년 키신저는 다시 중국을 방문, 중화인민공화국과 미국이 북경과 워싱턴에 연락 사무소를 열기로 합의했다. 양국의 정치가들과 민간인들의 교류는 빈번해졌으며 교역량도 급속하게 늘어났다. 이에 냉전체제는 끝나고 세계는 다극화시대로 접어들게 되었다.

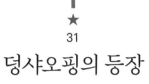

31

덩샤오핑의 등장

1904년 8월 22일 덩샤오핑은 쓰촨성에서 유복한 집의 장남으로 출생하였다. 1918년 근공검학(勤工儉學) 운동에 따라 프랑스에 건너가 공장 노동자로 일하면서 학업을 하였다. 1926년 초 모스크바의 스탈린 동방노동자공산주의대학에 입학하고, 공산당에 입당한다. 1926년에 중산대학(中山大學)으로 전학한다.

1926년 당대 중국의 군벌 펑위샹 밑으로 들어간 덩샤오핑은 정치적 선동 부분의 일을 맡아서 공산주의에 대한 강의를 하며 지냈다. 난징 국민정부에 합류한 펑위샹은 덩샤오핑을 군에서 내쫓았고 1927년 7월, 덩샤오핑은 당시 중국 공산당의 본거지였던 우한으로 가서 당의 중앙에서 일하게 된다. 그리고 1927년 8월 7일 8.7 긴급회의에 서기로 참석하여 마오쩌둥을 처음 만나 그를 따라 홍군의 정치장교로 근무했다. 1933년 당시 비주류였던 마오쩌둥을 지지하고, 대장정에 참여하였다. 항일전 내내 공산당의 팔로군에서 정치장교를 맡았으며, 일본군 배후에서 항일전쟁을 치렀다.

덩샤오핑의 가족(1945년)

1949년 장강(長江) 도하 작전과 난징 점령을 지도하여 중화인민
공화국 수립에 공을 세웠다. 덩샤오핑은 서남군구 정치장교, 서남
군정위원회 부주석을 맡았고 이후에는 군에서 제대해 충칭 시장을
역임하면서 토지 개혁, 아편 거래 근절, 국민당 잔당 토벌들의 여러
조치들을 실시했다. 이 토지 개혁은 무상몰수 무상분배의 원칙이었
기 때문에 토지를 가진 지주들이 폭동까지 일으킬 정도로 저항했으
나, 덩샤오핑은 무자비하게 무력으로 진압하였다. 덩샤오핑은 이때
저항하는 지주계급 및 아편 유통업자, 기타 국민당 잔당들을 합해
10만 명 이상을 처형했다고 알려져 있다.

1952년 정무원(政務院) 부총리, 1954년 당 중앙위원회 비서장,
1955년 정치국 위원이 되었다. 1957년에는 중국 공산당의 총서기
가 되어 국정 일반 업무를 수행하게 된다. 대약진운동의 실패로 마
오쩌둥에게 비판의 화살이 쏟아지자, 덩샤오핑은 좀 더 큰 권력을

장악할 수 있게 되었다. 류사오치와 그는 최종적으로 권력을 장악하고 마오쩌둥을 '명목상의 지도자'로 앉히려는 계획을 세우는 한편 경제 개혁을 실시했는데, 이로 인해 당 조직과 전체 인민들 사이에서 세력을 키울 수 있었다.

1960년 중국과 소련이 결별하자 공산 국가들이 모인 여러 회의에서 마오주의를 설파, 소련을 수정주의로 비판하여 마오쩌둥의 신임을 받았다. 하지만 국가 주석에서 물러난 마오쩌둥은 류사오치, 덩샤오핑이 자신이 죽으면 흐루쇼프가 스탈린을 격하했듯이 자신을 격하할 것이라 생각했고, 이들을 당내에서 자본주의를 추구하는 반혁명분자요 주자파라 여기게 되어 제거하고자 했다. 결국 문화대혁명이 일어나 류사오치도 숙청당했으며, 덩샤오핑도 실각하여 당직에서 은퇴한다. 문화대혁명 당시, 그의 큰아들인 덩푸팡 역시 추락 사고로 장애인이 되었다.

1973년 3월 총리 저우언라이의 추천으로 복권되어 국무원 부총리가 되었다. 덩샤오핑의 재부상에 문화대혁명 이후 중국의 권세를 누리고 있던 4인방은 긴장했다. 덩샤오핑만 없다면 저우언라이와 마오쩌둥 사후 권력은 그들의 것이 될 수 있었다. 정치국 회의 등에서 4인방은 덩샤오핑을 격하게 비판하면서 실직시켰다. 1976년 1월 저우언라이가 세상을 떠났으며, 9월 마오쩌둥이 세상을 떠나자 화궈펑은 1977년 7월 덩샤오핑을 복직시켰다. 덩샤오핑은 1978년에 실질적인 당의 지도자가 되었다.

덩샤오핑이 실권을 쥐면서 마오쩌둥 시대의 대약진운동, 문화대혁명으로 피폐해진 경제를 다시 살리기 위해, 현실파 덩샤오핑은 '네 개의 현대화'를 내걸어 시장경제 체제로의 이행을 시도하였다. 기본 원칙은 선부론으로 대표되듯이, 먼저 부유해질 수 있는 조건을 정하고 부유해져서, 그 영향으로 다른 것이 풍요해지면 좋다고 하는 생각이다.

이것은 지금까지의 절대 평등주의를 벗어난 상징이라고 할 수 있다. 이에 따라 11기 3중전회(十一 三中全會) 이후 개혁은 먼저 농촌에서 시작되었다. 중국의 농촌은 해방 후 토지 개혁(土地改革)과 합작화 운동(合作化運動)을 거쳐 매우 큰 변화가 일어났지만, 이후의 경제체제와 경제정책은 갈수록 농촌경제의 발전에 부응하지 못했다.

1992년 이후, 다시 개혁·개방을 추진하여 경제성장은 단번에 가속화되었다. 그러나 도시와 농촌, 연해부와 내륙부의 지역 격차는 심화되어, 특히 농민의 불만이 높아졌다. 공산주의 시장경제 체제의 아래에서, 장쩌민, 주룽지 정권은 격차 해소와 경제개혁에 드라이브를 걸게 된다. 그 과정에서 서부 대개발, 국영기업 개혁에 따른 실업자의 증대, 민공조, 삼농문제라고 하는 새로운 문제가 발생했다. 이러한 문제를 안고서도, 지금 중국 경제는 '세계의 공장'이라고 불릴 정도로 성장하였다.

중국 정부는 1978년 경제체제의 개혁을 결정하는 것과 동시에 대외개방 정책도 계획했다. 1980년부터 차례로 광둥성의 선쩐, 주하이, 샨터우, 푸젠성의 아모이 및 하이난성에 5곳의 경제특구를

우한의 한 공장을 방문한 덩샤오핑

설치했다. 1984년에는 다롄, 진황도, 톈진, 옌타이, 칭다오, 연운항, 난통, 상하이, 닝보, 원저우, 푸저우, 광저우, 전장(湛江), 베이하이의 14개 연해 도시를 개방했다.

1985년 이후, 장강 삼각주, 주강 삼각주, 남 트라이앵글(아모이, 찬저우, 장저우), 산둥반도, 랴오둥반도, 허베이성, 광시 쫭족 자치구를 경제개방구로 연해 경제개방 지대를 형성했다.

1990년 중국 정부는 상하이 푸둥신구의 개발과 개방을 결정해, 일련의 장강 연안도시의 개방을 한층 더 진행해 포동신구를 용두로 하는 장강 개방지대를 형성했다. 1992년 이후는 변경 도시나 내륙의 모든 성도와 자치구 수도를 개방했다. 이어진 조치로 1년에 15곳의 보세구, 49곳의 국가급 경제기술 개발구와 53개소의 하이테크 기술산업 개발구를 설정했다.

이와 같이 중국은 연해, 연강, 연변, 내륙지구를 결합해 전방위,

다차원, 광역의 대외 개방구조를 형성하고 있다. 대외 개방지구에서는 다양한 우대정책을 실시해 외향형의 경제, 수출 확대, 선진기술 도입 등의 면에서 성과를 거두었다.

덩샤오핑은 농촌에 자기 경영 제도를 도입하고, 산업에는 성과 보수제를 도입하였으며, 전문 경영 기술 관료가 경제를 이끌도록 하고, 개인의 자유를 확대하였다. 대외적으로 서방과의 관계를 개선하고, 1978년에 미국과 외교 관계를 수립하였다. 1989년에 톈안먼(천안문) 사태로 대외적 이미지는 타격을 받았다.

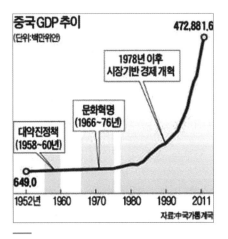

중국 GDP 추이

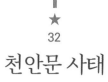

32

천안문 사태

천안문 광장 앞에서 있었던 일련의 민주화 운동들을 말한다. 흔히 1차 천안문 사태라 불리는 1976년 4월 5일 열린 4.5 운동 천안문 사태와 2차 천안문 사태 혹은 천안문 항쟁으로 불리는 1989년의 천안문 6.4 항쟁이 유명하다. 이 중에서도 천안문 6.4 항쟁을 가리키는 경우도 있다.

제1차 천안문 사태

1976년 1월, 저우언라이가 지병으로 사망하자 중국은 이후에 마오쩌둥이 죽었을 때와는 비교할 수 없는 엄청난 추모 분위기에 휩싸였다. 이에 대해 저우언라이를 적대하던 장칭을 비롯한 4인방은 저우언라이를 비난하며 저우언라이 추모 분위기에 찬물을 끼얹는가 하면 공권력을 동원해서 추모를 방해했고 장칭 자신은 저우언라이의 장례식에 참여하여 매우 오만불손하게 구는 등 중국인들의 분노를 샀다. 그런 상황에서 3월 청명절 기간부터 베이징 시민들은 저우언라이를 추모하기 위해 천안문 광장에 있는 인민 영웅 기념비를 향한 행진을 시작했다.

　시민들은 화환을 걸고 저우언라이를 추모했는데 정부는 이 기념비에 바쳐진 화환을 전부 철거해버렸다. 그렇지 않아도 문화대혁명으로 고통받고 쌓일 대로 쌓여 저우언라이라는 안전장치가 사라져 언제 폭발할지도 모르는 판국에 장칭의 이런 행동은 중국인들의 분노에 제대로 불을 붙였다. 당시 중국인들은 온갖 핍박과 박해에 1970년대 초중반의 경제침체까지 겹쳐 언제 폭발할지 모르는 상태였다.

　결국 분노한 인민들은 4월 5일에 봉기하여 건물을 부수고 자동차에 불을 붙이는 등의 폭력 시위를 전개했다. 심지어 마오쩌둥 체제를 뒤집어엎으려는 시도도 일어났다. 중국 공산당은 이들을 반혁명세력으로 간주하고 공안을 동원하여 폭력적으로 해산시킴과 동시에 철저하게 탄압했으며 4인방은 이때다 싶어서 덩샤오핑 부주석에게 모든 책임을 물리고는 실각시켰다.

　그해 9월, 마오쩌둥이 사망하고 마오쩌둥 비판론이 힘을 얻으면

저우언라이를
추모하는 국민들

서 2년 후인 1978년 11월 12일 중국 공산당 11기 3차 중앙위원회 전체회의에서 이 사건에 대한 재심이 논의되었다. 마침내 11월 14일 중국 공산당 중앙위원회 정치국 상무위원회의 추인을 받아 중국 공산당 북경시위원회는 "천안문 사건은 혁명적 행동이었다."라는 재평가를 발표하여 해당자들을 모두 복권했다. 11월 25일 중앙공작회의 전체회의에서 중앙정치국이 공식적으로 천안문 사건은 혁명적 대중운동이었다는 내용을 발표하며 '천안문 사건'은 '4.5 운동'이라는 별칭을 얻게 되었다. 오늘날 4.5 운동은 4인방에 반대하는 인민들의 혁명적 행동으로 각급 학교 역사 교과서에 서술되고 있다.

제2차 천안문 사태

중국 학자들은 제2차 천안문 사태를 '톈안먼 광장 사건(Tiananmen Square Incident)'이나 '6.4 사태(June Fourth Incident)'라고 부른다. 좀 더 과격하게 표현할 때는 '1989년 반정부 정치 폭란'이라고도 한다. 또는 공산당의 당론을 따라 '1989년 춘하지계 정치 풍파'라는 보다

천안문에
모인 군중

후야오방   자오쯔양

순화된 표현을 쓰기도 한다. 중화권에서는 유혈 진압이 일어난 6월 4일에서 따와서 '류쓰(六四)', '육사사건(六四事件)'이라고 부른다.

덩샤오핑은 중국 공산당 내 자신의 지지 세력인 공산주의자 후야오방(胡耀邦)과 자오쯔양(趙紫陽)을 자신의 후계자로 보고 그들을 정치적으로 후원하였다. 하지만 후야오방은 1987년 1월 베이징에서 학생 시위대 수천 명이 공안과 충돌한 일에 대한 책임을 물어 당 총서기직에서 물러나고, 혼자 남아 있던 자오쯔양이 후임 당 총서기가 됐다.

이런 후야오방이 1989년 4월 중난하이(베이징시 시청구에 있는 옛 황실 원림)에서 소집된 중국 공산당 중앙정치국 회의에 참석했다가 갑자기 심장병 발작으로 쓰러져 4월 15일 세상을 떠났다. 이에 대학생들과 노동자들은 해임됐던 후야오방에 대한 평가를 공정하게 해달라고 요구하며 시위를 벌이기 시작했다.

시위의 원인은 표면적으로는 대장정 출신의 후야오방 전 중국 공산당 총서기 사망에 따른 공정한 평가였지만, 이면에는 중국 경제 통화 팽창, 중국 공산당 관리들의 부패, 중국의 대량 인민 실업 직면, 소련 공산당 개혁파 고르바초프의 방중과 중국 공산당의 경제 개혁 결정 등에 대한 불만이 주요한 배경이었다.

1989년 4월 17일부터 인민들이 그의 죽음을 애도하고 시위를 계속하였으며, 참가자 수는 계속 늘어났다. 시위대는 처음에는 대학생, 하강 근로자들, 농민공들이 대부분이었으나 갈수록 문화대혁명 관련자들, 석방된 정치범들, 사회 불만 세력들이 섞이며 후반으로 갈수록 시위 양상이 격화되어 갔다. 점차 중국 정부에 대한 위협이 커지고 시위의 수위가 높아지자 정부는 진압 결정을 내리게 된다.

중국 당국은 5월 20일 부분적으로 계엄령을 내렸고, 6월 3일 저녁부터 이튿날 새벽까지 천안문 일대에서 중국 군대, 전경과 시위대가 충돌한 뒤 유혈 사태가 빚어졌다. 유혈 사태로 인한 피해자에 대해서는 발표 기관마다 다르지만, 애초 정부의 공식 발표로는 민간인 사망자 300여 명, 부상자 7천여 명이 발생하였다.

★
33
마오쩌둥의 사망

　　마오쩌둥은 1972년부터 병으로 고생하였다. 암살과 테러를 의심했던 그는 고층 건물에 오르는 것과 비행기 탑승을 주저하거나 꺼렸다고 한다. 와병 중이던 1976년 4월 4일 제1차 천안문 사태가 발생했다. 이는 대규모의 민중 봉기였다. 4월 5일 분노한 시위대는 반란을 일으켜 건물과 관공서, 자동차 등에 방화를 하는 등 일대 소요가 야기되었다. 교통은 마비되었고, 플래카드에는 마오쩌둥의 부인 장칭을 비롯한 4인방과 측근인 야오원위안 등을 비판하는 구호와 시가 많이 게재되어 있었고, 뒤에는 마오쩌둥의 퇴진을 요구하는 내용까지 올라왔다. 이 사건은 공안 당국과 군에 의해 반혁명사건으로 철저히 탄압되었으며, 마오쩌둥은 이를 덩샤오핑 당시 중국 공산당 부주석 겸 국무원 부총리를 제거할 기회로 삼고 덩샤오핑에게 책임을 물어, 4월 7일 그의 모든 직무를 박탈함으로써 실각시켰다.

　　그러나 소요사태는 쉽게 수그러들지 않았고 마오쩌둥의 퇴진을 외치며 시위가 격화되며 사태가 확산되어 가던 중 진압을 시도했으나 군은 움직여주지 않았고 그는 완전히 고립된 채 생을 마감하게 된다. 1976년 9월 9일 그는 베이징에서 죽었다. 사망 당시 그의 나이는 82세였다. 그의 유해는 자신의 시체를 화장하라는 희망에도 불구하고, 블라디미르 레닌과 마찬가지로 시신이 보존되어 베이징의 '마오주석기념관'에 안치되었다.

1981년 덩샤오핑이 정권을 잡은 후, 마오쩌둥의 문화대혁명은 내란이었다는 공식 입장을 밝히고, 문화대혁명 당시 학살과 소요사태의 책임이 마오쩌둥에게 있다고 규정했다. 그러나 마오쩌둥에게 숙청당할 위기에까지 몰렸던 덩샤오핑은 그에 대한 직접적인 비판은 자제하거나, "공은 공 과는 과"라고 선을 그었다. 중화인민공화국 건국 50주년인 1999년 10월 1일에 발행되기 시작한 중국 런민비 제5판 100위안, 50위안, 20위안, 10위안, 5위안, 1위안의 지폐 앞면의 인물에 모두 마오쩌둥이 나온다.

毛澤東

마오쩌둥의 사상과 철학

마오쩌둥의 정치적 이념 형성

마오쩌둥 청년예술 조각상

마오쩌둥은 어려서부터 애국심이 강했고 진실을 찾아 나라와 인민을 구하겠다는 각오를 다졌다. 후난 제1사범학교에서 공부하는 동안 마오쩌둥과 차이허센 등은 혁명적 단체인 신민회를 조직하여 학문 혁신을 논의하고 품행을 개선하며 중국과 세계를 변혁하는 방법을 연구하고 다양한 진보적 활동에 참여했다.

젊었을 때 마오쩌둥은 부지런하고 학구적이었고 책을 많이 읽었고 독립적인 사고를 주장했으며 그가 접할 수 있는 고대 및 현대 중국과 외국의 다양한 이론의 본질을 흡수하기 위해 열심히 노력했다. 그는 사회의 현실과 대중으로부터 배우는 것을 중시하고 다양한 기회를 활용하여 중국 사회의 역사와 현재 상황을 조사하였다.

마오쩌둥은 대학을 다니면서 양창지를 만나 애국주의와 혁명적 민주주의의 영향을 받았고, 개량주의, 자유주의, 유토피아적 사회주의, 무정부주의의 영향도 받았다. 그는 철학에 관심이 많고 많은 철학적 걸작을 읽었으며 중국 선진 철학자, 명청 왕조 철학자, 독일 고전 철학자 칸트의 사상에 대한 심층 연구를 수행했다.

그뿐만 아니라 공자와 맹자의 유교, 송과 명나라의 관념론, 왕부지와 안원의 유물론, 스펜서의 진화론, 칸트의 이원론, 후시의 실용주의, 크로포트킨의 무정부주의 등에서 영향을 받았다. 그중에서도 역사적 관념론을 주장한 캉유웨이와 량챠오의 철학적 사상은 중대한 영향을 미쳤다.

따라서 마오쩌둥의 사상과 세계관은 유물론적 변증법적 요소를 포함하고 있을 뿐만 아니라 관념론과 이원론의 요소도 일부 포함하고 있었지만, 기본적으로는 관념론적이었다.

젊은 시절 마오쩌둥은 마르크스주의와 러시아 10월 혁명을 접하고 그 영향을 받아들인 후 점차 자신을 비판하고 원래의 이상주의적 역사관을 청산했다. 1918년 8월과 1919년 12월 두 차례 베이징에 가서 『공산주의 선언』과 같은 마르크스주의 고전을 면밀히 연구하고 연구했다. 그리고 천두슈, 리다자오 등 마르크스주의 사상에 영향을 받으면서 계급과 계급투쟁에 관한 마르크스주의 이론을 이해하고 인민의 위대한 역사적 역할을 더욱 깨닫게 된다.

"당시 사상계의 마르크스주의와 비마르크스주의의 논쟁과 신민회에서 중국 혁명의 길을 논의하는 과정에서 후난자치운동, 북양군벌 장징야오를 축출하기 위한 투쟁이다." 또한 마침내 부르주아와 소부르주아 정치 개혁 방법의 절망을 깨달았고 오직 러시아식 혁명의 길만이 유일한 탈출구라는 것을 깨달았다.

한편, 1921년 신민회 신년대회 연설에서 마오쩌둥은 마르크스주의 사상을 분명히 확인하고 지지했다. 프롤레타리아 혁명과 프롤레타리아트 독재의 이론과 방법은 '역사적 유물론이 우리 당 철학의 기초'라는 과학적 결론을 이끌어 냈다. 이것은 마오쩌둥이 젊은 시절에 마침내 마르크스주의, 사회개량주의, 무정부주의 사이의 이념적 경계를 그렸고, 역사적 유물론에 대한 신념을 확립했으며, 정치 사상과 철학적 세계관의 근본적인 변화를 실현했음을 의미한다.

마오쩌둥 사상

1952년 마오쩌둥이 루어웬쿤에게 직접 선물한 서류가방

마오쩌둥 사상의 정의

마오쩌둥 사상(毛澤東 思想)은 마오쩌둥으로 대표되는 중국의 공산

주의자로서 마르크스-레닌주의의 기본 원리에 입각하여 중국의 장

기 혁명, 건설, 사회적 실천과학의 지도 이데올로기를 말한다. 마오쩌둥 사상은 중국 공산당의 지도 이데올로기 중 하나다. 중국 공산당은 마오쩌둥 사상을 신민주혁명, 항일전쟁, 해방전쟁, 중화인민공화국 건국, 사회주의 건설에서 승리하기 위한 사상적 지침이라고 믿고 있다. 이는 중국에서 마르크스-레닌주의의 적용과 발전이며 중국 공산당의 집단적 지혜의 결정체이다.

마오쩌둥 사상의 의의

개혁개방 이후 중국 공산당 중앙위원회는 '중화인민공화국 건국 이후 당에 관한 몇 가지 역사적 문제에 대한 결의'를 발표하고 마오쩌둥 사상을 국가의 집단적 지혜의 결정체라고 규정했다. 중국 공산당의 1세대 중앙 지도부이며, 마오쩌둥의 개인적인 사상뿐만 아니라 마르크스주의 중국화의 첫 번째 주요 이론적 성취였다.

결의문에서 마오쩌둥 사상은 마르크스-레닌주의를 6개 방면(신민주의 혁명, 사회주의 혁명과 사회주의 건설, 혁명군대 건설과 군사 전략, 정책 및 전략, 사상 정치사업, 문화사업)의 독창적인 이론으로 풍부하게 발전시켰다. 이 중 신민주의론과 인민민주독재론은 역사적 실천으로 검증되고 효력이 입증된 것으로 여겨진다. 그러나 경제적 부분은 개혁개방 이후 버려졌다. 정치, 군사, 외교, 문학과 예술, 철학 및 기타 여러 측면의 이념적 내용은 중국 본토 사회에 여전히 존재하며 20세기에 전 세계 일부 지역에도 큰 영향을 미쳤다.

비중국어, 일본어 및 한국어에서 마오쩌둥 사상은 마오주의로 번

역될 수 있지만 마오쩌둥 자신은 항상 '이즘'을 사용하여 자신의 이론 및 이데올로기 시스템을 언급하는 것을 반대했다.

마오쩌둥 사상의 등장

중국 사회 현실, 즉 객관적 실재에 근거한 공산혁명을 주장한 마오쩌둥은 중국 공산당의 혁명노선을 도시에서 농촌으로 넓혀가는 것이 아니라 농촌에서 농민 혁명으로 시작해 도시로 확장하는 방식을 주장했다. 이는 당시 중국이 서구나 소련과 같은 도시 노동자들의 투쟁으로 혁명이 불가능하다고 판단했기 때문이다. 이러한 마오쩌둥의 혁명노선은 성공적이었고, 마르크스주의가 중국 혁명의 실천과 서로 결합하면서 자연스럽게 중국적 마르크스주의가 형성되었고, 그것이 곧 마오쩌둥 사상으로 정립되었다.

중국에서 처음으로 마오쩌둥의 이름이 공산당 이론을 지칭하는데 사용되었는데, 1941년 겨울 국민당 반공 이론가 런탁쉬안(仁密宗)이 제창한 '마오이즘'이었다.

1920년대 말과 1930년대 초, 마오쩌둥 사상은 국제공산주의운동과 중국 공산당의 교조주의적 경향에 대항하여 투쟁하고 역사적 경험을 정리하는 과정에서 점차 형성되고 발전되었다. 농지혁명전쟁과 항일전쟁 후기에는 여러 방면에서 체계적으로 정리·발전되어 성숙기에 이르렀다. 마오쩌둥 사상이라는 용어는 왕자샹이 1943년 해방일보에 실린 '중국 공산당과 중국 민족해방의 길'이라는 기사에서 처음 제안했다. 공식 문서로는 1945년 중국 공산당 제7차 전국대표대회에서 5명의 서기 중 한 명인 류사오치의 보고서 '당론(On the Party)'에 처음 등장했다. 이는 마오쩌둥 사상의 첫 번째 체계적인 해설 보고서다. 중국 공산당 제7차 전국대표대회에서 처음으로 마오쩌둥 사상을 중국 공산당의 지도 이념으로 규정했다.

마오쩌둥 사상은 해방전쟁 동안과 중화인민공화국 건국 이후에도 계속 발전했다. 1950년에 슈바르츠는 처음으로 '마오주의' 개념을 내세웠고 이를 마르크스주의, 레닌주의와 나란히 두었다. 국제 학계에서 지도자의 성을 중국 공산당의 지도 이념으로 명명한 것은 이번이 처음이었다.

마오쩌둥 사상의 역사

1956년 중국 공산당 제8차 전국대표대회에서 채택된 당헌은 마오쩌둥 사상이 중국 공산당의 지도 이념이라는 조항을 폐지했다. 1969년 중국 공산당 제9차 당 규약은 제7차 당대회 조항을 복원하면서 "마오쩌둥 사상으로 제국주의가 무너지고 사회주의는 세계에서 승리할 것이다."라고 하였다. 이후 마오쩌둥 사상은 중국 공산당의 지도 이념으로 규정되었다.

1981년 중국 공산당 제11기 중앙위원회 제6차 전체회의는 중화인민공화국 건국 이후 당 역사의 특정 문제에 관한 결의를 통과시켜 마오쩌둥 사상이 결정체라고 주장했다. 중국 공산당 중앙 지도부 1세대의 집단적 지혜, 그 이후로 '프롤레타리아트 독재하에서 계속되는 혁명 이론'은 중국에서 공식적으로 정의된 마오쩌둥 사상의 필수적인 부분이 아니다.

마오쩌둥 사상은 낡은 사회 제도와 가치 체계를 파괴하는 데 중점을 두고 완전히 새로운 사회 제도를 구축하려고 노력했으며 이에 상응하는 일련의 전략, 전술 및 정책 전술을 제안했다. 중국 이외의 많은 정당 조직에서는 마오이즘이라는 용어를 사용하지만, 중국 관리들은 공식적으로 마오이즘을 사용한 적이 없다. 일부 학자들은 마오쩌둥이 자신의 독립적인 가치 체계와 이론을 내세우지 않고 마르크스-레닌주의 사상 이론 체계를 보완하고 수정주의에 반대했을 뿐이므로 마오주의라고 부르기에 충분하지 않다고 했다. 일부 학자들은 마오쩌둥이 민족주의와 포퓰리즘에 대한 깊은 개념을 가지고 있기에 마오주의는 이러한 요소가 혼합된 것으로 간주했다.

마오쩌둥의 신민주주의론

1940년 마오쩌둥은 당시 사회 성격에 근거하여 혁명의 임무를 밝혔다. 중국 사회는 이미 하나의 식민지이자 반식민지, 반봉건사회이며, 중국 혁명의 주요한 적은 제국주의와 봉건세력이라고 하였다.

마오쩌둥은 이 시기의 혁명 대상은 자본주의와 사유재산이 아니라 제국주의와 봉건주의이며, 중국 혁명의 성격은 무산계급 사회주의가 아니라 자본계급 민주주의라고 보았다. 다만 일반적인 자산계급 민주주의 혁명이 아니라 신식의 특수한 혁명이다. 마오쩌둥은 이런 혁명이 바로 중국을 비롯한 모든 식민지, 반식민지 국가에서 발전하고 있는데, 신민주주의 혁명이라고 하였다.

마오쩌둥은 중국이 자본주의 구민주주의와 소련의 사회주의와 다른, 식민지, 반식민지 국가의 특정한 역사 시기에서 채택된 국가 형식으로 신민주주의 공화국의 과도기를 거쳐야 한다고 보았다. 중국이 반(半)식민지, 반(半)봉건 사회였기 때문에 혁명의 임무는 마땅히 반(反)제국, 반(反)봉건이어야 한다. 혁명의 임무는 곧 혁명의 성격을 결정하기 때문에 중국 혁명은 신민주주의 혁명이어야 하는 것이다.

신민주주의 경제는 자본을 제한하고 토지권을 고루 분배하는 것을 기본 원칙으로 삼으며, 신민주주의 문화는 무산계급이 영도하는 인민대중의 반제국, 반봉건 문화를 가리킨다. 이 문화는 중화민족의 신문화이며 민족적, 과학적, 대중적 특징을 갖는다.

마오쩌둥은 "반드시 마르크스주의의 보편 진리를 중국 혁명의 구체적 실천과 완전히 꼭 알맞게 통일시켜야 한다."라고 신민주주의론에 입각하여 주장하였다. 또한 "마르크스주의는 민족의 특징과 서로 결합하고 일정한 민족적 형식을 거쳐야 비로소 쓰임새 있으며, 결코 주관적, 공식적으로 응용할 수 없다."라고 했다.

후난성 제1사범학교 교정

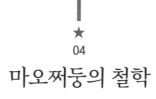

★
04
마오쩌둥의 철학

후난성 제1사범학교 재학시절에서 꿈을 키웠던 책걸상

마오쩌둥의 철학사상은 형성과 발전과정을 가지고 있다. 마오쩌둥의 세계관은 유년 시절 이상주의에서 변증법적 유물론으로 시작하여, 혁명적 민주주의에서 공산주의로의 변혁과정을 겪었다. 마오쩌둥은 자신의 세계관의 근본적인 변화를 깨닫고 확고한 마르크스주의자가 되어 중국 공산당이 중국 혁명을 이끌어야 한다는 필요성을 깨닫고 이를 발전시켰다. 이는 또한 마르크스주의의 일반 원칙이 중국 혁명과 건설의 구체적인 실천과 점점 더 통합되는 과정이었다.

마오쩌둥의 철학사상이 과학이론으로 발전하는 역사적 과정은 중국 마르크스-레닌주의의 확산과 발전, 중국 공산당 내 두 이데올로기 노선의 투쟁, 당의 건국과 발전과 밀접한 관련이 있다. 중국 공산당 초창기에 리다자오, 마오쩌둥, 저우언라이, 취추바이, 채허선 등 중국 공산당원들은 최선을 다해 중국의 현실에서 출발해, 마르크스주의의 관점에서 중국의 국정을 분석하였다.

1925년 겨울부터 1927년 봄까지 마오쩌둥은 『중국 사회 계급 분석』, 『후난 농민 운동 조사 보고서』와 같은 작품을 연속적으로 저술했으며, 마르크스주의 계급 분석 방법을 사용하여 구체적으로 분석했다. 그리고 중국 사회의 다양한 계급의 경제적 지위와 정치적 태도 다양한 계급 간의 상호 관계와 발전을 드러내고 중국 혁명에서 농민 문제의 중요한 위치와 프롤레타리아트가 이끄는 농민 투쟁의 중요성을 지적하였다. 그러면서 천두슈의 우경화 실수를 비판하고 중국 혁명의 대상, 동기, 임무 및 목표를 명확히 하였다. 이것은 마오쩌둥의 철학 사상이 과학적으로 변화된 중요한 징후다.

1927년 8월 1일, 중국 공산당은 1차 시민혁명 전쟁이 실패한 결정적 순간에 난창봉기를 이끌고 국민당 반동 분자들에게 첫 총격을

제3장 마오쩌둥의 사상과 철학

가했다. 그런 다음 혁명적 힘으로 중국 공산당에서 권력을 장악하였다. 그 후 마오쩌둥이 대표하는 중국 공산당은 혁명 인민을 이끌고 '가을 추수 봉기' 등 수많은 무장봉기를 일으켜, 노동자와 농민의 무장 분리주의를 실시하고, 게릴라전을 벌이고, 붉은 정치 권력을 수립하고, 농업혁명을 수행했다. 실제로 농촌 지역을 장악하여 도시를 포위하여 도시를 점령하고 마침내 도시와 전국의 권력을 장악하는 중국만의 독특한 혁명 방법을 만들어냈다.

마오쩌둥은 1928년 10월부터 1930년 1월까지 징강산 일대와 각지에서 붉은 정치세력을 수립한 투쟁 경험을 정리하여 『중국의 붉은 정치세력은 왜 존재하는가?』, 『징강산 투쟁』, 『단편』을 저술하였다. 이러한 작품들은 국내외의 복잡한 모순을 분석하고, 중국의 불균형한 사회, 정치, 경제 발전의 법칙을 밝히고, 중국의 붉은 정권의 출현과 발전 원인과 조건을 명확히 했다.

중국 혁명의 방법을 이론적으로 제시하고 실행함으로써 프롤레타리아가 영도하는 농민을 주체로 하고 무장투쟁을 주체로 하는 혁명적 정치노선을 형성하였다. 이것은 마르크스-레닌주의 힘에 의한 권력 장악 이론의 창조적 발전이며, 중국 혁명의 문제를 분석하고 해결하기 위한 유물론적 변증법의 구체적인 적용의 생생한 표현이다.

1929년 12월 말, 중국공농적군 4군 제9차 당대표대회가 푸젠성 상항현 구톈진에서 개최되어 마오쩌둥이 초안한 결의문을 통과시켰다. 이는 각종 잘못된 사상에 맞서 싸우는 적군 공산당의 경험을 요약한 것으로 중국 공산당과 중국 적군 건설을 위한 강령 문서다. 일부 당원들의 주관주의에 대해 마오쩌둥은 정치적 상황에 대한 주관주의적 분석과 작업에 대한 주관주의적 지도의 불가피한 결과는 기회주의이거나 폭동주의라고 지적했다.

당원들은 이를 통하여 주관적인 분석과 평가가 아니라 마르크스-레닌주의의 방법으로 정세를 분석하고 계급적 세력을 평가하도록 교육해야 하며 당원들로 하여금 사회경제적 조사와 연구를 중시하게 하여 투쟁의 전술과 방법을 결정하였다. 이는 마오쩌둥이 실제로 당의 사상 노선을 세우고, 마르크스-레닌주의와 중국의 현실을 결합하는 중대 사상이 나타났음을 보여준다.

1930년 5월 마오쩌둥은 '조사 작업'이라는 기사를 썼다. 이것은 마오쩌둥으로 대표되는 중국 공산당이 수년 동안 축적한 사회 조사 업무 경험을 철학적으로 요약한 것이다. 그것은 마르크스주의와 중국의 실제 상황의 결합을 강조하는 것이다. 이 글에서 마오쩌둥은 "조사하지 않으면 말할 권리도 없다."라는 유명한 주장을 내세웠고, "모든 결론은 조사 상황의 머리에서가 아니라 끝에서 나온다."라는 유물론 반성 이론을 설명했다.

1937년 7월과 8월 『반대적 서적주의』를 출판하면서 마오쩌둥은 철학사상의 점진적인 체계화와 이론화를 하였다. 이 시기에 농지혁명전쟁이 계속 발전하여 일제의 침략으로 당 내외의 모순이 복잡해지고 투쟁이 극도로 날카로워졌다. 오랫동안 마오쩌둥으로 대표되는 중국 공산당은 1935년 1월 쭌이회의에서 왕밍의 잘못된 지도력을 시정하기 시작했고 정치, 군사 및 철학 측면에서 좌파 교조주의의 오류를 요약하고 청산했다.

1935년 12월 중국 공산당 중앙정치국은 산시성 북부 와야오바오에서 회의를 열었다. 마오쩌둥은 회의에서 '일본 제국주의에 반대하는 전략에 대해'를 보고했다. 보고서에는 유물론적 변증법을 정치 투쟁의 현장에 적용하여 당시의 새로운 정세와 국내외의 새로운 모순, 계급관계의 새로운 변화를 분석하고 당의 항일민족 정치 전략을 체계적으로 설명하였다.

1936년 12월 마오쩌둥은 '중국 혁명전쟁의 전략적 문제'라는 기사를 작성하여 인식론적 관점에서 2차 시민 혁명전쟁의 경험을 요약하고 좌파 독단주의자들의 군사적 실수를 비판하고 기본 특성과 법칙을 밝혔다. 이것은 변증법적 유물론과 사적 유물론을 군사 투쟁의 현장에 적용한 마오쩌둥의 걸작이다. 이 글은 마오쩌둥의 중국 혁명전쟁의 경험을 바탕으로 전쟁, 전략, 전술에 관련된 문제를 체계적으로 제기하고 해명하며 풍부한 철학사상을 담고 있다.

1937년 7월과 8월 사이에 마오쩌둥은 연안항일군정대학에서 철학을 강의하고 『연습 중』과 『모순에 대하여』를 저술했다. 두 작품은 사상적 노선과 방식의 관점에서 국내 1차, 2차 혁명전쟁의 경험을 철학적으로 요약한 것이며, 당내 좌우 편향의 과오를 바로잡기 위한 철학적 요약이기도 하다.

고대 중국 문화와 철학의 유산을 비판적으로 계승하고 대중에게 친숙한 언어를 사용하여 국내외 마르크스주의 철학 연구에서 긍정적 성과를 인정하였다.

『연습 중』은 인식론에서 실천과 인지의 근본적인 모순을 확고히 파악하고, 실천의 관점을 먼저 강조하며, 인지 과정에서 사회적 실천의 위상과 역할을 체계적으로 설명하고, 주관과 인지의 모순을 깊이 폭로하고 비판한다.

『모순에 대하여』는 특정 쟁점에 대한 독단주의자의 부정을 지향하는 마르크스주의의 정신을 구체적으로 분석하여 변증법의 본질과 핵심을 체계적이고 완전하게 논하고, 모순의 특수성을 파악하는 것의 중요성을 강조하였다. 이는 마르크스주의 철학사에서 모순의 보편성과 모순의 특수성 사이의 변증법적 관계를 새롭게 일반화한 것이다.

이 두 작품은 마오쩌둥의 철학 사상이 체계적이고 완전한 형태의 철학 이론을 형성했음을 나타내는 마오쩌둥의 철학 걸작이다. 또한 이 두 작품은 중국 공산당의 이데올로기 노선 문제 해결을 위한 이론적 토대를 마련했을 뿐만 아니라 마르크스-레닌주의 철학적 인식론과 변증법의 발전에 탁월한 기여를 했다.

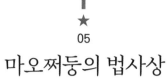

05

마오쩌둥의 법사상

　마르크스주의 법학의 중국화는 마르크스주의 중국화의 중요한 부분이며 중국 법학의 과학적 현대화를 구축하는 유일한 방법이다. 100년에 걸친 마르크스주의 법학의 중국화 과정에서 중국 공산당은 인민을 이끄는 중요한 역할을 하였다.

　마르크스주의 법학의 중국화의 이론적 성과는 법치 분야에서 중국 공산당의 실천적 지혜, 이론적 혁신 및 시스템 구축에 반영하였다. 이로써 마오쩌둥, 덩샤오핑, 장쩌민, 후진타오, 시진핑을 비롯한 각 시기 주요 당 대표들은 중국을 마르크스주의 법학의 중국화를 추진하는 독창성을 가지고 통치할 수 있게 되었다.

　중국 공산당 창당 초기 리다자오 등 당의 초기 지도자들은 마르크스주의를 중국 혁명의 실천에 적용하자는 사상을 제시한 적이 있다. 객관적 조건으로 인해 중국 공산당이 초기 단계에서 마르크스주의의 중국화를 생산하는 것은 불가능했다.

　일련의 심각한 좌절과 당과 군대의 붕괴 위험까지 겪은 후, 마오쩌둥으로 대표되는 중국 공산당은 마르크스주의에 대한 교조주의와 학파적 태도의 심각한 피해를 깊이 인식하고 중국화를 제시했다. 중국 공산당 제7차 전국대표대회 이후 마르크스주의의 중국화라는 과학적 사상은 점차 전당의 공감대가 되었다. 그 이후로 당은 마르크스주의와 중국 혁명, 건설, 개혁의 실천을 밀접하게 결합시키는 밝고 올바른 길을 시작했다.

중국 공산당 100년사는 마르크스주의의 기본 원칙과 중국의 구체적 현실을 결부시켜 마르크스주의의 중국화를 부단히 추진한 역사이다. 이론적 혁신과 실천적 혁신의 순조로운 상호 작용 속에서 마르크스주의를 발전시킨 것은 중국 공산당의 역사적 전통이자 성공적인 경험이며, 이를 통해 신시대와 21세기 마르크스주의의 현대 중국 마르크스주의 발전을 위한 귀중한 경험을 축적했다.

중국 공산당은 새 민주주의 혁명과 사회주의 혁명 시기에 제국주의, 봉건주의, 관료자본주의가 통제하는 국가권력을 전복하고 인민이 주인 된 국가권력을 세우고 사회주의 국가를 건설하기 위해 노력한다. 혁명이 성공한 후 그는 국가를 과학적이고 효과적으로 통치하고 당과 국가의 장기적인 안정을 보장하며 국가 통치의 현대화를 지속적으로 추진하는 데 전념했다. 이는 필연적으로 국가론과 법치주의를 주요 내용으로 하는 마르크스주의 법학을 마르크스주의의 중국화 과정에서 극히 특수하고 의의 있게 만들었다.

마르크스주의의 중국화라는 역사적 과정에서 마르크스주의 법학의 중국화는 가장 중요한 측면이다. 인민민주독재를 실현하여 국가의 모든 권력은 인민에게 귀속되고 인민은 국가와 사회, 자기 운명의 주인이 되고 법치주의는 민권을 진정으로 수호하는 좋은 법과 좋은 통치가 된다. 따라서 마르크스주의 중국화의 핵심은 국가의 중국화와 법치론이다. 그러므로 마르크스주의 법학의 중국화는 마르크스주의 중국화의 역사적 과정에서 주요 노선이다.

마오쩌둥의 법사상은 중국혁명의 위대한 실천에서 생겨났고, 구국가기구를 분쇄하고, 구법제를 파괴하고, 거짓된 법제를 폐지하고, 새로운 법제를 수립하는 인민의 실천을 인도했다. 1940년대 신민주혁명과 인민해방전쟁의 결정적 승리라는 역사적 조건에서 마오쩌둥은 마르크스주의 국가법관을 가지고 전당에 경고하면서 새로운 민주사회주의 법체계와 법질서가 신중국의 절대 구국민당 법제를 기초로 세워서는 안 되며 혁명적 폭력으로 국민당의 국가기구를 완전히 분쇄하고 구국민당 법제를 폐지하며 국민당 반동의 '6법'을 폐지해야 했다.

1949년 1월 14일 '현황에 관한 중국 공산당 중앙위원회 마오쩌둥 주석의 성명'을 발표하고 국민당-중화인민공화국 간의 평화 협상을 위한 헌법과 사이비법 폐지 등 8가지 조건을 제시했다. 1949년 2월 중국 공산당 중앙위원회는 '국민당 6법 폐지 및 해방구 사법 원칙 확정에 관한 훈령'을 발표했다.

1949년 9월 29일, 중국인민정치협상회의 제1차 전체회의에서 채택된 중국인민정치협상회의 공동 강령 제17조는 "반동적인 국민당의 모든 법률, 법령 및 사법 제도를 폐지한다."라고 명시했다. 그리고 인민을 억압하는 정부, 인민을 보호하기 위해 법률과 법령

을 제정하고 인민의 사법 제도를 수립하려고 하였다. 나중에 국민
당 반동 정부 통치의 법적 근거가 된 '6법'은 완전히 폐지되어 법적
효력을 잃었다. 중국 본토에서는 인민 민주, 사회 사회주의 법률 및
사법 기관으로 대체되었다.

마오쩌둥의 법사상은 풍부한 내용과 심오한 해설을 갖춘 과학
적 이론체계이다. 중국 인민이 정치권력을 장악하고 인민민주독재
의 국가권력을 공고화하는 시기에 국가 제도와 정치제도는 혁명과
건설의 근본적인 문제였다. 마오쩌둥의 법사상은 자연스럽게 국가
제도와 정치제도 문제에 집중되었다. 마오쩌둥은 『신민주주의론』,
『인민민주독재론』, 『중화인민공화국 초안헌법론』과 같은 작품에서
국가 제도와 정치제도 이론을 과학적으로 설명했다. 이는 마오쩌둥
사상의 국가 제도와 정치제도 이론은 인민민주독재의 사회주의 국
가 제도와 법제도를 수립, 발전, 공고화하기 위한 이론적 초석이자
근본적인 지침이 되었다.

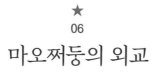

06

마오쩌둥의 외교

마오쩌둥은 중화인민공화국 외교의 창시자로서 '애국주의와 국제주의의 결합'이라는 외교 사상을 명확히 제시하고 자주적인 대외 정책을 주장했다. 마오쩌둥은 국가 간 관계에서 모든 국가는 규모에 관계 없이 평등해야 한다고 믿었다.

신중국이 건국될 당시 세계는 이미 제2차 세계 대전이 끝난 후 얄타 체제 속에 있었고, 미·소의 모순은 나날이 고조되었다. 세계는 점차 제국주의와 사회주의로 구분되어 다른 국가들로 하여금 선택을 하도록 강요했다.

이러한 현실에 직면하여 곧 세워질 신중국이 중도를 선택할 다른 길을 찾는 것은 불가능하였다. 제2차 세계 대전이 끝난 후 미국은 정책적으로 장제스를 지지하고 공산당을 반대하는 것이 매우 분명했으며, 국민당 정부와 내전까지 지원함으로써 중국 공산당은 점점 더 미국 제국주의의 진정한 모습을 보게 되었다.

소련은 처음에는 중국 공산당에 대해 낙관적이지 않았으며 항일 전쟁 중에 국민당 정부가 동북 지역의 이익을 보존하는 데 도움을 주기까지 했다. 그러나 결국 중국과 소련은 광범위한 이데올로기 관계를 가지고 있으며 중국 공산당은 건국 이후 마르크스-레닌주의를 인도했으며 소련을 모범으로 삼았다.

1946년 이후 국제 정세의 급격한 변화, 미국의 공세, 냉전의 출현과 점진적 고조로 인해 스탈린은 소련의 극동 전략과 중국 공산당과 국민당에 대한 태도를 재고해야 했다.

1949년 10월 1일, 중화인민공화국 건국이 선포되었고, 마오쩌둥은 중앙인민정부를 대표하여 전 세계에 발표했다. "이 정부는 중화인민공화국 인민을 대표하는 유일한 합법 정부이다. 중국, 평등, 호혜, 영토 주권에 대한 상호 존중을 준수할 의사가 있는 사람이라면 이 정부는 평등의 원칙을 고수하는 어떤 외국 정부와도 외교 관계를 수립할 의향이 있습니다."

소련은 10월 2일 신중국과의 수교를 선언함으로써 신중국과 일련의 사회주의 국가들과의 수교 서막을 열었다. 1950년 1월까지 중국은 불가리아, 루마니아, 헝가리, 북한, 체코슬로바키아, 폴란드, 몽골, 알바니아, 민주독일, 베트남 등 사회주의 국가들과 차례로 국교를 수립했다. 동시에 신중국은 미얀마, 인도, 파키스탄 등 독립 아시아 국가들과 적극적으로 외교관계를 수립하였고, 1950년대 초반에도 북유럽, 노르웨이, 덴마크, 핀란드, 스웨덴, 스위스 등 일부 자본주의 국가들이 잇따라 중화인민공화국과 상호 이익 및 영토 주권 존중을 바탕으로 수교할 용의가 있다며 적극적으로 접근하여 수교했다.

신중국의 외교는 전방위적으로 추진되었으나 일반적으로 외교 관계의 최우선 순위는 사회주의 국가들과의 외교 관계 수립이며, 마오쩌둥은 사회주의 진영으로 전념하겠다는 결의와 진심을 충분히 표명했다. 이는 신중국이 소련을 필두로 하는 세계 평화와 민주주의 진영을 지지하고 미국을 필두로 하는 제국주의에 반대한다는 것을 충분히 보여준다.

아시아 태평양 지역에서 미국이 이끄는 제국주의 진영의 전략은 신중국이 수립되자마자 모든 면에서 중국을 고립시키고 견제하려 했다. 미국은 외교에서 신중국 불인정 운동을 전개했고 영국, 프랑스, 네덜란드 등 여러 나라에 공문을 보내 신중국을 인정하지 않는 데 있어 미국과 단합된 행동을 유지해 줄 것을 요청했다.

07

마오쩌둥의 문학

마오쩌둥은 시인과 문필가로 유명하다. 사서로 일한 적도 있고, 독서를 엄청나게 한 걸로도 유명하며, 게릴라 시절에도 공작원이 신간을 구해오면 매우 좋아했다고 한다. 그러나 공산주의 관련 서적보다는 중국의 여러 고전 역사책을 탐독했으며, 상황을 타개하기 위해 과거의 예를 찾아 어떻게 할 것인지 연구했다고 한다.

마오쩌둥은 다독(多讀)과 역사로부터 교훈을 배운 많은 성공한 지도자들 중 한 명이었으며, 일생에 많은 시와 저서를 남겼다.

마오쩌둥은 자신의 생애 동안 많은 시를 창작했으며 공식적으로는 1957년 1월부터 1963년 12월까지 5회에 걸쳐 37편의 시가 출판되었고 1976년 1월에는 2편의 시가 출판되어 총 39편이 되었다.

마오쩌둥의 시는 여러 번 수집 및 출판되었으며 관련 출판물도 많이 있다. 마오쩌둥은 옛 형식의 시를 많이 창작했는데, 「서강산」과 「제록·장정」은 『서유기』로 당시 전국 문화계의 주목을 받았고, 특정 정치적 영향력을 가졌다.

중화인민공화국 건국 후 1957년 『시』 창간호에 마오쩌둥의 시

18편이 실렸는데, 그중 대부분이 중국 혁명이나 국가 건설과 관련된 내용으로, 개국 정신에 큰 영향을 미쳤다. 중국에서 출판된 마오쩌둥의 시집 중 중앙문학출판사의 『마오쩌둥 시집』이 가장 유명하며 67편의 시가 수록되어 있다.

마오쩌둥의 시는 여러 버전이 있는데, 첫째로 시를 출판하는 다양한 출판물이 서로 다른 출처를 기반으로 하고 있으며, 출판될 때 문자가 손상되고 많은 오타가 있었기 때문이다. 둘째로는 마오쩌둥이 이전에 쓴 시를 수정하고 다듬었기 때문이다. 마오쩌둥의 시는 영어, 프랑스어, 러시아어, 독일어, 일본어, 인도 및 기타 언어로도 번역되었다.

제목	발간 일자
스포츠 연구	1917년 4월 1일
후난성 건설 문제의 근본적인 문제	1920년 9월 3일
중국 사회의 다양한 계층 분석	1925년 12월
후난 농민 운동 조사 보고서	1927년 3월
중국의 붉은 정권이 존재할 수 있는 이유는 무엇입니까?	1928년 10월 5일
징강산 투쟁	1928년 11월 25일
하나의 스파크가 초원의 불을 일으킬 수 있다	1930년 1월 5일
중국 혁명 전쟁의 전략적 문제	1936년 12월
실천 이론(철학의 걸작)	1937년 7월
모순 이론(철학)	1937년 8월
On Protracted War(밀리터리 걸작)	1938년 5월 26일
중국혁명과 중국 공산당	1939년 12월
메모리얼 베튠	1939년 12월 21일
새 민주주의에 대하여(선교 대표작)	1940년 1월 9일

야당의 고정관념	1942년 2월 8일
옌안문학예술포럼 연설	1942년 5월
사람들에게 봉사하다	1944년 9월 8일
연립정부에 대하여	1945년 4월 24일
유공 이산	1945년 6월 11일
인민민주의 독재에 대하여	1949년 6월 30일
열 가지 위대한 관계에 대하여	1956년 4월 25일
인민의 모순을 올바르게 처리하는 데 대하여	1957년 2월 27일
상황이 변하고 있다	1957년 5월 15일
사회주의 정치 경제 논평 및 토크 읽기	1960년
사람의 올바른 생각은 어디에서 오는가?	1963년 5월
미국 제국주의의 인종 차별에 맞서는 미국 흑인의 정당한 투쟁에 대한 지지 성명서	1963년 8월 8일
57지침	1966년 5월 7일
사령부 폭격	1966년 8월 5일
중국 북부, 중국 중남부 및 동부를 시찰할 때 마오쩌둥의 중요한 지시	1967년 10월 7일
미국 흑인의 반폭력 투쟁을 지지하는 중국 공산당 중앙위원회 주석 마오쩌둥 동지의 성명	1968년 4월 16일
7월 21일 지침	1968년 7월 21일
전 세계 사람들이 단결하여 미국 침략자들과 그들의 모든 추종자들을 물리쳐라!	1970년 5월 21일
내 의견	1970년 8월 31일
이론적 문제에 대한 마오 주석의 중요한 지시	1975년 2월 18일
마오 주석의 중요한 지시	1976년 3월 3일

마오쩌둥은 생애 동안 많은 저서를 집필했다. 그의 저서들은 중국의 공산주의 혁명, 사회주의 건설, 그리고 중국 현대화에 대한 그의 생각을 담고 있다. 마오쩌둥의 저서 중 가장 중요한 책들은 위의 표와 같다.

제목	발간 일자
신민주주의론	1940년
중국혁명의 길	1939년
인민전쟁론	1938년
연안문헌	1953년
마오쩌둥어록	1967년

　　마오쩌둥의 저서들은 중국의 정치와 사회에 큰 영향을 미쳤다. 그의 저서들은 중국의 공산주의 혁명에 이론적 기반을 제공했으며, 사회주의 건설과 중국의 현대화에 큰 영향을 미쳤다. 마오쩌둥의 저서는 현재 중국의 정치와 사회에도 큰 영향을 미치고 있다.

08

마오이스트

마오이스트는 마오쩌둥 사상을 따르는 학파를 말한다. 마오이스트는 마오쩌둥 사상을 믿거나 마오쩌둥의 정책과 사상에 동의하는 전 세계의 개인이나 조직을 광범위하게 지칭하지만, 좁은 의미에서는 마오쩌둥의 평생 이론을 따르는 것으로 정의해야 한다.

마오이스트는 마르크스-레닌주의와 마오쩌둥 사상, 마오주의 또는 마르크스-레닌주의-마오주의를 믿는다고 주장하며 수정주의에 반대한다.

덩리춘, 웨이웨이, 리청루이, 마빈, 린모한, 오렝시, 우취안위, 쉬리쿤, 메이싱 등이 해당되며, 이들을 공식 마오주의자 또는 왕실파 마오주의자라고 부르는데, 이들은 중국의 전통적인 사회주의에 반대한다.

문화대혁명 이후 국제 반수정주의 운동은 모택동파, 친중국파, 혹사파로 갈라졌다. 1984년 마오주의 국제조직인 혁명적 국제주의 운동이 설립되었다. 중국 이외의 마오주의 조직은 한때 그들의 이데올로기를 '마르크스주의, 레닌주의, 마오쩌둥 사상'이라고 불렀다.

1980년대부터 마오쩌둥 사상이라는 용어가 마오쩌둥의 공헌을
표현하기에 불충분하다고 여겨 '마오주의'와 '마르크스-레닌주의-
마오주의'라는 용어를 사용하기 시작했다.

　　혁명적 국제주의 운동의 정당들과 필리핀 공산당, 인도 공산당
등은 마오주의를 사용하고 있으며, 독일 마르크스-레닌주의당, 그
리스 공산당, 이탈리아 마르크스-레닌주의당 등은 여전히 마오쩌
둥 사상이라는 용어를 고집하고 있다.

09

마오쩌둥의 성격

마오쩌둥은 위대한 마르크스주의자로, 그의 독특한 성격은 중국 혁명의 실천에서 위대한 일을 성취하고 중국의 새 시대를 열었으며 인생에서 특별한 업적을 남겼다. 마오쩌둥이 인민들 사이에서 무한한 카리스마를 발산할 수 있었던 이유는 그의 특별한 성격에 있었다.

첫째, 그는 억제되지 않고 저항할 용기가 있었다.

마오쩌둥이 열세 살 때 아버지가 모든 사람 앞에서 그를 게으르고 쓸모없다고 비난하자 무례하게 아버지에게 반발하고 집을 나갔다. 결국 그의 아버지는 그와 타협해야 했다. 이 사건은 마오쩌둥에게 불합리한 규칙에 대해서는 용감하게 저항해야 한다는 영감을 갖게 했다.

아버지와 같은 권위일지라도 용감하게 저항해야만 자신의 권리를 얻을 수 있다는 생각을 갖게 했다. 마오쩌둥이 점차 성숙해지면서 그는 스승이나 아버지의 권위가 실제로 중국 봉건 사회의 윤리적 문화와 제도의 구체적인 표현이라는 것을 깨달았다. 이로써 불합리한 현실을 바꾸려면 낡은 사회 제도 전체를 바꿔야 한다는 것을 자연스럽게 깨달았다. 마오쩌둥은 구제도에 공개적으로 반기를 든 전사가 되었다.

마오쩌둥이 살았던 시대는 청나라 말기와 중화민국 초기의 내외적 혼란의 시대였고, 인민이 곤경에 처한 시대였다. 어릴 때부터 사회의 불공평과 어두움을 듣고 목격한 그는 이 어두운 사회를 변화시키겠다는 각오를 하게 된다. 이 때문에 마오쩌둥은 젊은 시절부터 중국을 변혁하는 길을 끊임없이 탐색해 왔다.

둘째, 마오쩌둥은 어렸을 때부터 독서를 좋아했다.

마오쩌둥은 어릴 때부터 모든 종류의 책을 열심히 읽었다. 그의 방대한 독서로 인해 그는 중국과 서양 문화를 모두 배우고 심오한 사상을 가진 학자로 성장했다. 그는 고전소설을 읽으면서 과거에 대한 지식을 바탕으로 현재에 대해 잘 이해할 수 있었다. 독서는 마오쩌둥의 삶에서 가장 큰 영적 즐거움이 되었다고 말할 수 있다.

마오쩌둥은 읽기를 좋아할 뿐만 아니라 책을 읽으면서 예리한 판단력과 비판 정신을 가지게 되었다. 그는 책을 눈으로만 읽는 것이 아니라 책을 읽을 때마다 의미를 분석해서 유익한 이론적 영양분을 흡수하였다. 이는 종종 마오쩌둥의 의견이 다른 사람들보다 더 뛰어날 수 있었던 이유다.

5.4 운동 이후 마오쩌둥은 마르크스-레닌주의에 관한 많은 책을 읽고 중국 공산당 창립에 참여했으며 후난 농민 협회를 조직하고 수억 명의 농민을 혁명의 여정으로 이끌어 장제스와 새로운 중국을 세웠다.

그리고 부단한 독서와 부지런한 연구와 사려 깊은 마음이 마오쩌둥을 위대한 마르크스주의자이자 이론가로 만들었다. 마오쩌둥은 마르크스-레닌주의와 중국의 현실을 성공적으로 결합시켰고, 농촌에서 도시를 포위하는 독특한 혁명의 길을 개척했으며, 동방 마르크스주의의 고전 이론인 마오쩌둥 사상의 과학 체계를 창조했다.

셋째, 큰 야망을 가졌다.

방대한 독서 덕분에 마오쩌둥은 중국과 외국의 역사에 정통했고 중국과 외국의 영웅들을 존경했으며 그들을 모델로 삼아 자신의 꿈을 성취하기로 결심했다. 마오쩌둥은 어릴 때부터 혁명의 지도자가 되어야겠다는 야망을 가지고 열심히 노력하여 결국 프롤레타리아 혁명의 지도자가 되었다.

실제로 마오쩌둥은 수억 명의 농민을 동원하여 고된 농업 혁명, 항일전쟁, 해방전쟁을 통해 반식민지 반봉건 중국의 역사를 종식시키고 사회주의 발전과 중국 역사의 새로운 시대를 열었다.

마오쩌둥의 성격 특성을 연구하면 원대한 야망, 용감한 저항, 노력, 근면함이 마오쩌둥의 인생에서 위대한 업적에 기여한 내부 원동력이라는 것을 쉽게 알 수 있다.

마오쩌둥의 리더십

마오쩌둥은 변증법의 대가, 정책과 전략의 대가, 전략적 사고와 리더십의 대가였다. 리더십에 대한 마오쩌둥의 사상을 살펴보면 가장 큰 특징은 원칙의 견고함과 전략의 유연성, 대담한 혁신, 마르크스주의 인식론 반영, 변증법의 영광으로 가득 찬 것이었다.

마오쩌둥은 올바른 리더십을 터득하려면 현실에서 출발하여 구체적인 상황을 자세히 분석하고 객관적인 발전 법칙에 부합해야 한다고 지적했다. 열린 마음으로 실천에서 배우고, 사실에서 진실을 구하는 정신을 파악하는 것은 당의 모든 수준의 지도 간부에게 필요한 기본적인 자질이라고 하였다.

마오쩌둥의 리더십에서 지도자의 올바른 판단과 방법은 실천에서 나오고 대중에게서 나온다고 하였다. 즉, 리더십과 대중을 결합하기 위해서 리더십은 대중이 요구하는 것을 파악해서 대중에게 돌아가야 하며, 대중에게서 배우고 실천에서 배우는 것이라고 했다.

마오쩌둥은 당의 정책을 대중의 행동으로 전환하기 위해서는 모든 운동과 투쟁을 지도 간부뿐만 아니라 광범위한 대중이 이해하고 지배하게 만드는 것이 마르크스-레닌주의 원칙이라고 하였다. 이 것이 마오쩌둥 리더십의 핵심이다. 마오쩌둥도 1954년 자신이 작 성한 헌법 초안을 예로 들어 지도 방식에서 대중 노선의 중요성을 설명했다.

마오쩌둥 생가 앞 수영장

毛澤東

제 4 장

마오쩌둥의 가족

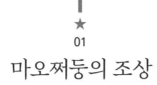
마오쩌둥의 조상

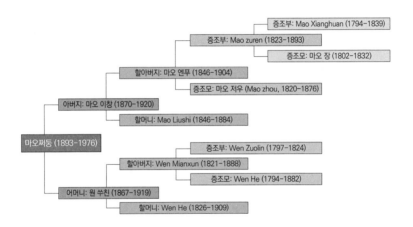

'칭양 마오 씨족 족보'를 보면 마오 씨족의 혈통은 수백 년 전으로 거슬러 올라간다. 마오쩌둥의 성은 저우 왕조에서 시작되었고, 시조는 마오바오로 마오쩌둥은 52대손이다. 마오바오는 처음에 양쯔강 북쪽에 살았는데 나중에 전쟁으로 인해 남쪽으로 이동하여 강남(江南)으로 이사했다.

후난성 소산으로 이동한 선조는 마오태화에서 시작하여 마오쩌둥에 이르기까지 20대가 이어져 왔다. 마오쩌둥의 증조부는 마오주렌이며, 할아버지는 마오언푸이며, 아버지는 마오이창이다.

마오쩌둥의 부모

아버지 마오이창   어머니 원수친

마오쩌둥의 아버지 마오이창은 가난한 농부의 집에서 태어나 2
년밖에는 공부하지 못했다. 마오이창은 가족의 생계를 유지하기 위
하여 17세부터 돈을 벌어야 했다. 그러나 가족의 빚 때문에 강제로
후난군에 입대하여 몇 년 동안 군인으로 약간의 지식을 얻고 약간
의 돈을 저축했다. 집에 돌아온 후 그는 아버지 마오은푸가 저당 잡
힌 땅을 잇달아 되찾았고 곧 더 사서 마오쩌둥이 10살이 되었을 때
가족의 땅이 20배로 늘어났으며, 매년 쌀 10톤을 생산할 수 있는

부농으로 성장시켰다. 마오이창은 관리를 잘하고 신중하게 계산한 후 점차 다른 사람들의 밭을 저당 잡아 지속적으로 경작지를 넓혀갔다. 이후 대량으로 생산된 쌀과 소 무역에 힘을 쏟았고 많은 부를 축적했다.

1917년 이후 마오이창 가족은 패배한 군벌에게 여러 번 협박을 당하고 강도를 당했고 그의 아내 웬수친의 병은 점점 더 심각해졌다. 그러나 마오이창은 어려운 여건에서도 1919년 상반기 샤오혜이강(Shaohe River)에 석조 아치교를 건설할 때 자발적으로 노동에 참여하고 아낌없이 기부했다. 그뿐만 아니라 지역사회의 공공복지를 위하여 학교를 세우고 많은 기부를 하였다. 마오쩌둥은 이러한 아버지의 행동에 영향을 받으면 자라게 된다.

마오쩌둥의 어머니 웬수친은 절실한 불교 신자로 평소에 향을 피우고 부처님을 열심히 숭배했으며 덕을 쌓고 선행을 하였다. 부모님의 행동과 신념은 마오쩌둥의 성장에 많은 영향을 끼쳤다.

마오쩌둥의 형제

첫째 동생 마오쩌민

첫째 동생 마오쩌민

마오쩌민(毛澤民, 1896년 4월 3일~1943년 9월 27일)은 사립학교에서 공부
하고 집에서 농부로 일했으며 아버지가 가계를 관리하는 것을 도왔
다. 1913년 왕수란과 결혼했다. 1921년 봄 형 마오쩌둥을 따라 후
난성 장사로 가서 처음에는 후난 제1사범학교 부설 소학교에서 교
사로 일하면서 동시에 창사 노동자 학원에서 노동자 교육을 담당하
였다. 1921년 가을 이후 마오쩌둥이 설립한 후난 자학대학에 와서

공부하면서 학교 총무를 맡았다.

1922년 겨울에 중국 공산당에 입당하여 안위안로광산 노동운동, 샹탄농민운동, 상해, 우한, 천진 등지에서 비밀사업에 종사하였다. 1923년에 장시성 안위안탄광으로 파견되어 노동운동에 참여하면서 중국 최초의 노동자 소비자 협동조합을 설립했다.

1925년 2월 형 마오쩌둥과 함께 후난 샹탄과 샹샹(湖南)으로 돌아와 농민운동을 펼쳤고, 같은 해 9월에는 펑패(彭湃)가 주최한 광저우(廣州) 농민 운동 워크숍에 파견되어 공부했다.

1925년 말, 광저우에서 상하이로 가서 지하 작업에 종사했으며 중국 공산당 중앙위원회 출판부 책임자를 역임했다. 재임 기간 동안 그는 상하이 서점을 책임지고 중국 전역에 유통망을 구축하여 상하이, 우한, 광저우, 창사, 닝보 및 기타 지역, 홍콩에 서점을 설립했다. 프랑스 파리에도 대리점을 설립하였다.

1929년 겨울, 마오쩌민은 첸시쥔을 비롯한 9명의 중국 공산당원과 중국공산청년단을 이끌고 상하이에서 톈진으로 가서 중국 공산당 비밀 인쇄공장을 설립했다. 1931년 초, 장시성 루이진에 도착하여 마오쩌둥이 제1차 대회를 준비하는 것을 도왔다. 1931년 11월 중화소비에트 제1차 전국대표대회에서 중화소비에트 국립은행을 설립하기로 결정하고 마오쩌민을 총통으로 임명했다. 1932년 3월, 뤼진 예핑에 중국 소비에트 국가은행을 설립하였다.

1933년 5월 푸젠성과 장시성 소비에트 정부 재무장관을 겸임했다. 1934년 9월 그는 국가 대외무역국장을 겸임하면서 소비에트 지역의 은행, 무역, 금융, 산업 및 광업 분야의 경제 사업을 이끌었다. 소비에트 중부 지역에서 텅스텐 광산의 초대 총책임자이기도 한 마오쩌민은 광산을 3개 확장하고 홍콩에 텅스텐을 수출했다.

1934년 초 제5차 초공전쟁에 잇달아 패배하고 중앙소비에트 지역에 가해진 경제 봉쇄가 강화되고 재정난에 부딪히면서 소비에트 지역 지폐의 신용도가 급락했다. 이런 이유로 마오쩌민은 보급품을 모으기 위해 여러 번 전선에 나갔고 최전선 부대에 압수 및 압수된 모든 물자를 소련 협동조합으로 다시 수송하였다.

1934년 10월 중앙 홍군은 대장정을 시작했고 재정부와 중앙은행은 제15여단을 편성했고 마오쩌민은 제15여단 대장과 몰수추징위원회 부국장을 맡았다. 1936년 2월 홍군이 산시 북부에 도착한 후 마오쩌민은 중국 소비에트 노동농민민주정부의 국민경제부 장관을 역임했다.

항일전쟁이 발발한 1937년 말, 마오쩌민은 과로로 병에 걸렸고 심각한 위장병으로 쇠약해졌다. 1938년 2월 1일 마오쩌민은 소련으로 가서 치료를 받으려고 신장 디화(지금의 우루무치)로 갔으나 중소 접경지역에서 페스트가 창궐하면서 교통이 끊겨 한동안 소련에 갈 수 없었다.

1939년 6월 초 마오쩌민은 치료라는 명목으로 소련 모스크바에 도착했다. 동년 12월 28일 코민테른 간부의 요청에 따라 마오쩌민은 마오쩌둥을 대신해 회의에 참여했다. 1940년 1월 22일 코민테른 집행위원회와 소련 내무부의 협의에 따라 마오쩌민은 소련 모스크바를 떠나 신장으로 돌아갔다.

1941년 2월 마오쩌민은 신장 민정국장으로 부임하여 임기 중 '신강 촌락 제도 조례'의 제정을 주재하고 민주 선거를 추진했으며 17개 신장(新疆)에 구호소를 설치하고 의료 및 의료 훈련 과정을 개최 신장의 소수민족 의료인 집단을 훈련시켰다.

1942년 신장 지사 성스차이(聖世財)가 장제스에게 귀의해 반소·반 공산주의 정책을 채택했다. 9월 17일, 성스차이는 신장에서 일하는 140명 이상의 중국 공산당원과 그 가족을 구금했다. 1943년 2월 7일 마오쩌민 등이 투옥됐다. 감옥에서 마오쩌민은 고문과 심문을 받았는데 신장에서 이른바 중국 공산당의 음모를 자백하도록 강요 받았고, 중국 공산당을 떠나 신장에 있는 중국 공산당 조직을 넘겨 주도록 강요받았으나 거절했다.

1943년 6월, 국민당은 4명의 중앙군법부 신장실무단을 파견해 서 재판으로 마오쩌민에게 사형을 구형했다. 그해 9월 장제스는 사 형에 동의했다. 1943년 9월 27일 7시 34분 마오쩌민은 한밤중에 성스차이의 헌병에 의해 비밀리에 처형당했다.

둘째 동생 마오쩌탄

마오쩌탄(1905년 9월 25일~1935년 4월 26일)은 후난성 샹탄현에서 마오 쩌둥의 둘째 동생으로 태어났다. 1918년에 형처럼 동산고등소학 교에서 공부하였다. 1921년 중국사회주의청년단에 입단하였으며, 1922년 후난성 독학대학에서 공부했다. 한때 후난에서 노동운동에 참여했다.

1923년 9월 중국 공산당에 입당하였으며, 1925년 가을 광저우로 갔고, 후에 우한 국민혁명군 제4군 정치부 서기를 지냈다. 1927년 봉기군 제11군 제25사단 정치부 선전 과장을 지냈다. 적군 제6군 정치국장, 적군 제5독립사단 정치위원, 공산주의 소비에트 지역 중앙국 사무총장을 역임하였다. 1927년 8월 난창 봉기에 참가하였으며, 주더와 진의를 따라 복건, 광동, 장시, 후난의 경계까지 이동하였으며, 마오쩌둥과 연락하기 위해 징강산으로 파견되었다.

1932년 이후 중국 공산당 중앙국 서기장, 중국 공산당 푸젠성위원회 서기, 푸젠-광동-장시군구 사령관을 지냈다. 1934년 10월 중앙 홍군의 대장정 이후 게릴라전을 수행했다. 1935년 4월 26일, 30세의 나이로 장시성 루이진의 홍린산에 게릴라로 침입했다가 전사하였다.

둘째 동생 마오쩌탄

제4장 마오쩌둥의 가족

마오쩌둥의 첫째 부인 뤄이슈

마오쩌둥은 1907년 14살 때 뤄이슈라는 여인과 혼인하여 1910
년까지 3년 동안 부부로 지냈다, 이 결혼은 자신의 뜻이 아니라 아
버지의 뜻에 따른 것이라서 자신의 아내로 여긴 적이 없다고 하였
다. 그래서 둘 사이에는 자녀가 없다.

05
★

마오쩌둥의 둘째 부인 양카이후이

마오쩌둥은 양창지의 집에 머물면서 그의 딸 양카이후이의 미모와 지성에 반했다. 그는 양카이후이와 자주 대화를 나누며 중국을 서구 세력의 침략으로부터 구원하고 인민을 구제하겠다는 자신의 야망을 솔직하게 밝혔고, 양카이후이는 어느새 마오쩌둥에게 홀딱 빠져 그 외에는 어느 누구와도 결혼하지 않겠다는 마음을 먹게 된다. 그러나 마오쩌둥은 다른 후난성 출신 학생들과 함께 비좁은 임대 숙박 시설에 살고 있었고 그녀와 결혼식을 치를 자금이 없어 쉽사리 결혼에 이르지 못했다. 그러던 1920년 1월, 양창지가 사망했다. 양카이후이와 그녀의 어머니는 양창지의 유골을 가지고 창사로 돌아갔다. 그녀는 아버지를 창사에서 장사지낸 뒤 푸샹 여학교에 입학했다. 그러나 양카이후이는 학교 규칙을 번번이 위반하고 종종 학생 운동을 이끌었다가 퇴학 처분을 받았다.

양카이후이는 1920년 하반기에 중국 사회주의 청년 동맹에 가입했다. 1921년 여름 상하이 공산당 제1차 대회에 참가하기 위해 마오쩌둥과 함께 상하이로 가서 1922년 초 중국 공산당에 가입했다. 1923년 4월, 마오쩌둥은 후난성 중국 공산당 위원회를 구성하고 지구당위원회의 비서관을 지냈으며, 양카이후이는 지역위원회의 기밀 유지 및 교통 연락 업무를 담당하면서 마오쩌둥을 보좌했다. 이듬해, 양카이후이는 두 아들 마오안잉, 마오안칭과 함께 상하이에서 남편과 합류하여 면직물 공장에서 야간 학교를 조직했다.

한편, 마오쩌둥은 베이징에서 상하이로 가서 처음으로 공산주의 단체에 가담했고 그에게 호의적인 장교들에 의해 후난성을 지배하던 장징야오가 축출됐다는 소식을 접하자 1920년 7월에 창사로 가서 문화 서점 클럽을 설립했다. 양카이후이는 마오쩌둥의 서점 자금이 부족하다는 걸 알게 되자 친척과 친구들에게서 돈을 빌린 후 이를 마오쩌둥에게 전해줬다. 마오쩌둥은 그녀의 지원에 힘입어 후난성에서 영향력 있는 지식인으로 발돋움했고 지지자들로부터 많은 후원을 얻어냈다. 자금이 풍족해진 마오쩌둥은 1920년 말에 양카이후이와 결혼했다.

두 번째 부인 양카이후이   장남 마오안잉   차남 마오안칭

마오쩌둥은 양카이후이와는 8년 동안 부부로 지내다가 1927년 9월 9일 마오쩌둥이 호남성에서 일으킨 추수폭동으로 도주하면서 가족과 헤어지게 되었다. 그 후 양카이후이는 창사 폭동 직후인 1930년 10월 호남성 정부 주석 허젠에게 체포되어 남편과 의절할 것을 요구받았으나 거절했다가 11월 처형당했다. 둘 사이에서는 아들이 3명이 태어났다.

장남 마오안잉

장남 마오안잉(毛遠仁, 1922년~1950년)은 5세 때 아버지가 추수폭동으로 수배되자 도주하여 어머니 밑에서 자라다 어머니마저 8살 때 처형당해 졸지에 소년 가장이 되었다. 동생과 부랑아 신세로 매우 빈궁하게 이동하면서 성장하다 1936년 상하이의 당 인사들에게 알려지면서 소련으로 보내진다. 두 형제는 소련이 국제 공산주의 혁명가들의 자녀를 보육해주던 이바노보 국제 기숙학교에 다녔다.

1941년에 독소전쟁이 발발하자, 마오안잉은 소련군에 자원입대한다. 1943년에 소련 공산당에 입당했다. 이후 1944년 중위 계급으로 제2 벨로루시 전선군 소속 전차중대의 정치장교로 배치되어, 폴란드와 체코슬로바키아 해방전을 거쳐 베를린까지 입성했다. 종전 후에는 다시 모스크바 동양학원 중국학과에서 잠시 공부하다가, 마오쩌둥의 요청으로 1946년 1월에 먼저 중국으로 귀향한다.

6.25 전쟁이 발발하고서 1950년 8월에는 베이징기기총창(北京机器总厂)의 당 총지부 부서기를 맡았다. 그러다가 중국 인민지원군의

파병이 결정되자 마오쩌둥은 마오안잉을 입대시키기로 한다. 6.25 전쟁에 참전한 지 약 한 달 만인 1950년 11월 25일, 북한 평안북도 창성군(현 동창군) 대유동에서 미 공군 B-26 폭격기의 네이팜탄 폭격을 맞아 사망했다. 이때 그의 나이는 만 28세였다.

차남 마오안칭

마오안칭(毛岸靑, 1923년~2007년)은 형을 따라 1940년대에 러시아 모스크바에 거주하다가 1947년에 중국으로 귀국하여 중국 공산당에 입당했다. 1950년대에 극심한 정신분열증에 시달리면서 병원을 전전했고 나중에 중국인민해방군 군사과학원, 중국 공산당 중앙위원회에서 러시아어를 중국어로 번역하는 작업에 참여했다.

1960년에 중국인민해방군 소장 출신의 사진가인 사오화와 결혼했으며 1970년에는 마오안칭의 1명뿐인 아들인 마오신위가 태어났다. 2007년 3월 23일에 베이징에 위치한 301 군 병원에서 세상을 떠났다.

3남 마오안롱

마오안롱(毛岸龍, 1927년~1931년)은 4살의 어린 나이로 국공내전 시기에 이질에 걸려 제대로 치료를 받지 못해 사망했다.

06

마오쩌둥의 셋째 부인 허쯔전

허쯔전은 1909년 9월 28일 장시성 지안부 정강산 산록 융신현 평범한 농부 가족의 1남 2녀 중 장녀로 태어났다. 부모는 그녀가 태어난 시기가 계수나무 꽃이 피어오르는 가을이었기에 그녀의 이름을 구이위안(桂圓)이라고 지었다. 융신 여학교에 입학한 뒤 이름이 너무 연약하다고 생각해 스스로를 아낀다는 뜻의 쯔전(自珍)으로 바꿨다가 나중에 쯔전(子珍)으로 고쳤다. 허쯔전은 어릴 때부터 총명하기로 유명해 오빠 허민쉐(贺敏学), 여동생 허이(贺怡)와 함께 융신산허(永新三贺)로 불렸다고 한다.

허쯔전은 학교에 다닐 때부터 사회주의를 신봉했고 16살 때인 1925년에 중국 공산주의 청년 동맹에 가입한 후 이듬해에 공산당원이 되었다. 그녀는 당의 명령에 따라 국민당에 가입해 현의 당무를 봤고 부녀부장을 맡기도 했다. 또한 산적이었다가 공산당원이 된 위안원차이(袁文才)가 이끄는 농민 자위군에 가입해 융신 폭동을 일으켜 성공시키기도 했다.

얼마 후 후난성과 장시성의 국민혁명군이 연합해 융신을 공격해

왔을 때, 허쯔전은 적위대를 이끌고 융신현 남문성에서 적 1개 특무대대를 격파해 100여 정의 총을 노획했다. 그러나 국민혁명군의 적위대보다 병사의 숫자나 화력이 뛰어나 전력 차이를 극복할 수 없게 되면서 위안원차이가 이끄는 적위대가 정강산으로 들어가게 되자, 그녀도 따라 들어갔다.

1927년 10월 후난성에서 추수폭동을 일으켰으나 국민혁명군에게 패배한 마오쩌둥이 패잔병들을 이끌고 정강산으로 피신해 왔다. 마오쩌둥은 정강산에 도착해서 위안원차이와 왕줘(王佐)가 이끄는 녹림당(綠林黨, 산적의 무리)과 무장투쟁 협력 방안을 논의하기 위해 산채로 올라가다가 위안원차이의 소개로 허쯔전과 대면했다. 마오쩌둥은 미모의 젊은 처녀가 정강산에서 공산당 간부를 맡고 있다는 것에 크게 놀라며 관심을 가지게 되었다.

그 후 마오쩌둥이 주도하는 정강산 투쟁에서 허쯔전은 여성이지만 남성들 못지않게 두각을 나타냈다. 허쯔전은 정강산에서 투쟁하면서도 1928년에는 후난성과 장시성 국경지대 특별위원회에서 선전 활동을 벌였고, 제4대 군대 특별위원회의 선전 활동도 병행했다. 또한 마오쩌둥이 토지개혁안을 만들기 위해 융신현의 여러 촌락을 돌아다니며 현지 상황을 점검할 때, 허쯔전은 마오쩌둥을 따라다니면서 현지 상황을 설명해주고, 의견을 제시하면서 실무를 도왔다. 마오쩌둥은 미모의 젊은 여성이 자신을 도와 비서 역할을 함에 따라 허쯔전에 호감을 가지게 되었고, 허쯔전도 마오쩌둥에게 애정을 갖기 시작했다.

허쯔전

마오쩌둥과 허쯔전은 지속적인 국민혁명군의 습격이 일어나는 가운데 토지조사를 위해 조그만 시골 마을에 나가 있었다. 마침 국민혁명군들이 마을을 습격해오자 마오쩌둥은 천천히 담배를 피우고는 냉철하게 사태를 파악한 뒤 주민들에게 연락해 국민혁명군을 피해서 빨리 철수할 것을 지시했다. 국민혁명군은 마을에 쳐들어왔지만 사람들이 없자 한바탕 약탈한 뒤 돌아갔고 마오쩌둥과 허쯔전은 목숨을 건질 수 있었다.

이 사건 후, 허쯔전은 긴박한 상황에서도 침착하게 사태를 수습하는 마오쩌둥의 담대한 모습에 완전히 반해버렸고 두 사람의 관계는 급격히 진전되었다. 마오쩌둥은 허쯔전이 날씬한 몸매에 청초하고 아름다운 얼굴, 큰 눈망울을 가졌다며 일지화(一枝花)라는 별명을 붙였다. 마오쩌둥의 동생 마오쩌탄 역시 허쯔전에게 반했지만, 허쯔전은 오로지 마오쩌둥에게만 관심을 보였다. 사실 마오쩌둥에게는 두 번째 아내인 양카이후이가 살아 있었지만, 개의치 않고 마음 내키는 대로 허쯔전과 결혼했다. 이때 마오쩌둥의 나이는 34세였고 허쯔전은 18세였다.

허쯔전은 결혼 후 중국 공산당 특별위원회 비서관을 역임했다. 그녀는 마오쩌둥의 손발이 되어 정강산에서 구하기 힘든 신문들을 스크랩하고 마오쩌둥이 글을 쓰거나 서류를 작성할 때 필요로 하는 각종 자료들을 수집하는 일을 도맡아 했다.

1931년 8월 30일 중앙소비에트 제1차 대표대회(깐난회의, 贛南會議) 가 루이진(瑞金)현 예핑(葉坪)에서 열렸다. 여기서 마오쩌둥이 지주와 토호의 자제, 부농, 상인들을 혼재시켜 정부와 혁명조직을 구성하고 간부로 임명한 것은 매우 중대한 과오를 저질렀다는 비판을 받

마오쩌둥과 허쯔전의 결혼식 사진

고 소비에트 중앙국 대리 서기직을 박탈당했다.

1932년 10월 열린 닝뚜 회의에서 마오쩌둥은 홍1방면군 총정치
위원직에서 해직당하고 라이벌인 저우언라이가 대신 맡음으로써
일련의 굴욕을 맛보면서 우울한 나날을 보냈다. 허쯔전은 아이를
막 낳아 허약한 몸임에도 불구하고 남편이 심기일전을 할 수 있도
록 온갖 정성을 다해서 보필하였다.

1934년 10월, 징강산의 공산군은 국민혁명군의 공세를 피해 대
장정에 돌입했다. 이때 허쯔전도 남편을 따라 함께 가게 되었다. 그
러나 어린아이를 데리고 갈 수 없어 어느 촌락에 맡겼고, 그 아이
는 살아생전에 만날 수 없었다. 또한 대장정 중에 마오쩌둥의 아이
를 낳았으나 역시 현지인에게 맡길 수밖에 없었다. 게다가 1935년
4월 23일 구이저우를 지나던 도중 적 폭격기가 떨어뜨린 폭탄으로
머리, 가슴, 팔 등 17곳에 파편이 박히는 중상을 입어서 대장정을
같이 하기 어려워졌다. 그러나 마오쩌둥의 소중한 부인을 버려두고
갈 수는 없었던 동지들은 대장정 끝까지 그녀를 데리고 갔다. 허쯔
전은 이때 입은 부상으로 평생 고통을 받았으며 1950년에 장애인
3급으로 공식 인정받았으나 연금은 받지 못했다.

그러나 시간이 지날수록 마오쩌둥은 자신을 보필하고 가정을 돌
보며 치명적인 부상을 입으면서까지 투쟁하는 부인을 기만했다. 마
오쩌둥이 1936년 옌안에 도착해 대장정을 마무리한 뒤 여러 여성
들과 성관계를 맺는 현장을 허쯔전이 덮쳤다. 허쯔전은 마오쩌둥과
통역 비서 간의 불륜 문제를 조사해달라고 당 측에 요구했지만 공

산당은 "사적인 일로 주석을 힘들게 할 수 없다."라는 이유로 거절했다.

허쯔전의 이 같은 행동에 분노한 마오쩌둥은 이후 그녀를 멀리하고 장칭과 대놓고 불륜을 벌였다. 그러나 허쯔전은 대장정 도중에 입은 부상이 악화되어 병세가 깊어지면서 모든 것을 단념하고 마오쩌둥과 9년간의 결혼생활을 정리하고 이혼한 뒤 옌안을 떠나기로 결심했다.

결국 허쯔전은 1938년 마오쩌둥과 이혼한 뒤 옌안을 떠나 모스크바로 향했다. 그녀는 모스크바에서 도착하자마자 마오쩌둥의 6번째 아이를 낳았으나 아이는 10개월 만에 폐렴으로 사망했다. 허쯔전은 모스크바에 체류하면서 모스크바 손중산대학교에 입학해 정치학을 공부하여 1947년 대학원 정치학 석사 학위를 수여받았다.

허쯔전은 중국으로 귀국한 후 심양 재정국장을 역임했으며 1948년 하얼빈에서 열린 전국 노동 총회에 참가했다. 중화인민공화국이 수립된 후 절강성 여성 연맹 회장을 역임하였으며, 1948년 10월에 중국 공산당 상하이 시정위원회 조직 부서의 업무를 맡았다.

그 후 허쯔전은 공산당을 떠나 야인으로 지내다가 1979년 6월에 제5차 중국 인민 정치 협의회 제2차 회의에서 중국 인민 정치 협의회 전국 위원으로 선출되었다. 허쯔전은 5년간 정치가로서 활동하다가 상해에서 대장정 때 입었던 부상 치료를 받던 중 1984년 4월 19일 17시 17분에 사망했다.

허쯔전은 마오쩌둥과의 사이에서 3남 3녀를 낳았으나 그중 셋을 잃었고 4남 마오안훙과 장녀 양위에화, 3녀 리민만이 장성했다.

4남 마오안훙

마오안훙(毛岸紅, 1932년~1971년)은 허쯔전과 마오쩌둥의 4남으로서 대장정을 함께 떠나기에 너무 어려서 마을 주민에게 양육을 부탁하였다. 나중에 마오쩌둥은 마오안훙의 거처를 수소문하여 어렵게 찾아낸다. 마오안훙은 베이징에 온 직후에 칭화대 부설 고등학교와 칭화대에서 공학을 공부하고 졸업 후 국방 과학 연구 부서에서 일하도록 배정되었다. 문화대혁명이 시작된 지 얼마 지나지 않아 그는 난징에서 갑자기 사망했다.

장녀 양위에화

양위에화(楊月花, 1929년~1973년)는 허쯔전과 마오쩌둥의 장녀로서 1929년 공산당 적군이 국민당에 쫓겨 룽옌에서 철수하면서 구두 수선공 웨칭허의 집에 양육을 맡겼다. 1932년 봄, 마오쩌둥은 구두 수선공 웨칭허를 찾기 위해 동생 마오쩌민을 보냈지만, 거처를 알 수 없었다고 하였다. 다만 허쯔전에 의해서 살아 있다는 소식을 들었다.

3녀 리민

리민(李敏, 1936년~)은 허쯔전과 마오쩌둥의 3녀로서 생후 4개월쯤 되었을 때 마을 사람에게 위탁하여 양육하도록 보냈다. 1941년 1

월 남부 안후이 사변 이후 4세의 리민은 어머니와 재회하기 위해 소련으로 보내졌다.

1947년 겨울 허쯔전과 리민은 함께 중국으로 돌아와 하얼빈에서 살았다. 허쯔전은 마오쩌둥에게 딸의 존재를 알렸고, 마오쩌둥은 허베이성 핑산현으로 데려와 공부를 시켰다. 북경 팔일학교에 입학했고, 졸업 후에는 북경 사범대학 부속 여고에 입학했다. 고등학교를 졸업한 후 베이징 사범대학 화학과에 입학했다.

1964년 공산군에 입대한 리민은 이후 국방과학기술위원회 제8국 참모장과 정치국 부국장을 역임했다. 1966년 문화대혁명이 발발했을 때는 국방부 직속 국방과학기술위원회에서 근무하였다. 1976년 9월 리민은 아버지인 마오쩌둥의 임종을 지켰다.

07

마오쩌둥의 넷째 부인 장칭

장칭은 1914년 산둥성(山東省) 주청에서 목공 가게를 운영하는 목수인 아버지가 50세에 맞아들인 첩 사이에서 사생아로 태어났다. 오른쪽 발가락이 태어날 때부터 6개였다고 한다. 장칭의 아버지는 아들을 원했기 때문에 임신했을 때 이름을 리진하이(李进孩)로 지었으나, 딸이 태어나자 리슈멍(李淑蒙)으로 바꾸었다. 그녀는 좀 더 품위 있는 이름인 리윈허(李云鹤)로 학교에 등록했고, 편의상 간단하게 리허(李鹤)로 바꾸었다. 연극배우일 때는 란핑(蓝苹)으로 바꾸고, 공산주의 사상에 심취하면서 옌안으로 가기 전에 장칭으로 바꾸었다. 장칭은 험난하고 기구했던 자신의 삶을 청산하고 새롭고 밝고 맑은 삶을 염원한다는 뜻이다. 장칭의 이름이 자주 바뀐 것은 당시의 어지러운 사회환경을 반영하는 것이고, 예술인으로서 가명을 다양하게 활용한 것이다.

장칭이 어렸을 때는 극심한 가난 속에서 살았는데 아버지는 알코올 의존증에 어린 장칭과 그녀의 어머니에게 욕설을 퍼붓고 폭행을 일삼았다.

장칭은 성장하면서 어머니를 폭행하는 아버지에게 맞서 반항했고, 아버지의 팔을 물기도 했다. 이때 분노한 아버지가 장칭의 얼굴을 삽으로 때려 장칭은 앞니 일부를 잃었다고 한다.

결국 부모는 이혼하고, 어머니가 가정부 일을 하면서 살아가게 된다. 그 후 장칭은 초등학교에 입학했지만 사생아라는 이유로 아이들의 무시와 따돌림을 받게 되고, 그곳에서도 아이들과 싸우면서 지내게 된다. 결국 학교도 중도 자퇴를 하고, 담배 공장에서 어린이 노동자로 일하기도 했다. 그녀는 유년 시절의 불우하고 아픈 경험 때문인지 사회에 대한 적개심과 반항심을 가지게 되었다.

15세 때 산동성 연극학교에 입학하여 연극공부를 시작하였으나, 학교가 폐교되었고 바로 지난(濟南)의 실험 극원에 들어가 연극단원이 되었다.

장칭은 연극 단장의 소개로 칭다오(靑島)대학 도서관에서 관리인으로 일하며 청강생으로 수업을 듣고 지식을 쌓아 신여성으로 성장했다. 장칭은 칭다오 대학생들로부터 영향을 받아 공산주의 사상을 접하게 되었으며, 만민이 평등하다는 공산당 사상에 매력을 느끼게 되었다. 특히 황경(黃敬)이라는 중국 좌익계 정치가와 동거하였는데 그에게 많은 영향을 받았다. 1933년 중국 공산당에 입당하여 일본 제국주의를 반대하여 항일운동을 전개하고 전통적인 중국의 봉건질서를 비판했다.

상하이로 이주하여 결혼하려 했지만 황경 부모의 반대로 결혼하지 못했고 연극과 영화 활동에만 전념하였다. 상하이에서 연극 예술인으로 많은 인기를 받았으며 연극평론가인 당납(唐納)과 결혼하였다. 하지만 그녀의 결혼 생활은 오래가지 못해 이혼하고 예술이론가인 장민(章泯)이라는 남성과 동거하였다. 이후 국민당의 공산당 색출 과정에서 체포되어 감옥에 있을 때 간수들에게 자신의 형을 낮춰주는 대가로 매춘을 하거나 마약에까지 손에 대었다는 의혹도 있었다. 국민당에 협조한다는 사법 거래를 통해 풀려났다는 소문도 있다.

이러한 이유로 장칭은 기자들의 가십성 기사 소재가 되었고, 그녀에 대한 루머는 계속 생산되었다. 그러자 장칭은 심각한 우울증에 시달렸고 자살을 기도하기도 했다.

1937년 장칭은 연극배우 활동을 접고 공산당 중앙의 소재지로 있던 옌안으로 갔다. 1938년 4월 옌안에 루신(魯迅) 예술 학원이 세워지자 장칭은 희극과에서 강사로서 여러 편의 연극을 공연하면서 연극과 예술에 관심이 많았던 마오쩌둥의 눈에 들게 된다. 장칭은 24세 미모의 여성으로 45세 마오쩌둥의 마음을 사로잡았다. 당시 3번째 부인 허쯔전과 별거 중이던 마오쩌둥은 장칭과 만나면서 결국 허쯔전과 이혼하고 장칭과 결혼하게 된다.

마오쩌둥의 결혼은 옌안 시절 공산당에게 있어서 가장 큰 스캔들이었다. 대장정을 함께한 허쯔전과의 이혼도 심각한 논쟁을 일으켰지만, 무엇보다 매춘과 사상 전향 서약서를 쓰고 석방된 여자와 공산당 지도자 마오쩌둥이 결혼한다는 것은 당 전체 이미지에 치명적인 타격이 되기 때문에 당내에서는 결혼을 적극적으로 반대했다.

그러나 마오쩌둥은 반대에도 불구하고 중일전쟁이 한창이던 1939년에 결혼을 강행했고 1940년에는 첫째 딸인 리나(李訥)가 태어났다. 결국 공산당의 간부들은 장칭의 정치 진출을 막는 조건으로 재혼을 인정했다. 이때의 약속은 중화인민공화국 설립 이후 문화대혁명까지 장칭의 정치적 족쇄가 되어 정치적 활동을 할 수 없었다.

장칭은 자신을 반대하는 사람이 많다는 사실을 알고 있었기 때문에 마오쩌둥을 내조하면서, 루신예술학원 연극예술과 교수로 자신의 일에 집중하고 품위를 지키며 외부에 모습을 드러내지 않았다.

1949년 국공내전에서 승리하고 마오쩌둥이 국가 주석으로 중화인민공화국의 최고지도자가 되자 장칭은 사실상 퍼스트레이디가 되었다. 마오쩌둥은 얼마 안 가서 장칭을 대신해 다른 여자를 계속해서 찾기 시작하면서 결혼생활은 지속하기 어려웠다. 장칭은 마오쩌둥에 대한 배신감으로 생긴 우울증으로 성격이 난폭해져 갔으며 이는 훗날 그녀가 문화대혁명에서 지독한 잔인성을 보이는 원인 중 하나가 되었다. 결국 마오쩌둥과 장칭은 사실상 별거 상태가 되었으며, 이 때문에 마오쩌둥은 장칭을 달래기 위해 그녀의 당간부 및 정치 활동을 허락했다. 마오쩌둥이 자신을 버릴지도 모른다는 불안과 히스테리 증상으로 철저히 마오쩌둥이 시키고 원하는 대로 했다.

마오쩌둥의 주도하에 1958년부터 1960년 초에 일어난 노동력 집중화를 통한 경제성장 운동인 대약진운동이 실패로 돌아가자 수천만 명이 굶주리는 사태가 발생했고 정치적 위기에 몰리게 되었다. 마오쩌둥은 중국 공산당 내부의 정치적 입지를 회복하고 반대 파들을 제거하기 위하여 문화대혁명을 일으켰다. 전국 각지마다 청소년으로 구성된 홍위병이 조직되었고 마오쩌둥의 지시에 따라 전국을 휩쓸어 중국은 순식간에 경직된 사회로 전락하게 되었다.

1966년 8월에 중앙문화소조 제1부 조장으로 취임한 장칭은 혁명적인 현대 발레를 발전시키는 데 주력하는 동시에 경극 같은 중국전통예술을 배척해 많은 전통 배우들이 자리를 잃었고, 음악, 미술, 영화, 체육, 소설, 만화 등 거의 모든 분야에서 비현실적이고 세태와 맞지 않는 정책과 숙청이 벌어졌다. 이것은 그녀가 배우였을 당시 자신을 제대로 평가해주지 않았던 연예계에 대한 개인적인 원

문화대혁명

한 때문이었다.

1973년 전국대회에서 중앙정치국 위원으로 선출된 장칭은 4인방을 결성하여 문화혁명을 주도하기 시작했다. 이들은 마오쩌둥을 지키고 보필한다는 구실로 여러 가지 악행을 일삼았는데, 숙청 과정에서 그녀는 자신의 지위를 이용하여 개인적인 복수를 자행하였다.

당시 중국 국가 주석이었던 류사오치의 부인 왕광메이가 자신보다 예쁘고 잘났다는 이유로 장칭은 그녀를 규탄하고 고문하고 핍박했다. 또 왕광메이의 자식을 옥사시켰으며 저우언라이의 양녀였던 미모의 여배우 쑨유스(孫維世)도 마오쩌둥을 유혹했다는 이유로 스파이로 몰아 투옥한 후 부하들을 시켜 윤간해 고문한 후 머리에 대못을 박아 죽이기도 했다. 그리고 자신의 스캔들, 국민당 형무소에서 간수들과의 부적절한 관계가 들통날까 봐 장칭은 자신의 동료와 친구, 애인과 그 애인의 친구들 심지어 하녀들까지 투옥시켰다. 또한 자신의 마음에 들지 않는 사람이나 자신을 비판한 사람들도 마구잡이로 투옥시켰고 그들은 대부분 고문 끝에 사망했다. 그뿐만 아니라 장칭의 사치 생활이 극에 달하면서 국민의 원성을 사기도 했다.

장칭을 처벌할 수 있는 유일한 존재는 마오쩌둥이었지만, 자신의 어떠한 잔혹한 명령이라도 군말 없이 무조건 따랐기 때문에 실각시키지 않았다.

1976년 9월 마오쩌둥이 사망하자 장칭은 상하이의 군사력과 언론을 장악하여 마오쩌둥의 후계자 자리를 계승하려 했다. 그러나 군부와 결탁한 화궈펑의 선제공격으로 장칭은 긴급 체포되어 중난하이(자금성의 서쪽 바로 옆에 위치한 옛 황실 원림)에 감금되었다. 이로써 마오쩌둥의 추종자인 4인방 세력이 축출됨으로써 문화대혁명은 실질적으로 종결되었다.

장칭이 죄를 끝까지 뉘우치지 않자 다른 4인방과 함께 공개 재판을 받게 되었는데, 장칭은 자신을 변호하며 재판관들에게 항의하고 욕을 퍼부었다. 결국 1981년 장칭은 사형선고를 받았다가 무기징역으로 감형되어 교도소에 수감되었으며, 감옥에서 수차례 자살을 시도하였다.

1989년 가택 연금으로 풀려났다가, 덩샤오핑에게 그가 세상에서 가장 큰 거짓말쟁이이며 마오 주석을 포함한 모든 사람을 기만했고 진정한 피고이며 결코 편히 죽지 못할 것이라는 저주의 편지를 보내 덩샤오핑을 격노하게 했다. 1991년 5월 14일 장칭은 화장실에서 손수건을 묶어 목을 매어 77세의 나이에 생을 마감하였다.

중난하이

장칭과 마오쩌둥

장칭은 마오쩌둥이 죽을 때까지 마오쩌둥의 아내였다. 둘 사이에
서는 4녀 리나(李訥, 1940년~) 한 명만 태어났다.

4녀 리나

리나는 어릴 때 아버지 마오쩌둥의 영향을 많이 받아 중국 고전
문학과 러시아 문학을 좋아했다. 1949년에 부모님과 함께 베이징
으로 이주하여 베이징 유잉 학교를 다니다 1953년 여동생 리민보
다 한 반 낮은 베이징 사범대학 부속 여자중학교에 입학했다. 1959
년 우수한 성적으로 북경대학교 사학과에 입학하여 1966년에 졸업
했다. 졸업 후 광복군 일보의 편집자로 임명되었다.

1976년 문화대혁명이 끝났을 때 리나의 직위가 폐지되어 한때
무직이던 그는 중앙위원회 총무처에서 보안국 기숙사에 살도록 배
치되었고 어머니 장칭을 한 번 방문했다. 1986년 중국 공산당 중앙
위원회 총판공청 비서국에 배치되어 1990년대 이후 은퇴했다.

毛澤東

제 5 장

마오쩌둥의 평가

01

덩샤오핑의 평가

덩샤오핑은 중화인민공화국의 3대 최고지도자이다. 1978~
1983년까지는 중국인민정치협상회의 주석, 1981~1989년까지는
중화인민공화국 중앙군사위원회 주석을 역임했다. 소위 중국 공산
당 당료 2세대의 가장 중요한 인물이다.

**– 1980년 3월 당의 특정 역사적 문제에 대한 결의안을 논의할 때 반우파
운동과 마오쩌둥에 대한 평가**

일반적으로 말해서 1957년 이전에는 마오쩌둥 동지의 지도력이 옳
았지만 1957년 반우파 투쟁 이후 점점 더 많은 실수를 저질렀다.

– 1980년 8월 이탈리아 언론인 오리아나 파라지(Oriana Farage)와 인터뷰에
서 한 마오쩌둥의 평가

마오 주석은 당과 국가를 위기에서 여러 번 구해냈습니다. 마오 주석이 없었다면 적어도 우리 중국인들은 더 오랜 시간 동안 어둠 속에서 지냈어야 할 것입니다. 마오 주석의 가장 큰 업적은 마르크스-레닌주의 원칙과 중국 혁명의 현실을 결합하여 중국이 혁명에서 승리하는 길을 제시한 것입니다. 1960년대나 1950년대 후반 이전에 그의 사상 중 많은 것이 우리를 승리로 이끌었고 그가 제시한 몇 가지 기본 원칙은 매우 정확했습니다.

마오 주석은 한동안 실수도 있었지만, 여전히 중국 공산당과 중화인민공화국의 주요 창시자입니다. 그의 장점과 단점을 예로 들면 실수는 결국 부차적입니다. 그가 중국인을 위해 한 일은 지울 수 없습니다. 우리 중국 인민의 정서에서 우리는 항상 그를 우리 당과 조국의 창시자로 추모할 것입니다.

나는 마오 주석의 정치적 결점을 이용하여 권력을 찬탈한 린뱌오와 4인방을 묶인한 것은 정치적으로 잘못한 것이라고 결론을 내릴 수 있습니다. 나는 마오 주석의 과오를 정당화하는 것은 고사하고 그의 과오의 심각성을 축소하지도 않습니다.

– 1981년 6월 중국 공산당 제11기 중앙위원회 제6차 전체회의에서 덩샤
오핑의 마오쩌둥에 대한 평가

마오쩌둥 동지는 위대한 마르크스주의자, 위대한 프롤레타리아 혁명가, 전략가, 이론가였습니다. 비록 그가 '문화대혁명'에서 심각한 실수를 저질렀지만, 그의 삶에 있어서는 중국 혁명에 대한 그의 공헌이 그의 잘못보다 훨씬 큽니다. 그의 업적이 첫 번째이고 그의 실수가 두 번째입니다. 그는 우리 당과 중국인민해방군의 창건과 발전, 중화인민해방위업의 승리, 중화인민공화국 건국, 국가발전에 지울 수 없는 공헌을 했습니다. 우리나라의 사회주의 원인. 그는 세계의 억압받는 민족의 해방과 인류 진보의 대의에 크게 기여했습니다.

장쩌민의 평가

중화인민공화국의 정치인. 전 중화인민공화국 최고지도자, 주석.
중화민국 장쑤성 양저우 출신. 1세대 마오쩌둥-저우언라이, 2세대
덩샤오핑 등에 이은 중국의 3세대 지도자로 분류된다. 퇴임 이후
후진타오 시대까지 중국 정치에 큰 영향력을 발휘했으나 시진핑 체
제가 된 2018년 이후로는 전직 국가원수 예우만 받고 있다.

- 1993년 12월 26일, 중국 공산당 중앙위원회 총서기 장쩌민(江澤民)은
  '마오쩌둥 동지 탄생 100주년 기념회의' 연설에서 마오쩌둥에 대해 다음
  과 같이 평가하였다.

마오쩌둥 동지는 근대 이후 중국의 위대한 마르크스주의자, 프롤레타리아 혁명가, 전략가, 이론가였으며 위대한 애국자이자 민족적 영웅이었습니다. 힘들고 긴 혁명의 세월 동안 마오쩌둥 동지는 혁명적 지도자의 선견지명 있는 정치적 비전, 흔들리지 않는 혁명적 신념, 손쉬운 투쟁 기술 및 전반적인 상황을 통제하는 지도력을 보여주었습니다. 그는 인민 속에서 성장한 위대한 지도자이시며 영원히 인민의 편이 되실 것입니다. 마오쩌둥 동지의 혁명정신은 결속력이 강하고 그의 위대한 성품은 감동적이며 그의 과학사상은 남다른 매력이 있습니다. 그와 그의 전우들이 이룩한 위업은 천하의 모든 정직한 사람들의 존경을 받고 있습니다. 마오 동지의 혁명적 실천과 빛나는 업적은 역사에 기록되었습니다. 그의 이름, 사상, 정신은 항상 중국 공산주의자와 각 민족 인민에게 영감을 불어넣고 중국 역사의 진보를 계속 추진할 것입니다.

마오쩌둥 동지의 가장 큰 역사적 업적은 마르크스-레닌주의의 기본 원칙과 중국의 구체적인 현실을 결합하고 우리와 인민을 인도하여 신민주주의 혁명의 올바른 길을 택하고 반제와 반제를 완성한 것입니다. 봉건적 임무, 중국의 반식민지, 반봉건 사회의 역사를 끝내고, 중화인민공화국을 건국하고, 사회주의 제도를 수립한 후, 중국의 현실에서 출발하여 사회주의 건설의 길을 모색하기 시작했습니다. 마오쩌둥 동지는 근대 이후 중국의 위대한 마르크스주의자, 프롤레타리아 혁명가, 전략가, 이론가이며 위대한 애국자이자 민족적 영웅입니다.

위대한 역사적 인물인 마오쩌둥 동지는 중국과 세계 모두에 속합니다. 마오쩌둥 동지는 영원히 우리와 함께 살 것이며 우리는 그의 과학 작품을 진지하게 연구하고 그로부터 지혜와 힘을 끌어내야 합니다. 마오쩌둥이 중국에서 탄생한 것은 우리 당의 긍지, 우리나라의 긍지, 중화민족의 긍지입니다. 우리는 항상 마오쩌둥 동지를 깊이 존경하고 사랑할 것입니다.

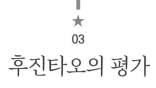

후진타오의 평가

후진타오는 2003~2013년까지 제6대 중화인민공화국 주석으로 재직하였다. 그의 통치 시대는 전반기의 평화롭게 일어선다는 뜻의 '화평굴기(和平崛起)'에 이어 거침없이 상대를 압박한다는 뜻의 '돌돌 핍인(咄咄逼人)'까지 나아갔다.

– 중국 공산당 중앙위원회 총서기 시절 후진타오는 중국 공산당 제17차, 제18차 전국대표대회에서 마오쩌둥 시대와 개혁개방 시대의 관계에 대해 다음과 같이 언급했다.

개혁개방의 기반을 만든 마오쩌둥 동지는 중국 공산당 중앙 지도부의 1세대 마오쩌둥 사상을 창시하고, 전 공산당과 전국 각 민족 인민을 이끌고 새로운 중국을 건설하였습니다. 그리고 사회주의 혁명과 건설에서 위대한 업적을 달성하고 귀중한 경험으로 사회주의 건설의 법칙을 만들었습니다. 또한 새로운 민주 혁명의 승리, 사회주의의 기본 제도, 중국 공산당의 설립은 근본적인 정치적 전제와 제도적 기반을 마련했습니다.

전 중국 공산당과 전국의 각 민족과 인민을 총동원하여 새로운 민주 혁명을 완수하고, 사회주의 변혁을 실현하며 사회주의 기본 제도를 확립하였습니다. 마오쩌둥 동지는 중국 역사상 가장 심오하고 위대한 사회변혁을 성공적으로 실현하여 현재 중국의 발전과 진보를 위한 근본적인 정치적 규범과 제도적 기반을 마련하였습니다.

마오쩌둥 동지의 통치 시기에 판단의 잘못으로 심각한 우여곡절을 겪기도 했지만, 사회주의 건설에서 공산당의 독창적인 이론을 만들었고 정치적인 발전의 위대한 성과는 우리에게 소중한 것을 제공했습니다. 마오쩌둥 동지의 업적은 새로운 역사에서 중국 특유의 사회주의 건설을 위한 정보, 경험, 이론적 준비, 물질적 기초가 될 것입니다.

시진핑의 평가

시진핑은 중화인민공화국의 최고지도자로 공산당 총서기, 중앙 군사위원회 주석, 중화인민공화국의 주석 등의 직책을 맡고 있다. 2012년 11월 후진타오 주석으로부터 중국공산당 중앙위원회 총서 기와 함께 중국공산당 중앙군사위원회 주석직을 승계하였다. 2013 년 3월 14일에 중화인민공화국의 주석에 선출되었으며, 2018년 3 월 연임하여 재직 중이다. 그의 통치는 1949년 중화인민공화국의 건국 이후로 100주년이 되는 2049년까지 중화인민공화국 내에서 '중국몽'을 구현하는 노력을 경주하고 있고, 중국공산당 창당 100 주년이 되는 2021년부터는 '공동 부유'의 정치적 과제를 제기하면서 이를 성공적인 실천하는 노력도 기울이고 있다. 특히 중국공산당은 '중국몽'의 국제적인 전략으로 '일대일로'를 추진해 왔으며, 이를 위해 관련 국가들에게 자원과 자본을 제공하고 있다.

시진핑은 마오쩌둥을 '중국 현대사의 가장 위대한 혁명가이자 지도자'라고 평가하고 있다. 그는 마오쩌둥이 중국을 반제국주의, 반봉건주의의 굴레에서 해방시키고, 사회주의 중국을 건설한 공헌을 높이 평가한다. 또한, 마오쩌둥의 사상과 이론이 중국의 발전에 중요한 지침이 되고 있다고 주장하고 있다.

시진핑은 마오쩌둥의 업적을 다음과 같이 구체적으로 언급하고 있다.

첫째, 중국 국민당에 맞서 중국 공산당을 이끌고 중국 전역을 해방시켰다.

둘째, 사회주의 중국을 건설하고, 중국을 세계 강국으로 부상시켰다.

셋째, 중국 인민의 삶의 질을 향상시켰다.

그러나 시진핑은 마오쩌둥의 문화대혁명에 대해서는 부정적인 평가를 내린다. 그는 문화대혁명이 중국에 막대한 피해를 입힌 재앙이었다고 말하며, 문화대혁명의 실패를 반복하지 않겠다는 의지를 표명하고 있다.

시진핑은 마오쩌둥의 문화대혁명의 피해를 다음과 같이 언급한다.

첫째, 수십만 명의 중국인이 희생되었다.

둘째, 중국의 경제 발전이 저해되었다.

셋째, 중국의 사회 질서가 파괴되었다.

시진핑의 마오쩌둥 평가는 중국의 정치적 변화와 밀접한 관련이 있다. 시진핑은 마오쩌둥의 혁명정신을 계승하겠다는 점을 강조하며, 중국의 지도자로서 권위를 강화하고 있다. 또한, 시진핑은 마오쩌둥의 사상을 통해 중국의 사회주의 체제에 대한 정당성을 확보하고 있다. 또 마오쩌둥 평가는 중국의 미래에도 중요한 영향을 미칠 것으로 보인다. 시진핑이 마오쩌둥의 혁명정신을 계승하겠다는 점을 강조하는 만큼, 중국은 앞으로도 정치적 안정과 경제적 발전을 동시에 추구하는 정책을 추진할 것으로 예상된다.

시진핑의 마오쩌둥 평가는 중국 내외에서 다양한 평가를 받고 있다. 일부 전문가들은 시진핑이 마오쩌둥의 혁명정신을 계승하여 중국의 부강과 강대화를 이루겠다는 의지를 보여주는 것이라고 평가한다.

05

진충지의 평가

진충지(金冲及, 1930년 12월~)는 중화인민공화국의 역사학자로, 신해 혁명사 및 중국 현대사 연구를 연구하였다. 상하이 칭푸(青浦) 출신으로 1951년 푸단 대학 역사학과를 졸업했다. 상하이시 위원회의 『미정문고』 편집장을 지냈으며, 중화인민공화국 문화부 정책연구실 연구자, 문화재 출판사의 부편집장, 중국사회과학원 근대사연구소학술위원, 푸단 대학, 상하이 대학 역사학과 겸임교수, 중국사학회 회장, 쑨중산연구회 회장, 중국 공산당 중앙문헌연구실 부주임, 연구원, 중국 공산당 중앙문헌연구회 고문 등을 역임했다.

마오쩌둥은 어릴 때 농촌에서 자랐기에 쟁기질, 써레질, 작물 심기, 작물 수확 등의 모든 농사일을 잘한다. 그는 때로는 숙련된 농부들과 경쟁하듯 힘든 일을 했으며, 산간 지방 농부의 진정한 능력을 개발하기 위해서 노력을 아끼지 않았다.

마오쩌둥은 어릴 때부터 근면해서 단순한 일이나 어려운 일을 두려워하지 않았으며 농민의 고통을 아주 잘 이해했다. 아버지 마오이창은 마오쩌둥이 커서 돈을 많이 버는 슬기로운 사람이 되기를 바랐고, 마오쩌둥의 행동이 자신의 기준에 맞지 않는다는 것을 알게 되면 올바른 방법으로 그를 훈육하며 길러냈다. 마오쩌둥의 어머니는 평소에 향을 피우고 부처님을 열심히 숭배했으며 덕을 쌓고 선행을 하였다. 부모님의 행동과 신념은 마오쩌둥의 성장에 많은 영향을 끼쳤다.

유학(儒學)이 중국의 문화를 지배하고 생활의 기준이 되었을 때, 마오쩌둥은 우리가 먼저 중국의 실제 상황을 깊이 이해해야 외국을 더 잘 배울 수 있으며, 서양 문명과 동양 문명을 분석할 수 있다고 주장했다.

마오쩌둥의 가장 특징적인 공헌은 중국 사회 구조에서 농촌과 농민의 특수한 지위를 분석하여 농민 혁명의 중요성을 설명하고, 다양한 계층의 경제적, 정치적 지위를 분석하여 농민 혁명의 동기와 목표를 설명하는 것이다. 홍군이 농촌에서 농민들과 협동한 것은 중국 노농홍군의 발전사에서 중요한 사건이었다.

주더가 이끈 난창 봉기는 강력한 군대인 예팅의 독립연대를 기반으로 조직되었다. 독립연대는 2,000명 이상의 병사로 전투 경험이 풍부하여 강력한 전투력을 갖추었기에 징강산 혁명기지의 힘을 크게 향상시켰다. 마오쩌둥과 그의 동지들은 극도로 복잡한 환경에서 끈질기게 실천을 추구했고, 그 결과 징강산 투쟁의 내용은 매우 풍부했고, 성공적인 경험과 실패의 교훈이 있었으며, 모두 귀중한 보물이자 새로운 시작이었다.

어린 시절부터 마오쩌둥은 사소한 문제를 해결하는 데 만족하지 않고 근원부터 탐구하려고 노력했다. 이런 습관 덕분에 장기간에 걸친 혁명 투쟁의 실천 과정에서 일련의 과학적 작업 방법을 개발하게 했다. 그는 실제 사실을 바탕으로 한 신중한 조사를 중시하고 현재에 기초하여 객관적인 측면에서 복잡한 요소와 변화를 고려해야 한다고 주장했다.

마오쩌둥은 인민 대중의 지혜를 결집하고 숙고하여 실천 방안을 모색하였다. 비현실적인 오래된 자료에 입각하여 함부로 정책을 결정하지 않고 사업을 지도하며 중국 혁명의 전 과정에 과학적인 사업방식을 실제로 실천하였다. 따라서 전체 당과 인민에게 마오쩌둥을 교육하는 것은 중국 혁명의 승리에 매우 중요한 이유다. 마오쩌둥에 대한 교육 없이는 마오쩌둥을 진정으로 이해할 수 없다.

★
06
모리스 마이스너의 평가

모리스 제롬 마이스너(Maurice Jerome Meisner, 1931년 11월 17일~2012년 1월 23일)는 20세기 중국 사학자이자 위스콘신-매디슨 대학교 교수이다. 중국 혁명과 인민 공화국에 대한 그의 연구는 사회주의 사상, 특히 마르크스주의, 마오주의에 대한 강한 관심과 관련이 있었다. 그는 『마오의 중국과 그 이후』를 비롯한 많은 책을 저술했으며 이책은 해당 분야의 표준 학술 텍스트가 되었다.

마오쩌둥의 모든 실패와 좌절에도 불구하고 마오쩌둥 시대가 중국 근대 산업 혁명의 시기라는 결론은 불가피하다. 중국은 오랫동안 아시아의 병자로 치부됐다. 1950년대 초 벨기에보다 작게 공업이 시작되어 마오쩌둥 시대 말 세계 6대 공업국으로 부상했고, 25년 만에 1952년 600억 위안에서 4배로 성장했다. 1978년 3,000억 위안 증가한 국민소득 중 공업이 가장 큰 비중을 차지했고, 1인당 국민소득지수는 1949년 100, 1952년 160, 1957년 217, 1978년 440으로 증가하였다. 마오쩌둥 시대의 마지막 20년 동안은 마오쩌둥의 경제 파국도 고려된 기간으로, 중국의 국민소득은 1957~1975년 사이에 두 배 이상 증가했으며 1인당 국민소득도 63% 증가했다.

마오쩌둥 시대, 중국의 근대화를 이룬 것은 중국의 근대 산업혁명 시기였다. 경제발전은 중국이 완전 농업 국가에서 공업이 지배하는 국가로 변모하는 기반을 마련했다. 1952년 공업이 총생산의 30%를 차지했다. 1975년까지 이 비율은 역전되어 국가 경제 생산에서 공업이 72%, 농업이 28%에 불과했다. 실제로 마오쩌둥 시대는 지금과 거리가 멀었다. 중국 산업화는 세계 역사상 최대의 시대를 맞은 독일, 일본, 러시아와 비교할 때 전혀 열등하지 않다.

마오쩌둥 시대 이후에는 마오쩌둥 시대의 역사적 기록의 흠집을 지적하면서 그 업적에 대해서는 침묵을 지키는 것이 유행이 되었다. 그러나 마오쩌둥 시대가 중국의 근대산업 변혁을 촉진했고 그 과정에서 극히 불리한 대내외 여건 속에서 큰 성과를 이뤘다는 기본적인 사실을 인정하는 것이 역사를 무분별하게 구분 짓는 것은 아니다. 마오쩌둥 시대에 일어난 산업혁명이 없었다면 1980년대는 개혁의 목표가 없었을 것이다.

1949년 혁명이 필요했는지에 대한 서구 학계의 일반적인 의구심에 대해 나는 1949년 혁명이 농지 개혁 운동을 통해 경제적으로 성공했다고 믿는다. 중국은 자본주의와 부르주아 혁명의 목표에서 정치적으로 실패했지만, 사회주의나 민주주의 체제를 형성하지 않고 독자적인 사회주의 노선을 완성했다.

07

후지코 후지오의 평가

후지코 후지오(藤子不二雄)는 일본의 만화가로 세계적으로 유명한
『도라에몽』을 출간한 유명한 작가다. 2003년 재발간된 『마오쩌둥
이야기』의 후기에서 마오쩌둥을 평가하였다.

나는 마오쩌둥의 생애를 중화인민공화국 건국 이전과 이후 두 단계
로 나눌 수 있다고 생각한다. 중화인민공화국 건국 초기 단계는 마오쩌
둥에게 있어 혼란과 고통으로 가득 찬 단계였지만 그는 항상 중화인민
공화국 건국이라는 위대하고 낭만적인 꿈을 소중히 여겼다. 당시 마오
쩌둥은 막강한 권력자였을 뿐만 아니라 높은 포부를 가진 혁명 투사이

자 낭만주의자이자 인도주의자였다. 그러나 그는 로맨스를 버리고 국내 투쟁의 길로 돌아섰다. 이 투쟁의 궁극적인 표현이자 마오쩌둥의 가장 큰 비극이기도 하다. 그러나 어쨌든 마오쩌둥은 금세기의 가장 위대한 영웅 중 하나임에 틀림없다.

08

한수인의 평가

영국 작가 한수인(Han Suyin)은 중국 태생의 유라시아 의사이자 그녀의 필명 Han Suyin으로 더 잘 알려진 작가다.

마오쩌둥의 리더십 예술의 특징은 이성으로 사람들을 설득하는 데 있다. 어떤 의미에서 그는 혁명적인 예술가다. 그는 비범한 충동과 예술가의 엄격함을 가지고 있다. 그는 자신과 타인에게 무자비할 정도로 엄격하다.

그는 영원한 열정으로 작업하며, 이 이타적인 상태를 열정이 만들 수 있다. 그의 문학 작품은 전례 없는 아름다움으로 돋보이며, 그의 산문은 그의 시보다 더 정교하고 명확하며 그의 정치 작품은 예술적인 창조물이다. 마오쩌둥의 위대함은 중국 역사와 현실에 대한 이해에 집중되어 있다. 특히 중국 농민에 대한 철저한 이해를 바탕으로 중국 전쟁에서 농민의 역할을 이해하고 농민이 무엇을 원하고 원망하는지에 대해 매우 분명히 알고 있었다. 농민의 요구와 원망을 행동으로 전환하여 세상을 변화시키는 방법을 알고 있었다. 그의 철학은 마치 땅처럼 심오하고 견고하다. 그의 예술은 절대적인 중국적 특성을 가지고 있어 교육을 받지 못한 농민도 쉽게 이해할 수 있다. 이는 그가 농민의 아들이기 때문일 뿐만 아니라 그의 재능 때문이기도 하다.

09

줄피카르 알리 부토의 평가

줄피카르 알리 부토(Zulfikar Ali Bhutto, 1928년 1월 5일~1979년 4월 4일)는 파키스탄의 정치인으로 제4대 대통령(1971~73년), 제9대 총리(1973~77년)이다. 파키스탄의 가장 크고 영향력 있는 정당인 파키스탄 인민당의 창당자이다. 딸은 두 차례 총리를 지냈으나 2007년 12월 27일에 암살된 베나지르 부토이다.

마오쩌둥 같은 사람은 100년, 어쩌면 1000년에 한 명뿐일 수 있다. 영감이 역사의 페이지를 쓴다. 의심할 여지가 없다. 마오쩌둥은 거인들 중의 거인이었다. 그는 역사를 작게 보이게 만들었다. 그의 강력한 영향력은 전 세계 수백만 남녀의 마음에 흔적을 남겼다.

마오쩌둥은 혁명의 아들이었고, 혁명의 본질이며, 참으로 혁명의 선율과 전설, 세계를 뒤흔든 눈부신 새 질서의 최고 창조자다. 마오쩌둥은 죽지 않고 불멸하며 그의 사상은 태양이 다시는 뜨지 않을 때까지 민족과 국가의 운명을 인도할 것이다.

그의 획기적인 위업이 중국의 범위에서만 측정된다면 이 놀라운 사람의 기억에 해로울 것이다. 물론 마오쩌둥은 중국과 8억 인민을 위해 위대한 일을 했지만, 그는 고귀한 세계의 지도자였다. 현대 정세 발전에 대한 그의 공헌은 타의 추종을 불허한다. 오늘은 전 세계가 마오쩌둥의 죽음을 애도하지만, 내일 새벽은 그를 영원히 찬양하기 위해 떠오를 것이다. 그의 생각과 감정은 내 동포들과 마찬가지로 깊이 내재되어 있다.

마오쩌둥의 겸손과 유머, 그의 영광과 위대함, 그의 용기와 승리는 역사에 영원히 남을 것이다. 마오쩌둥의 이름은 항상 가난하고 억압받는 사람들의 이름이 될 것이다. 마오쩌둥은 사람들에게 위대하고 정의로운 사람으로 기억될 것이다.

마오쩌둥은 억압과 착취에 맞서는 인류 투쟁의 빛나는 상징이자 식민주의와 제국주의에 대한 승리의 징표이다. 마오쩌둥은 인류의 위대한 지도자로 인식될 것이다. 우리 파키스탄은 영원히 불멸의 마오쩌둥을 기릴 것이다.

★
10
기타 평가

• 양창지의 평가

양창지는 마오쩌둥의 스승이며, 장인으로서 마오쩌둥의 공산주의 사상 형성에 중요한 역할을 하였으며, 나중에 중국 공산당을 만든 리다자오와의 만남을 주선했다.

"1950년 12월 31일 나는 신문에서 마오쩌둥의 '인식론에 대하여'를 읽었다. 이 글을 읽고 마오쩌둥의 지식이 풍부하고, 고대 군주의 통일 이미지와 우리나라의 스승을 볼 수 있었다."

• 치벤위의 평가

치벤위(1931년~2016년 4월 20일)는 주로 문화대혁명 기간 동안 활동한 중국 공산주의 이론가였다. 극좌 문화혁명 그룹의 일원, 청원 국장,

중국 공산당 중앙위원회 비서국 부국장을 역임하였다. 1968년에 체포되어 모든 직책을 박탈당하고 투옥되었었다.

"한 세대의 위대한 사람, 그는 평생 많은 강력한 적을 물리쳤지만, 자신의 공을 주장한 적이 없습니다. 그는 여전히 대중이 진정한 영웅이라고 자주 말합니다. 그리고 그는 단지 인민을 위하여 공부하는 학생에 불과합니다. 그는 비교할 수 없을 정도로 높은 위신을 누리고 있으며 최고 권력을 가지고 있지만 자신과 가족을 위해 특별한 이익을 추구한 적이 없습니다. 그는 인민의 민주 체제를 공고히 하는 방법만을 생각했습니다. 그는 사상이 심오하고 지혜롭고 멀리 내다보는 안목이 있으며 이론적 소양과 문화적 토대가 지극히 깊습니다. 수천 년의 세계 역사 속에서도 그와 동시대 사람 중 누구도 그와 비교할 수 없습니다."

• 장원의 평가

장원(姜文)은 중국의 배우, 영화감독이다. 그는 허베이성 탕산시에서 군인 집안 출신으로 태어났다. 1982년 연극배우로 첫 데뷔 이후 연극무대에서 활동하다가 1984년 TV 연속극을 거쳐 1986년 장이머우 감독의 영화 〈붉은 수수밭〉으로 이름을 알렸다.

"훌륭한 정치가일 뿐만 아니라 매우 매력적인 예술가입니다. 그는 중국 전체를 그의 작품으로 간주합니다. 그의 시에서 우리는 그의 삶의 용기와 낭만적인 감정을 볼 수 있습니다. 그는 성공한 반역자이고, 그는 모든 고통을 버틸 수 있는 지배자입니다. 역사상 그런 인물은 처음입니다."

• 전 미국 대통령 리처드 닉슨의 평가

리처드 밀하우스 닉슨은 미국의 정치가로 제 37대 미국의 대통령을 역임하였다. 그 전에는 캘리포니아주를 기반으로 하는 연방 하원의원과 상원의원을 역임하였으며, 이후 제36대 미국의 부통령을 역임하였다.

"역사는 아마도 마오쩌둥의 가장 위대한 업적은 전국 각지의 모든 사회 계층에 대한 중국 공산당의 통제를 확립한 것이라고 말할 것입니다. 마오쩌둥을 생각하면 그가 마지막 숨을 거두기까지 싸운 군인임을 부인할 수 없습니다. 마오쩌둥은 한 세대의 위대한 혁명 지도자 중 한 명입니다. 그는 헌신적이고 실용적인 공산주의자였을 뿐만 아니라 중국 인민의 역사에 정통한 상상력이 풍부한 시인이었습니다."

• 전 미국 대통령 제럴드 포드의 평가

제럴드 루돌프 포드 주니어는 1974~1977년까지 대통령을 역임한 미국의 정치인이다. 대통령직을 맡기 전에 그는 1973년부터 리처드 닉슨이 사임한 1974년까지 부통령을 지냈다.

"마오 주석은 중국 현대사의 거인이었습니다. 어떤 시대에도 역사적 위인이 된 사람은 거의 없습니다. 마오 주석은 그들 중 한 명입니다."

• 전 미 국무장관 키신저의 평가

헨리 앨프리드 키신저는 독일 출신 미국의 외교관, 노벨상 수상자, 정치인이자 대표적 정치현실주의자이자 보수주의 정치인으로 리처드 닉슨, 제럴드 포드 정부 시절 중요 관료였다. 미국의 외교 정책, 외교의 역사와 국제 관계에 관한 저서를 집필하였다.

"마오쩌둥의 존재 자체가 위대한 의지에 대한 증거입니다. 외부의 어떤 장식도 마오쩌둥이 발산한 권력감을 설명할 수 없습니다. 우리 아이들은 팝 녹음의 '설레임'을 말합니다. 예술가님, 저는 전혀 느끼지 못한다는 것을 인정합니다. 하지만 마오쩌둥은 분명히 힘과 힘과 의지의 떨림이 있었습니다. 고도로 집중되고 변장하지 않은 의지력을 가진 사람입니다. 그는 거의 느낄 수 있는 압도적인 힘을 발산합니다. 마오쩌둥은 실제로 사람들로 하여금 힘, 힘, 의지의 공명을 느끼게 할 수 있습니다."

• 아그네스 스메들리의 평가

아그네스 스메들리(1894~1950)는 미국의 언론인으로 1928년에 중국으로 건너가 중공군에 종군하면서 중일전쟁과 혁명의 양상을 보도하였다. 저서로는 『중국의 여명』, 『위대한 길』, 자서전 『여자 혼자서 대지(大地)를 가다』 등이 있다.

"중국 공산당의 다른 모든 지도자는 고대와 현대 중국 및 외국 사회의 역사에 있는 인물과 비교할 수 있지만 아무도 마오쩌둥과 비교할 수 없습니다."

• 흐루쇼프의 평가

니키타 세르게예비치 흐루쇼프는 1953~ 1964년까지 소련 공산당 서기장을, 1958~ 1964년까지 소련 장관 소비에트의 정부 수반을 지낸 소련의 혁명가, 노동운동가이자 정치인이다.

"마오쩌둥은 자신의 생각과 의도를 숨기는 데 달인입니다. 따라서 마오쩌둥의 말 중 일부는 너무 단순하고 일부는 너무 복잡합니다."

• 전 일본 총리 간 나오토의 평가

간 나오토는 일본의 제94대 내각총리대신이며 입헌민주당 소속 중의원 의원이다. 2010년 6월 4일 일본의 다수당인 민주당의 대표로 선출되어 제94대 총리로 지명되었으며, 2010년 9월 14일 2년 임기의 당 대표에 재선되어 재신임되었다.

"마오쩌둥이 미국과 맞서는 것을 두려워하지 않고 끝까지 걸었던 시기가 있었다. 마오쩌둥은 자국에서 확실한 지지를 얻었고, 인민은 세계가 자신들의 책임이라고 생각한다. 따라서 중국 인민은 어떤 경우에도 나라와 나라의 미래를 지키기 위해 어떤 희생도 서슴지 않을 것이다. 나라는 국민에게 있고 국민의 힘은 외교이며 외교의 가장 기본은 권력이다."

• 전 필리핀 대통령 마르코스의 평가

페르디난드 에마누엘 에드랄린 마르코스는 필리핀의 법률가이자 독립운동가, 정치가로,

필리핀의 제10대 대통령이자 제11대 상원 의장, 제3대 총리이다. 1965년 대통령이 된 뒤 21년간 장기집권하면서 1972년 계엄령을 공포하여 정적과 언론인을 투옥하는 등 독재체제를 구축하였다.

"마오쩌둥 주석은 인류의 지도자이자 역사의 발기인이다. 그는 역사에 길이 남을 인물이다."

• 후시진의 평가

후시진(胡锡进)은 중화인민공화국의 언론인이다. 2005년부터 2021년까지 중국 공산당의 기관지인 인민일보의 자매지이자 타블로이드 신문인 환구시보의 편집장을 역임했다.

"마오쩌둥이 몇 가지 실수를 했지만, 중국이 7~8개 부분으로 나뉘지 않고 대중국이 여전히 존재하는 것은 마오쩌둥의 위대한 업적입니다. 그러나 마오쩌둥의 실수를 부정하는 것은 지나칠 수 없다고 생각없습니다.

마오쩌둥이 세운 중국은 어떤 나라보다 독립심이 강하고, 강력한 중앙정부를 구성하고 있습니다. 그리고 중국을 핵무기 보유 국가에 가입시키는 등 중국의 개혁개방에 든든한 배경을 제공했습니다."

• 장하이펑 평가

장하이펑(張海鵬, 1939년~)은 중국 후베이성(湖北省) 샤오간(孝感) 출신으로 사범대학에서 박사학위 취득, 현 중국사학회 부회장, 베이징시역사학회 상무이사회장, 중국역사학회 회장으로 역임하였다.

"마오쩌둥의 국가에 대한 충성과 공헌은 유례가 없으며 완벽합니다. 따라서 중국 사회주의 사업에 대한 마오쩌둥의 충성과 공헌은 충분히 인정받아야 합니다. 마오쩌둥과 함께 시대에 대한 그의 기여도 시대에 따라 제한됩니다. 이것은 일반적으로 위대한 역사적 인물에게 불가피하며 미래 세대는 요구할 수 없습니다."

• 이창호 한중교류촉진위원회 위원장의 평가

이창호 위원장(1960년12월26일~)은 대한민국의 언론인과 대한기자협회 회장으로 전남 고흥 농부의 둘째 아들로 태어났다. 중국에 관한 책 『대변환 시대의 팍스 차이나』, 『15억 중국인의 꿈을 지휘하는 리더, 시진핑 리더십』, 『중국을 변화시키는 힘, 시진핑 위대한 중국을 품다』, 『중국문화를 알면 중국이 보인다, 中華』, 『이순신리더십』, 『영웅, 대한민국 안중근평전』 등 50여 권이 있다.

"마오쩌둥 주석은 혼란한 시기에 중국대륙을 통일한 위대한 인물이자, 이념과 진영에 관계없이 권력의 흐름과 대중의 심리를 정확히 읽어내는 탁월한 감각과 대중을 압도하는 카리스마 그리고 뛰어난 문장력으로 수많은 이들을 매혹시켰다. 이렇게 모은 추종자들을 바탕으로 평생 권력을 손에서 놓지 않았다. 또 현대 게릴라 전술을 완성한 군인이자 중국 대륙 통일의 위업을 달성한 정치 지도자이면서 농민을 혁명의 주력으로 내세운 중국식 공산주의 이론을 창시한 사상가이고, 동시에 뛰어난 문장력을 자랑하는 저술가이자 시인이다."

이창호 위원장이
'마오쩌둥 평전'을 쓴 이유

마오쩌둥은 혼란한 시기에 중국 대륙을 평정한 위대한 인물이자, 한때 타임지가 선정한 20세기 가장 영향력 있는 100인 중 한 명이지만 전 세계적으로 마오쩌둥에 대한 논란 역시 많다. 국가 지도자로서는 폭군이며 개인적으로는 수많은 악행을 저지른 악인이라는 점에서 20세기판 진시황이라는 평가를 받기도 한다. 그러나 공식적으로는 현대 공산 중국을 탄생시킨 국부의 위치에 있기 때문에 모든 위안화의 앞면에는 마오쩌둥의 초상화가 그려져 있고, 베이징에 있는 천안문 광장에는 초상화가 걸려 있다.

따라서 이 책을 집필하게 된 이유는 중국의 혁명가이자 정치인인 마오쩌둥(毛澤東)의 생애와 이론, 정치 활동, 사상 등을 체계적으로 기록하고 객관적으로 문서화함으로써 마오쩌둥의 삶 속에서 그의 사상과 철학을 배우는 것을 목적으로 한다.

중국 공산당의 지도자 마오쩌둥은 뛰어난 군사 전략가이자 이론가로서 중화민국을 상대로 승리한 군벌 지도자였으며, 중화인민공화국의 지도자 마오쩌둥은 수억의 인민에게 최악의 고통을 선사한 양면성을 지닌 인물이다. 자신이 신봉하는 이념을 위해서, 또는 권력을 유지하려고 인간을 서슴없이 도구로 사용하고 어떠한 인명 손실에도 아랑곳하지 않는 냉혹한 인물이었다. 이러한 신념과 절대권력을 유지하려 한 욕구 때문에 수천만 명이 굶어 죽거나 맞아 죽고, 나머지는 하루 한 끼로 연명하는 극빈층으로 전락하는 등 중국의 문명은 일시에 후퇴하였다. 이처럼 "말 위에서 천하를 차지할 수는 있으나 말 위에서 천하를 다스릴 수는 없다."라는 중국 격언을 스스로 증명한 사람이며, 마오쩌둥을 계승하는 중국 공산당과 중국 외부의 평가가 극단적으로 엇갈리는 인물이다.

한국에서는 그저 유명한 공산주의 정치가 정도로 알려있지만, 사실은 그보다 훨씬 다양하고 복잡한 인물이다. 이념과 진영에 관계없이 마오쩌둥은 권력의 흐름과 대중의 심리를 정확히 읽어내는 탁월한 감각과 대중을 압도하는 카리스마 그리고 뛰어난 문장력으로 수많은 이들을 매혹시켰으며, 이렇게 모은 추종자들을 바탕으로 평생 동안 권력을 손에서 놓지 않았다. 또한 현대 게릴라 전술을 완성한 군인이자 중국 대륙 통일의 위업을 달성한 정치 지도자이면서 농민을 혁명의 주력으로 내세운 중국식 공산주의 이론을 창시한 사상가이고, 동시에 뛰어난 문장력을 자랑하는 저술가이자 시인이다.

이오시프 스탈린을 격하시킨 소련의 니키타 흐루쇼프와는 달리, 마오쩌둥가 죽은 뒤 새로운 중국의 절대자로 등극한 덩샤오핑도 마오쩌둥와는 정반대의 정책을 실시했지만 "마오쩌둥의 공과는 7:3"이라고 주장하며 그를 신화적 위치에서 끌어내리진 않았다. 소련에는 스탈린이 없어도 블라디미르 레닌이 있었기 때문에 스탈린에 대한 비판이 가능했다. 1956년 이전에는 주요 관공서에 레닌과 스탈린의 초상화가 함께 걸려 있었으나, 스탈린의 초상화와 동상 등 선전물은 모두 철거되고 레닌이 소련의 절대적인 우상이 되었다. 러시아 내의 공산주의자들 사이에서 레닌과 함께 스탈린이 다시 우상이 된 것은 소련 붕괴 이후의 일이다.

반면 마오쩌둥의 위상은 중국의 다른 인물로는 대체 불가능한 수준이었기 때문에 아직까지도 그에 대한 비판에 민감하다. 천두슈 등 마오쩌둥 이전중국 공산당을 창당한 창당 1세대들도 있었다. 하지만 이들은 중화인민공화국이 건국되기 전에 모두 사망했거나, 쑨원 사후 장제스의 등장으로 시작된 중국 공산당에 대한 중화민국 국민당 정권의 정치적 탄압으로 급성장한 마오쩌둥, 주더, 저우언라이, 펑더화이 등을 위시한 신진 세력들에게 정당 내 주도권을 잃고 비공산주의자들로 전향했다.

저자가 마오쩌둥 평전을 집필하려는 목적은 다음과 같다.

이 책을 집필하는 것은 역사적인 기록을 보존하는 데 그 의미가 있다. 마오쩌둥 평전은 그의 개인적인 업적과 중국 혁명의 주요 사건들을 문서로 남김으로써 중국의 역사를 기록하는 데 도움이 된다. 후대에 이 평전을 통해 마오쩌둥이 주도한 중요한 사회 정치적 사건들을 이해하고 분석할 수 있게 된다.

이 책을 집필하는 것은 마오쩌둥의 리더십과 업적을 객관적으로 평가하기 위해서다.

평전은 마오쩌둥의 이론과 사상, 그리고 정치적 행동을 다루면서 그의 리더십과 업적에 대한 평가를 가능하게 한다. 그의 이념과 지도력이 중국 현대 역사에 미치는 영향을 탐구하여 그의 역할과 영향력을 이해하는 데 기여한다.

이 책을 집필하는 것은 그의 정치적 사상과 이론을 이해하기 위해서다. 마오쩌둥 평전은 그의 정치적 사상과 이론을 해석하고 이해하는데 중요한 자료가 된다. 그의 마르크스주의와 레닌주의에 기초한 사회주의 사상과 그에 따른 중국 혁명과 현대화를 위한 정책들을 파악할 수 있다.

마오쩌둥 평전은 중국과 세계 역사에 큰 영향력을 끼친 인물의 삶과 이론을 문서로 남기는 소중한 자료이다. 이를 통해 중국 현대사와 정치의 복잡성을 이해하고, 그가 남긴 역사적 유산을 존중하고 평가할 수 있다. 또한, 그의 정치적인 사상과 이론은 현대 사회와 정치에도 많은 영감과 교훈을 주고 있다.

2023년 8월 24일(한중수교 31주년 기념일)

한중교류촉진위원회 위원장 **이창호**

毛澤東

마오쩌둥 연혁 & 명언

★
1. 마오쩌둥의 연혁

- 1893년 12월 26일: 후난성 샹탄에서 아버지 마오이창과 어머니 웬수친 사이에서 태어 났다.

- 1902년~1909년: 고향인 소산에 있는 사립학교에서 공부하고 중국 전통 계몽 교육을 받았다.

- 1910년 가을: 후난성 샹샹현에 있는 동산고등소학교에 입학했다. 캉유웨이(Kang Youwei) 와 량치차오(Liang Qichao)의 개혁주의 사상에 영향을 받았다.

- 1911년 봄: 창사에 가서 성의 샹샹고등학교에 입학하였다.

- 1911년 10월: 혁명 발발 후 반년 동안 봉기의 신군부대에서 군인으로 복무했다.

- 1913년 봄: 후난성 제4사범학교 예비 과정에 들어갔다.

- 1914년 가을: 후난성 제1사범학교 제8학부에 등록했다. 학창 시절 양창지 등 진보적인 선생들의 영향으로 잡지 '신청년'의 열렬한 독자가 되었고 천두슈와 후스를 존경하기 시 작했다

- 1918년 4월 14일: 동창생 차이허셴의 집에서 신인민연구회를 조직하였다.

- 1918년 8월: 후난의 워크스터디 프로그램을 조직하기 위해 처음으로 베이징을 방문하 여 북경대학교 사서를 역임했고 리다자오 등의 도움으로 러시아 10월 혁명의 이데올로 기적 영향을 받아들이기 시작했다.

- 1919년: 5·4운동 전후하여 후난학생들의 반제애국운동을 지도하기 위하여 후난학생회 가 결성되었다.

- 1919년 4월 6일: 베이징에서 창사로 돌아왔다.

- 1919년 6월: 후난성 제1사범학교를 수석으로 졸업했다.

- 1919년 10월 5일: 어머니 웬수친이 병으로 세상을 떠났고, 그 소식을 듣고 창사에서 소 산으로 급히 돌아왔다.

- 1919년 12월: 두 번째로 베이징을 방문하여 후난의 장군인 장징야오를 축출하기 위한 캠페인을 이끌었다. 베이징에 머무는 동안 『공산주의 선언』과 같은 마르크스주의 책을 읽었다.

- 1920년 1월 23일: 아버지 사망

- 1920년 5월~6월: 상하이에서 첸두슈(Chen Duxiu)를 만났고 마르크스주의 책에 대해 그와 토론하였다.

- 1920년 8월 초: 이리롱(Yi Lirong) 등과 함께 장사에 문화 출판사를 설립하여 마르크스주의와 새로운 문화를 전파하였다.

- 1920년 8월~9월: 러시아 연구회 설립 준비에 참여했다.

- 1920년 11월: 허수헝 등과 함께 창사공산당을 조직했다.

- 1920년 12월 1일: 카이 헤센(Cai Hesen), 샤오자성(Xiao Zisheng) 및 프랑스에서 일하고 공부하는 다른 회원들에게 편지를 보내고, 창사에서 사회주의청년동맹 건설을 준비하였다. 양카이후이와 결혼하였다.

- 1921년 1월 1일~3일: 사회주의청년동맹 신년회를 개최하였다. 회의에서 신민회는 '중국과 세계의 변혁'을 공동의 목적으로 삼고 러시아 방식으로 중국을 변혁하기로 합의했다.

- 1921년 4월 2일: 쑨원은 광저우에서 중화민국 정부를 재건했다

- 1921년 7월 23일~8월 초: 허수헝과 함께 상하이에서 열린 중국 공산당 제1차 전국대표대회에 후난 대표로 참석했다.

- 1921년 8월: 창사로 돌아와 중국노동기구 사무국 후난지부장을 역임했다.

- 1921년 10월 10일: 중국 공산당 후난 지부가 설립되어 서기직을 맡았다.

- 1922년 5월: 중국 공산당 후난구 집행위원회가 설립되어 서기직을 맡았다.

- 1922년 9월~12월: 광동-한 철도 노동자, 안위안 도로 및 광산 노동자, 창사 진흙 및 목재 노동자의 일련의 파업을 조직하고 이끌었고 후난 노동운동을 빠르게 절정에 이르게 하였다.

- 1923년 4월: 중국 공산당 중앙위원회에서 일하기 위해 창사를 떠나 상하이에 도착하였다.

- 1923년 6월: 광저우에서 열린 중국 공산당 제3차 전국대표대회에 참석해 중앙집행위원, 중앙국 위원, 중앙국 서기를 역임했다.

- 1923년 9월 16일: 중국 공산당 중앙위원회의 결정에 따라 국민당 총무부 부주임 임보취(林博曲)의 위임을 받아 창사로 돌아와 후난성 건국을 준비했다. 국민당이 조직되었다.

- 1923년 12월: 업무 피로로 병에 걸려 요양을 위해 후난으로 돌아갔다.

- 1924년 2월: 소산으로 돌아오면서 병을 쾌유함과 동시에 농민 운동을 시작했다.

- 1924년 9일: 국민당 제2차 전국대표대회 준비에 참가하기 위해 광저우로 갔다.

- 1924년 10월: 국민당 중앙선전부 부장대리를 역임했다.

- 1924년 12월 1일: '중국 사회 계급 분석'이라는 기사를 발표하였다.

- 1924년 12월 5일: 국민당 중앙선전부 간행물 'Politics Weekly'가 발간되었다.

- 1925년 1월: 중국 국민당 제2차 전국대표대회에 참석해 중앙위원회 후임 집행위원으로 계속 선출됐다.

- 1925년 3월 18일: 광저우 국민당 정치 워크숍에서 열린 파리코뮌 55주년 기념대회에서 '파리코뮌 기념의 의의'라는 제목의 연설을 했다.

- 1925년 3월: 장제스는 광저우에서 중산선 사건을 일으켜 저우언라이 등과 함께 반격을 주장했다.

- 1925년 5월~9월: 국민당 제6차 농민운동 워크숍을 주최하고 책임자를 역임했다.

- 1925년 11월: 중국 공산당 농민운동위원회 서기로서 상하이로 갔다. 곧 우한으로 가서 국민당 중앙농민운동 워크숍을 하였다.

- 1925년 12월: 창사 후난성에서 열린 제1차 노동자 대회와 제1차 농민 대회에 참석했다.

- 1926년 겨울~1927년 봄: 『중국사회의 계급분석』, 『후난농민운동조사보고서』 등의 저서를 발표하여 중국 혁명에서 농민 문제의 중요한 위치를 지적하였다.

- 1927년 1월 4일~2월 5일: 후난성 샹탄, 샹샹, 헝산, 리링, 창사 5개 현의 농민운동을 시찰하였다.

- 1927년 3월: '후난성 농민운동에 대한 조사 보고서'를 발표했고, 우한에서 열린 국민당 제2중앙위원회 제3차 전체 회의에 참석하였다.

- 1927년 4월 12일: 장제스는 상하이에서 반혁명 쿠데타를 일으켰다.

- 1927년 4월 27일~5월 10일: 중국 공산당 제5차 전국 대표 대회에 참석하여 중앙집행위원회 후보위원으로 선출되었다.

- 1927년 7월 15일: 왕징웨이는 우한에서 반혁명 쿠데타를 일으켰고, 대혁명은 실패하였다.

- 1927년 8월 1일: 난창 봉기가 일어났다.

- 1927년 8월 7일: 중국 공산당 중앙위원회 긴급회의에서 "권력은 총구에서 얻는다."라는 사상을 제시하고 후난과 장시 국경으로 가서 추수 봉기를 이끌었다. 그 후 봉기군을 징강산으로 이끌고 농업혁명을 일으켜 최초의 농촌혁명기지를 세웠다.

- 1927년 9월 9일: 후난과 장시 국경에서 추수 봉기가 일어났다. 류양 장가방을 지나 장시 퉁구소가사 제3연대 본부로 가던 중 연대 방위국 칭샹팀에게 붙잡혀 재치 있게 탈출했다.

- 1927년 9일: 추수 봉기가 좌절된 후 봉기군을 이끌고 뤄 샤오산 중턱을 향해 진군했다.

- 1927년 10일: 장시성 닝강현 마오핑에 도착하여 징강산 혁명기지를 건설하기 시작했다.

- 1927년 11월: 중국 공산당 임시중앙위원회 정치국에 의해 부당하게 고발되어 정치국 후보위원 직위에서 해임되었다.

- 1928년 4월: 주덕(朱德)이 이끄는 봉기군과 합세하여 노농혁명군 제4군을 결성하고 당 대표와 전선 비서를 지내고 농촌에서 무장투쟁을 전개하여 도시를 농촌으로 포위하는 길을 만들고 마침내 도시와 국권을 장악하였다.

- 1928년 5월: 두 부대가 공동으로 조직한 로농혁명군 4군(후에 중국 적군으로 개명) 군사위원회 당 대표 겸 서기를 역임했다

- 1928년 7월: 중국 공산당 제6차 전국대표대회에서 중앙위원으로 선출됐다.

- 1928년 10월: 중국 공산당의 제2차 후난-장시 경계 대회 결의안 초안을 작성하여 '노동자와 농민의 무장 분리주의'라는 아이디어를 제안하였다.

- 1928년 11월 25일: 중국 공산당 제4홍군 전선위원회를 대신하여 중앙위원회에 보고서를 작성하여 노동자와 농민의 징강산 무장 분리주의 경험을 요약했다.

- 1928년 12월: 징강산 '토지법' 제정을 주재하였다.

- 1929년 1월: 주더와 진의는 제4홍군의 주력을 이끌고 장시 남부와 푸젠 서부로 진군했다.

- 1929년 1월 4일: 성국의 '토지법'의 제정을 주재했다.

- 1929년 6월: 룽옌에서 열린 중국 공산당 제4차 홍군 제7차 대회에 참석했는데 적군의 임무, 정치사업, 군사 사업에 대한 그의 올바른 의견이 받아들여지지 않고 다른 사람들이

책임을 졌다. 회담 후 제4홍군의 주요 영도직을 떠나 푸젠 서부로 가서 회복하고 현지 업무를 지도하였다.

- 1929년 6월 7일: 서복건에서 중국 공산당 제1차 대회 소집을 지도했다.

- 1929년 6월 9일: 중국 공산당 중앙위원회는 제4홍군 전선위원회에 지시 서한을 보내어 적군의 행동전략과 강력한 인민혁명군 건설에 관한 마오쩌둥의 정확한 명제를 확인했다.

- 1929년 6월 12일: 복건성 상항현 구텐촌에서 열린 중국 공산당 제4차 홍군 제9차 대회를 주재하고 회의에서 정치보고를 하고 회의 결의안 초안을 작성했다. 당위원회 서기로 재선되었다.

- 1930년 봄: 장시 남부와 푸젠 서부에 두 개의 혁명기지를 처음으로 세웠다.

- 1930년 5월: '소책자주의에 반대하여'라는 글을 썼고 "조사 없이는 말할 권리도 없다." 라는 유명한 주장을 내세웠다.

- 1930년 8월: 적전군총정치 위원과 중국 공산당 총전선적적위원회 서기를 역임했다. 홍군 제1전선군이 창설되어 1930년 말부터 주더와 함께 적전군을 이끌고 국민당군을 무찔렀다.

- 1930년 8월 9일: 중국 공산당 제6기 중앙위원회 제3차 전체회의에서 정치국 후보위원으로 선출되었다.

- 1930년 12월 30일~1931년 1월 3일: 주덕 등과 함께 홍전군을 지휘하여 국민당군의 제1차 '포위 진압'을 분쇄했다.

- 1931년 1월 7일: 중국 공산당 제6기 중앙위원회 제4차 확대회의가 상하이에서 개최되어 중국 공산당 중앙위원회 정치국 후보위원으로 선출에 불참했다.

- 1931년 4월~5월: 주덕 등과 함께 홍전군을 지휘하여 국민당군의 두 번째 포위를 분쇄했다.

- 1931년 7월~9월: 국민당군의 세 번째 포위가 무너졌다.

- 1931년 11월 1일~5일: 중앙 소비에트 지역에서 당 조직이 개최한 제1차 대회(장시 남부 회의)에서 편협한 경험주의, 부농 노선, 매우 심각한 일관된 권리라는 비난을 받았다.

- 1931년 11월: 중화소비에트 제1차 전국대표대회에서 보고하고, 중화소비에트공화국 중앙집행위원회 제1차 회의에서 인민위원회 주석과 주석으로 선출되었다.

- 1931년 11월 7일: 장시성 루이진에서 중화소비에트공화국 임시 중앙정부가 수립되었

고 11월 27일 중앙집행위원회 주석으로 선출되었다.

- 1932년 1월: 장시성 루이진 외곽에 있는 동화산 고대 사원에 갔다.

- 1932년 1월 3일: 적군은 간저우 공격에 실패한 후 회복을 멈추고 지휘를 위해 최전선으로 돌진하였다.

- 1932년 4월 15일: '대일 선전포고'가 발표되었다.

- 1932년 6월: 주덕과 함께 홍제1군과 홍제5군에게 복건 서부에서 장시 남부로 돌아가라고 명령했다.

- 1932년 6월 10일: 장시성 닝두에서 열린 중국 공산당 소비에트 지역 중앙국 회의에서 좌파의 잘못된 지도부에 의해 타격을 받았다. 회의 후 홍군 총정치위원직에서 해임되었고 회복을 위해 푸젠성 창팅으로 갔다.

- 1933년 1월: 중공중앙정치국 위원으로 보선되었다.

- 1933년 1월 말: 중국 공산당 중앙위원회 정치국은 중앙혁명기지로 옮겼다.

- 1933년 2월 초: 중국 공산당 임시중앙위원회는 전면적으로 '공세노선'을 실시하고 중앙기지에서 마오쩌둥의 능동방어선의 영향력을 제거하고 이른바 '나명노선'에 대항하는 투쟁을 시작했다.

- 1933년 10월: 농촌 계층을 분류하는 기준이 된 '농촌 계층 분석법'이라는 글을 썼다.

- 1933년 11월: 흥국현 창강향, 상항현, 채계향을 연속적으로 조사하고 『창강향 조사』와 『차이시향 조사』를 저술했다.

- 1934년 1월: 중국 공산당 제6기 중앙위원회 제5차 전체 회의에서 정치국 위원으로 선출됐다. 중국소비에트 제2차 전국대표대회에서 업무보고를 했다. 계속해서 중화소비에트 공화국 중앙집행위원회 위원장으로 선출된다.

- 1934년 10월 18일 저녁: 공안대를 이끌고 위도를 떠나 장정을 시작했다.

- 1934년 11월 말: 홍군은 상장 전투에서 막대한 손실을 입었다. 30일 군사위원회 제1야 전대와 함께 상장강을 건넜다.

- 1934년 12월 12일: 후난성 서부를 대신해 적이 약한 귀주성으로 진격한다.

- 1935년 1월: 중국 공산당 중앙정치국은 구이저우에서 확대회의를 열고 마오쩌둥을 대표로 하는 새로운 중앙정치국 상무위원으로 추대됐다.

- 1935년 3월: 저우언라이, 왕자샹과 함께 3인조 군 지휘부를 결성했다.

- 1935년 3월~5월: 저우언라이 등과 함께 홍군을 지휘하여 적수를 네 번 건너고 금사강을 교묘하게 건너며 비행으로 루딩교를 점령하여 전략적 전환에서 결정적인 승리를 거두었다.

- 1935년 6월: 적전군을 이끌고 쓰촨 서부의 적4전선군에 합류하였다.

- 1935년 10월 19일: 중국 노동자 농민 적군의 산시-간쑤 분견대를 이끌고 산시성 옌안 우치진으로 향했다. 적군은 대장정을 성공적으로 완수하였다.

- 1935년 12월: 산시성 북부 와야오바오에서 열린 중국 공산당 중앙정치국 회의에 참석했다 회의에서는 항일민족통일전선을 수립하기 위한 전략을 결정하였다.

- 1935년 12월 27일: 당 활동가 회의에서 항일제국주의 전략에 관한 보고를 하여 항일 민족통일전선의 전략과 정책을 설명하였다.

- 1935년 10월: 중국 공산당 중앙위원회와 제1홍군이 장정을 끝내기 위해 산시 북부에 도착했다.

- 1935년 12월: 반일민족통일전선정책을 밝힌 '항일 제국주의 전략론' 보고서를 작성하였다.

- 1936년 1월 25일: 저우언라이, 펑더화이 등 적군 장성 20명과 함께 '홍군이 반동에서 동북군과 합세할 용의가 있음을 동북군 전체 장군과 병사들에게 보내는 서한'을 공동으로 발표했다.

- 1936년 2월~5월: 펑더화이와 함께 홍군 주력을 이끌고 황하를 건넜다.

- 1936년 3월: 난징 당국에 내전을 중단하고 만장일치로 일본에 항거하라는 5가지 의견을 제시했다.

- 1936년 6월 1일: 주더와 함께 구국과 인민을 구하는 20가지 제안을 발표했다.

- 1936년 6월 12일: 주더와 '광둥사변'에 대한 지지를 표명 하고 항일 구국을 위한 8가지 강령을 제안하는 선언문을 발표했다.

- 1936년 7월~10월: 산시 북부 옌안에서 미국 언론인 스노우를 여러 차례 만나 중국 혁명과 노농적군에 대한 질문에 답하고 자신의 경험을 소개했다.

- 1936년 8월 10일: 중국 공산당 중앙위원회 정치국 회의에 참석하여 국민당과 공산당의 관계와 통일전선 문제에 대해 보고했다.

- 1936년 8월 25일: 일본에 대한 통일된 저항을 촉구하는 '중국 공산당이 중국 국민당에 보내는 편지'의 초안을 작성하였다.

- 1936년 10월: 붉은 군대의 3개 주요 부대가 힘을 합쳤다.

- 1936년 12월 7일: 중국 공산당 중앙위원회 혁명군사위원회 주석을 역임했다.

- 1936년 12월 12일: 장쉐량과 양후청은 시안에서 사변을 일으키고 장제스를 구금하였다. 마오쩌둥과 중국 공산당 중앙위원회는 당시 복잡한 정세를 분석하고 시안사변을 평화적으로 해결하는 정책을 결정하고 저우언라이 등을 시안으로 보내 협상에 참여하도록 했다.

- 1936년 12월: '중국 혁명 전쟁의 전략적 문제'를 썼다.

- 1937년 1월 13일: 중국 공산당 중앙위원회, 중앙군사위원회와 함께 옌안에 주둔.

- 1937년 2월 9일: 중국 공산당 중앙위원회 정치국 상무위원회 회의에 참석했다. 국민당은 5대 국가정책과 4대 보장을 내세웠다.

- 1937년 3월: 미국 언론인 스메들리를 만나 청일전쟁과 시안사변에 대한 질문에 답했다.

- 1937년 4월~7월: 항일군정 대학에서 변증법적 유물론을 가르쳤다.

- 1937년 5월: 중국 공산당 전국대표대회에서 '항일시대 중국 공산당의 사명'을 보고하고 인민을 항일로 끌어들이기 위한 투쟁을 하였다.

- 1937년 7월 7일: 마르코 폴로 다리 사건이 발발하고 전국적으로 항일전쟁이 시작되었다.

- 1937년 7월 23일: 『일본의 공세를 반대하기 위한 원칙, 대책 및 전망』을 발간하여 일본 전쟁에 단호히 저항하고 타협과 양보를 반대하는 원칙과 정책을 제시하였다.

- 1937년 여름: 항일전쟁이 시작된 후 중국 공산당 중앙위원회는 통일전선에서 자주독립의 원칙을 견지하고 대중동원에 힘쓰며 적진 뒤에서 유격전을 펼치고 많은 대군을 모았다.

- 1937년 8월 22일~25일: 산시 북부 뤄촨에서 열린 중국 공산당 중앙정치국 확대회의에 참석해 공동전선에서 자주독립의 원칙을 강조하고 자주산지 유격전의 전략적 방침을 명확히 했으며 서기를 역임했다.

- 1937년 8월 25일: 주덕, 저우언라이와 공동으로 적군을 국가혁명군 팔로군으로 개편하라는 명령을 내리고 팔로군을 항일전쟁의 최전선으로 가라고 지시했다.

- 1937년 11월 12일: 연안당 활동가 회의에서 '상하이 타이위안 함락 이후 항일전쟁의 정세와 과제'를 보고하였다,

- 1937년 12월: 중국 공산당 중앙정치국 회의에 참석하여 왕명(王明)의 우익 투항 사상에 대응하여 뤄촨 회의에서 결정된 원칙과 정책을 되풀이하고 준수하는 연설을 했다.

- 1938년 봄: 팔로군은 유격전을 수행하기 위해 중국 북부 산지에서 평원으로 진입하기로 결정하였다.

- 1938년 5월 26일~6월 3일: 옌안항일전쟁연구회에서 '장기전쟁론'이라는 주제로 강연하였다.

- 1938년 9월 14일~27일: 중국 공산당 중앙정치국 회의에 참석하여 긴 연설을 했다.

- 1938년 9월 29일~11월 6일: 중국 공산당 확대 제6기 중앙위원회 제6차 전체회의에서 마오쩌둥이 이끄는 정치국 노선을 승인했다.

- 1938년 10월: 확대된 중국 공산당 제6기 중앙위원회 제6차 전체 회의에서 '마르크스주의의 중국화'라는 지도원칙이 제시되었다. 항일전쟁 중에 『장기전론』, 『공산주의 입문서』, 『신민주주의론』과 같은 중요한 저작을 발표했다.

- 1939년 2월 2일: 옌안에서 열린 당·정·군 생산동원회의에서 연설을 하면서 경제난 극복을 위한 자신의 노력을 촉구했다.

- 1939년 2월 5일: 중국 공산당 중앙위원회 당교에서 '항복주의 반대'에 대해 연설했다.

- 1939년 5월 4일: 5.4운동 20주년 옌안 청년기념대회에서 '청년운동의 방향'을 주제로 연설하였다.

- 1939년 7월~8월: 반공산주의 마찰을 야기한 국민당의 완고한 자들을 비난하고 저항 전쟁에서 지속적인 단결을 촉구하는 여러 보고서를 작성하였다.

- 1939년 12월 1일: 중국 공산당 중앙위원회는 다수의 지식인을 흡수할 것에 대한 결정 초안을 작성했다.

- 1939년 12월~이듬해 3월: 국민당 완강파의 첫 반공 절정을 물리쳤다.

- 1940년 1월: 신민주혁명의 이론과 강령을 체계적으로 논의한 『신민주주의론』이 발간되었다.

- 1940년 3월 6일: 중국 공산당 중앙위원회는 항일 기지 지역의 정치권력 문제에 관한 지침 초안을 작성하였다.

- 1940년 5월 4일: 중국 공산당 중앙위원회에서 동남부와 신4군에 보내는 지시문 초안을 작성하여 반공산주의자들의 공격에 저항하기 위해 군대 확장을 포기해야 한다고 강조하

였다.

- 1940년 6월 말: 중국 공산당 중앙위원회 정치국 회의에서 국제정세와 그것이 중국의 저항 전쟁에 미치는 영향을 분석하는 보고서를 작성하였다.

- 1940년 12월: 중앙당학교에서 공부하기 위해 전선에서 돌아온 동지들과 이야기를 나누면서 간부들이 마르크스–레닌주의에 숙달되는 것의 중요성을 강조하였다.

- 1941년 1월 초: 안휘 남방사변이 일어났다.

- 1941년 1월 20일: 중국 공산당 중앙군사위원회에 신4군 사령부를 재건하라는 명령 초안을 작성하였다.

- 1941년 5월 1일: 중국 공산당 중앙위원회 정치국이 검토, 재작성 및 승인한 '산시–간쑤–닝샤 국경 지역 정부 강령'이 발표되었다.

- 1941년 9월 26일: 중국 공산당 중앙위원회는 마오쩌둥을 지도자로 하는 중앙연구반을 설립했다.

- 1942년 2월 8일: 중국 공산당 중앙선전부가 소집한 간부회의에서 '반대당의 고정관념'에 대해 연설했다.

- 1942년 2월: 바로잡기 운동을 전개하고 주관주의와 분파주의를 바로잡았다.

- 1942년 5월: 옌안문학예술인 심포지엄에서 연설 및 결론을 맺었다.

- 1942년 9월 7일: 신문 사설에서 군대 간소화와 행정 간소화가 매우 중요한 정책이라고 논의하였다.

- 1943년 3월 20일: 중앙정치국 회의에서 중앙정치국 주석과 중앙서기국 주석으로 추정되었다.

- 1943년 5월: 기지 지역의 군대와 민간인을 이끌고 생산 캠페인을 수행했으며 심각한 경제적 어려움을 극복하였다.

- 1943년 5월 26일: 중국 공산당 중앙위원회 서기국이 개최한 간부회의에서 '공산주의 해산에 관한 보고'를 발표했다.

- 1943년 6월 1일: 중국 공산당 중앙위원회의 지도 방식에 관한 결정 초안을 작성했다.

- 1944년 4월 12일과 5월 20일: 중국 공산당 서북국 고위간부회의와 중앙당학교 제1부에서 연구와 정세에 대한 강의를 하였다.

- 1944년 5월 21일: 중국 공산당 제6기 중앙위원회 제7차 전체회의에서 중앙위원회 주석과 제7중전회의 국장으로 선출되었다.

- 1944년 6월 5일: 중국 공산당 제6기 중앙위원회 제7차 전체회의에서 초안 '도시 건설에 관한 중국 공산당 중앙위원회 지침'이 토의 및 승인되었다.

- 1944년 10월 31일: 중국 공산당 제6기 중앙위원회 제7차 전체회의 상임위원회 회의를 주재하고, 왕전과 왕수도를 파견해 남방군을 이끌고 기지를 건설하기로 결정했다.

- 1944년 11월: 저우언라이와 루즈벨트 미국 대통령의 개인 대표인 헐리는 국민당과 공산당의 관계에 대해 여러 차례 회담을 갖고 5개 조항 초안에 도달하였다. 이 계약 초안은 장제스에 의해 거부되었다.

- 1945년 4월 20일: 중국 공산당 제6기 중앙위원회 제7차 전체회의 마지막 회의에 참석하여 '특정 역사 문제에 대한 결의안'을 기본적으로 통과시켰다.

- 1945년 4월 23일~6월 11일: 중국 공산당 제7차 전국대표대회를 주재하고 마오쩌둥 사상을 전당의 모든 사업의 지침으로 삼기로 결정했다.

- 1945년 6월 19일: 중국 공산당 제7기 1중전회에서 중앙위원회 주석으로 선출되었다.

- 1945년 7월: 추푸청 황옌페이 전국정치위원 등 6명과 함께 국민당과 공산당의 관계에 대한 회담을 가졌다.

- 1945년 8월 9일: '일본침략과의 마지막 전투'라는 성명이 발표되었다.

- 1945년 8월 13일: '항일전쟁 승리 이후의 정세와 우리의 정책'이라는 제목의 연설을 하고, 국내 평화와 민주화를 위해 분투하는 국민당의 일점일획 투쟁과 보복 정책을 제시했다.

- 1945년 8월 28일: 장제스와의 평화회담을 위해 충칭으로 갔다.

- 1945년 9월 2일: 일본 정부는 공식적으로 항복문서에 서명했다. 중국의 항일전쟁이 승리로 끝났다.

- 1945년 10월 10일: 충칭에서 중앙정부와 중국 공산당 대표 회의록이 서명되었다.

- 1945년 10월 17일: 옌안 간부 회의에서 충칭 협상에 대해 보고하였다.

- 1945년 12월 28일: '견고한 동북부 기지 건설 지침'의 초안을 작성하였다.

- 1946년 6월 26일: 국민당군이 중원해방구를 공격하여 본격적인 내전이 발발하였다.

- 1946년 7월 4일: 남부전선 야전군은 내부에서 승리를 거둔 후 외부로 이동한다는 전략적 결정을 내렸다.

- 1946년 7월 20일: 자위전쟁으로 장제스의 공격을 격파한다는 당내 지시 초안을 작성했다.

- 1946년 여름: 장제스가 본격적인 내전을 일으킨 후, 마오쩌둥, 주덕, 저우언라이는 중국 인민해방군을 이끌고 능동적 방어를 펼치고 우월한 병력을 집중시켜 하나씩 전멸시켰다.

- 1946년 8월 6일: 미국 언론인 스트롱을 만나 '모든 반동분자들은 종이호랑이'라는 유명한 주장을 내세웠다.

- 1946년 9월 16일: 중국 공산당 중앙군사위원회를 위해 '우세한 군대를 집중시키고 개별적으로 적을 섬멸하라'라는 지시의 초안을 작성하였다.

- 1946년 10월 1일: 3개월 전쟁의 경험을 요약한 중국 공산당 중앙위원회를 위한 당내 지침의 초안을 작성하였다.

- 1946년 11월 18일: 중국 공산당 중앙위원회의 당 지시 초안에서 '인민해방전쟁'이라는 명칭이 처음으로 사용되었다.

- 1947년 3월 18일: 중국 공산당 중앙위원회와 인민해방군 사령부를 이끌고 옌안에서 철수하고 산시 북부에서 1년간의 전투를 시작했다.

- 1947년 3월~8월: 서북 야전군을 이끌고 청화변, 양마하, 반룡, 사가전 전투에서 잇달아 승리를 거두었고 산시 북부 해방 지역에 대한 국민당의 핵심 공격을 분쇄하였다.

- 1947년 3월~1948년 3월: 저우언라이, 런비시(仁+石)와 함께 서북 전장과 민족 해방 전쟁을 지휘하기 위해 북부 산시(陝西)로 이동했다.

- 1947년 7월 21일~23일: 중국 공산당 중앙위원회는 북부 산시성 징볜현 샤오허촌에서 개최되어 장제스의 투쟁을 5년(1946년 7월부터)에 해결하자는 구상을 제시하였다. 이를 전후로 류덩, 천소, 천시에 삼군이 배치되어 황하를 건너 전략적 공세로 전환했다.

- 1947년 여름: 중국인민해방군은 전략방위에서 전략 공세로 전환하여 당중앙위원회의 영도하에 요선, 회해, 평진의 3대 전투를 거쳐 국민당 정부를 전복시켰다.

- 1947년 10월: '중국인민해방군 선언'이 작성되었고 "장제스를 타도하고 중국 전체를 해방하자."라는 슬로건이 제시되었다.

- 1947년 11월: 1933년 초안인 '계급분할방법'과 '토지투쟁의 일부 문제에 대한 결단'을

전당에 복권하여 해방지토 농지개혁운동의 올바른 발전을 지도하였다.

- 1947년 12월 25일~28일: 중국 공산당 중앙위원회는 북부 산시(陝西) 미즈현 양자거우(楊家口)에서 개최되어 '현 상황과 우리의 임무'라는 서면 보고서를 회의에 제출했다.

- 1948년 1월 18일: 중국 공산당 중앙위원회의 '당 정책에 관한 몇 가지 중요한 문제'에 대한 결정 초안을 작성하였다.

- 1948년 3월 23일: 북부 산시성 전쟁이 끝났고 황하가 동쪽으로 중국 북방 해방구로 넘어갔다.

- 1948년 4월 1일: 산시성 싱현에서 열린 채가야 진수이 간부회의에서 중요한 연설을 하여 당의 새로운 민주혁명과 농지개혁 총노선을 명확히 했다.

- 1948년 4월 30일~5월 7일: 허베이(河北)성 푸핑(福平)현 청난좡(成南莊)에서 열린 중국 공산당 중앙서기국 확대회의를 주재하고 국민당이 장악한 지역에 대한 전쟁을 이끌어가는 데 대한 몇 가지 의견을 제시했다.

- 1948년 5월 1일: 리지선(李濟深)과 션루쥔(沈儒口)에게 편지를 보내 민주 연합 정부를 수립하고 새로운 정치 협상 회의를 먼저 개최할 것을 제안하였다.

- 1948년 5월 27일: 중국 공산당 중앙업무위원회가 있는 허베이성 핑산현 시바이포촌에 도착했다.

- 1948년 9월 8일~13일: 시바이포에서 중국 공산당 중앙정치국 회의를 주최하고 전쟁, 건국, 재정경제 등 문제에 대해 중요한 보고를 했다.

- 1948년 9월~이듬해 1월: 요선(遼興)·회해(淮海)·평진(平晉)의 3대 전략 결전을 편성·지휘하여 양쯔강 이북에서 국민당군 주력을 집결시켜 섬멸했다.

- 1948년 12월 30일: 신화사에 1949년 신년사 "혁명을 끝까지 수행하라."라고 썼다.

- 1949년 3월 3일: 중국 공산당 제7기 중앙위원회 2차 전체회의를 주재하고, 당의 업무 초점 전환을 실현하고, 국가적 승리를 달성하고, 새로운 중국을 건설하기 위한 지침과 기본 정책을 제안하였다.

- 1949년 3월 25일: 중국 공산당 중앙위원회와 인민해방군 사령부를 이끌고 북평에 주둔했다.

- 1949년 4월: 도하전투를 벌였다.

- 1949년 4월 21일: 난징 정부가 국내 평화 협정 수락을 거부하자 주더와 공동으로 '대국

행진 명령'을 발표하였다.

- 1949년 4월 23일: 인민해방군은 난징을 점령하였다.

- 1949년 6월 15일~19일: 신정협의체 준비회의 1차 전체회의에 참석하여 개회식 연설을 하였다.

- 1949년 6월 30일: 『인민민주독재에 대하여』를 발간하여 인민공화국 체제의 성격과 기본적인 대내외 정책을 규정하였다.

- 1949년 9월 21일~30일: 중국인민정치협상회의 제1차 전체회의에 참석하여 개회사를 하고 중앙인민정부 주석으로 선출되었다.

- 1949년 10월 1일: 중화인민공화국이 수립되고 중앙인민정부 주석으로 선출되었다.

- 1949년 12월 16일: 모스크바에 도착하여 처음으로 소련을 방문하였다.

- 1950년 6월 6일~9일: 중국 공산당 제7기 중앙위원회 제3차 전체회의를 주재하고 '국가 재정 및 경제 상황의 근본적인 개선을 위한 투쟁'에 대한 서면 보고서를 제출하고 연설을 했다.

- 1950년 6월 28일: 중앙인민정부 제8차 회의가 주재되어 '중화인민공화국 농지개혁법'이 통과되었다.

- 1950년 10월 초: 중국 공산당 중앙위원회 정치국 회의를 주재하고 미국의 침략에 저항하고 북한을 돕고, 국가를 방어할 것을 결정하는 항미원조전쟁을 결정했다.

- 1950년 10월 8일: 중국인민지원군 편성 명령이 내려져 즉시 북조선에 파견되어 조선 인민을 돕도록 하고 펑더화이를 지원군 사령관 겸 정치위원으로 임명했다.

- 1950년 10월 이후: 반혁명운동 진압을 시작하고 주도하였다.

- 1950년 2월 14일: 중국과 소련은 '중소우호동맹상호원조조약'을 체결했다.

- 1950년 12월~1951년 초: 티베트의 평화로운 해방을 위한 구체적인 준비가 이루어졌다.

- 1951년 2월: 중국 공산당 중앙정치국 확대회의에서 '3개년 준비와 10개년 계획경제건설'이라는 구상이 제시됐다.

- 1951년 5월 24일: '티베트의 평화적 해방을 위한 조치에 관한 협정' 조인식을 축하하는 만찬이 열렸다. 이로써 중국 전체 영토가 해방되었다.

- 1951년 10월 12일: 『마오쩌둥 선집』 제1권이 출판되었다. 2권과 3권은 각각 1952년

4월과 1953년 4월에 출판되었다.

- 1951년 12월: 부패, 낭비, 관료주의 뇌물 수수, 탈세, 절도에 반대하는 '삼반' 캠페인을 시작하였다.

- 1952년 1월: 정협 전국위원회 상무위원회를 주재하고 '각계 인민의 사상개조를 위한 연구운동을 전개하기 위한 결정'을 통과시켰다.

- 1952년 1월 26일: 중국 공산당 중앙위원회를 위해 '5가지 안티(뇌물 수수, 탈세, 국유 재산 절도, 엄격하지 않음, 국가 경제 정보 도용 방지)' 캠페인을 시작하기 위한 지침의 초안을 작성하였다.

- 1952년 4월 6일: 중국 공산당 중앙위원회를 위한 '티베트 노동 정책 지침' 초안을 작성하였다.

- 1953년 6월: 중국 공산당 중앙위원회는 전환기 당의 총노선을 발표하고 사회주의적 공업화와 생산수단의 사회주의적 전환을 체계적으로 추진하기 시작했다.

- 1952년 8월 9일: '중화인민공화국 민족자치 실시 개요'가 발표되었다.

- 1952년 9월: 과도기에 대한 전반적인 노선이 구상되기 시작하였다.

- 1953년 1월 13일: 중화인민공화국 헌법 초안위원회가 설립되어 위원장을 맡았다.

- 1953년 3월 26일: 중국 공산당 중앙위원회는 한족 배타주의 이데올로기를 반대하는 지침 초안을 작성하였다.

- 1953년 6월 15일: 중국 공산당 중앙위원회 정치국 회의에서 연설했고, 과도기 당의 총노선에 대해 비교적 완전한 성명을 발표했다.

- 1953년 7월 27일: 판문점에서 한국의 정전협정이 공식적으로 조인되었다.

- 1953년 9월 7일: 일부 민주당 및 경제계 대표들과 회담을 갖고 국가자본주의만이 자본주의 산업과 상업을 변혁할 수 있는 유일한 방법이라고 지적했다.

- 1953년 10월 15일과 11월 4일: 중국 공산당 중앙위원회 농촌사업부장과 두 차례 회담을 가졌다.

- 1954년 1월: 항저우에서 중화인민공화국 헌법 초안 작성을 주재하기 시작했다.

- 1954년 3월 23일: 헌법초안위원회 제1차 회의를 주재하고 중화인민공화국 헌법 초안을 제안했다.

- 1954년 9월 15일~28일: 전국인민대표대회 제1차 전체회의에 참석하여 '사회주의 대국

건설을 위해 분투하라'라는 개회사를 하고 중화인민공화국 주석으로 선출되었다.

- 1954년 9월: 제1회 전국인민대표대회 제1차 회의에서 그가 초안한 '중화인민공화국 헌법'을 통과시켰고 이 회의에서 중화인민공화국 초대 주석으로 선출되어 1959년까지 재직했다.

- 1954년 10월 16일: 중국 공산당 중앙정치국 및 관련 동지들에게 '붉은 저택의 꿈 연구 문제에 관한 편지'를 썼다.

- 1954년 10월 19일: 네루 인도 총리와의 대화에서 평화적 공존의 5대 원칙을 모든 국가 관계로 확대해야 한다고 제안하였다.

- 1955년 5월 12일: 최고국무회의에서 반혁명분자들을 제거하는 정책이 제안되었다.

- 1955년 6월 9일: 천안문 광장의 인민 영웅 기념비에 "인민 영웅은 영원히 살 것이다."라는 비문을 썼다.

- 1955년 7월 31일: 중국 공산당 중앙위원회가 소집한 성, 시, 자치구 당위원회 서기 회의에서 '농업협동조합 문제에 관하여' 보고를 했다.

- 1955년 9월~12월: '중국 농촌의 사회주의 봉기'의 편집을 주재하고 2개의 서문과 104개의 주석을 썼다.

- 1955년 10월 4일~11일: 중국 공산당 제7기 중앙위원회 제6차 전체회의를 주재하고 '농업협동조합문제결의'를 통과시켰다.

- 1955년 10월 29일: 중국전국공상연합회 집행위원들이 초청되어 민영공업의 사회주의 변혁을 토의했다.

- 1955년 12월 16일: 중앙위원회 지적 문제지시 초안을 수정하여 지식인을 대량으로 양성하고 고위급 지식인을 당으로 흡수하는데 주의를 기울일 것을 제안하였다.

- 1956년 1월 20일: 중국 공산당 중앙위원회가 개최한 지식인 회의에서 전당이 과학 지식을 연구하고 비당 지식인과 단결하며 세계 선진을 빠르게 따라잡도록 노력할 것을 촉구하는 연설을 하였다.

- 1956년 1월 25일: 최고국무원 의장을 맡아 '1956년~1967년 국가농업발전계획(초안, 40개 조항)'을 공식적으로 논의하고 승인했다.

- 1956년 2월~3월: 34개 중앙 작업 부서의 보고를 차례로 듣고 경제건설 문제에 대한 체계적 조사와 연구를 진행했다.

- 1956년 4월 초: 프롤레타리아트 독재의 역사적 경험에 대하여 재검토 및 수정되었다.

- 1956년 4월 25일: 중국 공산당 중앙정치국 확대회의에서 '10대 관계에 관하여'에 대해 보고했다.

- 1956년 8월 22일: 중국 공산당 제7기 중앙위원회 제7차 전체회의를 주재하고 두 가지 업무 우선순위를 제시했는데 하나는 사회주의 변혁이고 다른 하나는 경제 건설이다.

- 1956년 9월 15일~27일: 중국 공산당 제8차 전국대표대회를 개최하고 개회사를 하였다. 제8차 당대회에서는 경제건설 강화의 중요성이 다시 강조되었다.

- 1956년 9월 28일: 중국 공산당 제8기 중앙위원회 제1차 전체회의에서 중앙위원회 주석으로 선출되었다.

- 1956년 11월 15일: 중국 공산당 제8기 중앙위원회 2차 전체회의에서 연설했다.

- 1957년 2월 27일: '인민의 문제를 바르게 처리하라'라는 연설을 하고 두 종류의 모순론을 제시했다.

- 1957년 3월 12일: 중국 공산당 전국선전사업대회에서 연설하고 당내 수정의 시작을 선언했다.

- 1957년 4월 30일: 다양한 민주당 지도자들이 토론에 초대되어 공산당이 운동을 바로잡도록 도와달라고 요청하였다.

- 1957년 5월 15일: '세상이 변하고 있다'라는 글을 쓰고 반우익투쟁을 벌여 확대의 중대한 실수를 저질렀다.

- 1957년 7월: "중앙집권과 민주주의, 규율과 자유, 의지의 통일성, 개인의 안위와 활력이 조화되는 정치정세를 조성하자."라고 제안하였다.

- 1957년 9월 20일~10월 9일: 중국 공산당 제8기 중앙위원회 제3차 전체회의를 주재했으며, 회의에서 제8차 국민회의 결의안에서 중국 사회의 주요 모순을 논의하는 데 이의를 제기했다.

- 1957년 10월 11일: 중국 당과 정부 대표단을 이끌고 소련을 방문하고, 10월 혁명 40주년 경축 행사 에 참석하고, 공산당과 노동당 대표 회의에 참석했다.

- 1958년 1월: 중국 공산당 중앙위원회 난닝회의를 주최하고 '작업방식 60조(초안)'의 초안을 작성했다.

- 1958년 3월: 중국 공산당 중앙위원회 청두회의를 개최했다.

- 1958년 5월: 대약진운동과 농촌인민공사운동이 시작되었다.

- 1958년 5월 5일~23일: 중국 공산당 제8차 전국대표대회 2차 회의가 개최되었다. 회의는 8차 전국대표대회 1차 회의의 관련 결론을 변경하여 두 계급과 두 길 사이의 투쟁이 여전히 국가의 주요 모순이라고 주장하였다.

- 1958년 7월 31일~8월 3일: 방한한 소련 측의 합동함대 창설과 중국의 자주권을 침해하는 장파방송국의 제안을 거부한 소련 측 중앙위원회 제1서기 흐루쇼프와 회담을 가졌다.

- 1958년 7월~8월: 진먼 포격을 전개한다.

- 1958년 8월 6일: 허난성 신샹시 치리잉 인민공사를 시찰했다.

- 1958년 8월 17일~30일: 중국 공산당 중앙정치국 확대회의가 베이다이허에서 개최되어 '농촌인민공사 설립에 관한 결의'가 통과되었다.

- 1958년 11월 2일~10일: 제1차 정저우 회의를 주재하고 '대약진과 인민공사 운동의 좌파' 오류를 수정하기 시작하였다. 회의 중에 현급 이상의 당위원회에 편지를 써서 '소련 사회주의 경제의 문제'와 '공산주의 사회에 관한 마르크스 엥겔스'를 연구하도록 요청하였다.

- 1958년 11월 28일~12월 10일: 중국 공산당 제8기 중앙위원회 제6차 전체회의가 우창에서 개최되어 '인민공사에 관한 몇 가지 문제에 대한 결의'가 통과되었다.

- 1959년 2월 27일~3월 5일: 제2차 정저우 회의를 주재했다.

- 1959년 3월 25일~4월 5일: 중국 공산당 중앙정치국 확대회의와 제8기 중앙위원회 제7중전회를 상하이에서 소집했다.

- 1959년 4월: 제2차 전국인민대표대회 1차 회의에서 마오쩌둥이 더 이상 국가 주석직을 맡지 않고 류사오치가 주석직을 맡는 결의안을 통과시켰다.

- 1959년 6월 25일~28일: 고향 샤오산으로 돌아갔다.

- 1959년 7월 2일~8월 16일: 루산에서 중공중앙정치국 확대회의와 제8기 중앙위원회 제8중전회가 개최되었다. 전체 회의에서 실수로 펑더화이 등에 대한 비판을 했다.

- 1959년 8월 24일: 악에서 선으로 변한 전범 집단을 사면하자는 제안이 나왔다.

- 1959년 9월 17일: 중국 공산당 중앙위원회는 '참으로 참회하는 우파의 모자를 사면하라는 지시'를 발표했다.

- 1959년 12월 10일~이듬해 2월 9일: 항저우 상하이 광저우에서 진보다 후성 덩리춘 천

가영과 함께 독서 모임을 조직하였다.

- 1960년 3월: 광저우에서 『마오쩌둥 선집』 제4권이 완성되어 9월에 출판되었다.

- 1960년 3월 30일: 중국 공산당 중앙위원회를 위한 '관료주의 퇴치 지침'의 초안을 작성하였다.

- 1960년 6월 14일~18일: 상하이에서 열린 중국 공산당 중앙정치국 확대회의를 주재하고 '10년 요약'이라는 기사를 작성하였다.

- 1960년 7월 5일~8월 10일: 북대하에서 열린 중국 공산당 중앙위원회 업무회의를 주재하여 국제 문제와 국내 경제 조정 문제를 연구했다.

- 1960년 11월 15일: 중국 공산당 중앙위원회를 위해 '오풍(공산식, 과장식, 지휘식, 간부특화식, 맹지식)' 문제를 철저히 시정하기 위한 지침의 초안을 작성하였다.

- 1960년 겨울~1965년 초: 중국 공산당 중앙위원회의 영도하에 국가 경제를 위해 '조정, 공고화, 풍부화, 개선' 정책이 실시되었고, '대약진'과 인민공사 운동의 실수는 예비적으로 시정되었다.

- 1961년 1월 14일~18일: 중국 공산당 제8기 중앙위원회 제9차 전체 회의를 주재하며 조사와 연구의 대대적인 추진을 촉구했다.

- 1961년 5월 21일~6월 12일: 중국 공산당 중앙위원회 업무회의를 주재하여 '농촌 인민공사 업무조례(초안)'를 토의하고 개정했다.

- 1961년 8월 23일~9월 16일: 중국 공산당 중앙위원회는 산업, 식품, 금융 및 무역, 교육 등의 문제를 논의하기 위해 루산에서 작업 회의를 개최하였다.

- 1961년 9월 29일: 농촌 인민공사의 기본 회계 단위를 생산팀에 위임했다.

- 1962년 1월 11일~2월 7일: 중국 공산당 확대 중앙공작회의(칠천인대회)를 주재하고 민주집중제 문제에 대해 중요한 연설을 했다.

- 1962년 7월~9월: 중국 공산당 중앙위원회 업무회의와 제8기 중앙위원회 10차 전체회의가 베이다이허와 베이징에서 연달아 열리며 계급투쟁이 사회주의 사회의 주요 모순이라는 잘못된 논제를 더욱 발전시켰다.

- 1963년 2월 11일~28일: 중국 공산당 중앙위원회는 실무회의를 열고 농촌에서는 '4청정' 운동을 도시에서는 '5반' 운동을 전개하기로 결정했다.

- 1963년 3월 5일: 항저우에서 '현 농촌 사업에 관한 몇 가지 문제에 대한 중국 공산당 중

앙위원회의 결정(초안)'을 공식화하였다.

- 1964년 2월 13일: 교육제도 개혁 아이디어를 제안하기 위해 교육사업 심포지엄이 소집되었다.

- 1963년 6월 15일~16일: 베이징과 지난 군사 훈련을 관람했다.

- 1963년 6월 16일: 베이징 명릉에서 열린 소집회에서 프롤레타리아 혁명 위업의 후계자 양성에 관한 연설을 했다.

- 1963년 6월: 문예 지시를 내리자 문예계는 사상의 다른 영역으로까지 확대돼 과도한 정치비판을 자행했다.

- 1963년 10월 16일: 중국 최초의 원자폭탄이 성공적으로 터졌다.

- 1963년 12월 15일~28일: 중앙실무회의를 주재하여 농촌사회주의 교육운동에서 현재 제기된 몇 가지 문제들을 토의 및 공식화하고 좌파를 부분적으로 수정하였다.

- 1963년~1965년: 농촌과 도시에서 사회주의 교육 운동을 시작했다.

- 1965년 5월 22일~29일: 징강산으로 돌아간다.

- 1963년 7월 27일: 전 국민당 정부 주석 권한대행 리종런(李宗人)과 해외에서 귀국한 부인을 만났다.

- 1966년 3월 12일: 류사오치에게 편지를 보내 '전쟁과 인민을 위한 기근에 대비하라'고 제안했다.

- 1966년 5월: 국내 계급투쟁 상황에 대한 극단적인 판단으로 문화 대혁명 운동을 일으켰다. 10년 동안 중국의 많은 측면이 심각하게 손상되고 손실되었다.

- 1966년 5월 16일: 중국 공산당 중앙정치국 확대회의에서 마오쩌둥이 제정한 '중국 공산당 중앙위원회 통지'를 통과시켜 정세를 심각하게 오판했다.

- 1966년 8월 1일~12일: 중국 공산당 제8기 중앙위원회 제11차 전체회의를 주재하고 '프롤레타리아 문화대혁명에 관한 결정'을 통과시켰다.

- 1966년 8월 18일~11월 26일: 베이징에서 전국 각지에서 모인 교사, 학생, 홍위병과 여덟 번 만났다.

- 1967년 1월: 상하이의 '1월 혁명'에 대한 지지를 표명하였다. 이후 전국적으로 권력 장악의 바람이 불고 있다.

- 1967년 1월 23일: '혁명적 좌파 대중을 단호히 지지하기로 한 중국인민해방군의 결정'이 발표되었다.

- 1967년 6월 17일: 중국 최초의 수소폭탄이 성공적으로 폭발했다.

- 1967년 7월~9월: 중국 북부, 중남부, 동부를 시찰하면서 '혁명의 위대한 단결 실현'을 촉구하고 간부들을 올바르게 대하라고 지적하였다.

- 1967년 8월 말: 중앙문화대혁명그룹의 왕리와 관펑이 검역심사를 받았다.

- 1968년 1월 16일: 소위 '우하오 등이 공산당을 떠나는 통지'와 장칭 등이 보낸 기타 자료에 대해 중요한 지시를 내렸다.

- 1968년 10월 13일~31일: 중국 공산당 제8기 중앙위원회 제12차 전체회의를 주최했고, 극도로 비정상적인 상황에서 잘못된 결정을 내려 류사오치를 모함하고 그를 당에서 제명하였다.

- 1969년 4월 1일~24일: 중국 공산당 제9차 전국대표대회를 주재하고 문화대혁명의 잘못된 이론과 실천을 승인하고 당헌에서 린뱌오를 후계자로 지명하였다.

- 1969년 4월 28일: 중국 공산당 제9기 중앙위원회 제1차 전체회의에서 중앙위원회 주석으로 재선출되었다.

- 1970년 4월 24일: 중국 최초의 인공 지구 위성이 성공적으로 발사되었다.

- 1970년 5월 20일: "세계 인민이 단결하여 미국 침략자들과 그 추종자들을 물리쳐라."라고 하였다.

- 1971년 8월~9월: 남부를 여행하는 동안 린뱌오의 음모를 폭로하기 위해 현지 당, 정부 및 군대 지도자들과 많은 대화를 나누었다.

- 1971년 9월 12일: 베이징으로 돌아와 린뱌오 파벌의 반혁명 무장 쿠데타 음모를 분쇄하였다.

- 1971년 9월 13일: 저우언라이 등은 린뱌오의 탈북을 단호하게 처리했다.

- 1971년 10월 25일: 제26차 유엔 총회는 유엔에서 중화인민공화국의 모든 법적 권리를 회복하고 장제스 파벌 대표를 추방하는 결의안을 압도적인 표차로 통과시켰다.

- 1972년 2월 21일: 중국을 방문한 닉슨 미국 대통령을 만났다.

- 1972년 2월 28일: 중국과 미국은 상하이에서 공동성명을 발표하고 중미 관계 정상화를 결의했다.

- 1972년 9월 27일: 다나카 가쿠에이 일본 총리를 만났다.

- 1972년 9월 29일: 중일 국교 정상화와 국교 정상화를 선언하는 공동성명을 발표했다.

- 1973년 3월: 덩샤오핑의 국무원 부총리 직위를 복원하자는 제안이 나왔다.

- 1973년 8월 24일~28일: 중국 공산당 제10차 전국대표대회를 주재하여 구세대 프롤레타리아트 혁명가들이 중앙위원회에 재진입할 수 있도록 허용했지만 동시에 장칭그룹의 권력도 무너졌다.

- 1973년 8월 30일: 중국 공산당 중앙위원회 10기 1차 전체회의에서 중앙위원회 주석으로 선출되었다.

- 1973년 8월 30일 12월: 덩샤오핑은 중국 공산당 중앙위원회 정치국 위원 겸 인민해방군 참모총장직을 제의받았다.

- 1974년 1월 18일: '임표와 공자 비판' 캠페인이 시작되었다.

- 1974년 2월 22일: 카운다 잠비아 대통령을 만나 대화 중에 '3개의 세계'라는 아이디어를 제안하였다.

- 1974년 7월 17일: CPC 중앙위원회 정치국 회의에서 왕훙원, 장춘차오, 장칭, 야오원위안이 폭력단 활동에 참여했다고 비판하면서 처음으로 '4인방' 문제를 제기했다.

- 1974년 9월 29일: 중국 공산당 중앙위원회는 마오쩌둥의 승인을 받아 허룽을 복권시켰다.

- 1974년 10월 4일: 덩샤오핑이 국무원 제1부총리로 제의되었다.

- 1974년 11월 12일: 장칭의 편지에 지시를 내려 그녀의 '내각 구성' 야망을 비판하고 내각을 구성하지 말 것을 분명히 지시했다.

- 1975년 1월 13일~17일: 제4차 전국인민대표대회 제1차 회의가 베이징에서 개최되어 금세기 4대 현대화의 실현을 재확인하고 주덕을 주석으로 하는 전국인민대표대회 상무위원을 선출했다.

- 1975년 2월: 마오쩌둥의 지원으로 덩샤오핑은 철도와 교육의 조정과 수정을 주도하기 시작했다.

- 1975년 5월 3일: 중국 공산당 중앙위원회 정치국 위원들이 베이징에 소집되어 마르크스-레닌주의를 실천하고, 단결하고, 배타적으로 행동하였다.

- 1975년 7월 14일: 당의 문학예술정책을 조정해야 한다고 지적하면서 문학예술 문제에

대한 연설을 했다.

- 1975년 11월 말: 덩샤오핑을 비판하고 판결을 뒤집는 우파에 맞서기 캠페인이 잘못 시작되었다.

- 1976년 1월 8일: 저우언라이가 베이징에서 세상을 떠났다.

- 1976년 1월 21일과 28일: 화궈펑은 국무원 총리 대리와 중앙 정부의 일상 업무를 주재할 것을 제의받았다.

- 1976년 3월 말~4월 5일: 베이징의 수백만 명의 사람들이 자발적으로 며칠 동안 천안문 광장에 와서 화환과 시를 놓고 저우언라이를 애도하고 4인방을 비난하였다. 마오쩌둥은 '천안문 사건'을 부정하는 보고서를 잘못 승인하였다.

- 1976년 4월 7일: 마오쩌둥의 제안에 따라 중국 공산당 중앙정치국은 '화궈펑 동지의 공산당 중앙위원회 제1부위원장 임명에 관한 중국 공산당 중앙위원회 결의문'을 통과시켰다.

- 1976년 9월 9일: 마오쩌둥은 83세의 나이로 베이징에서 사망했다.

★
2. 마오쩌둥의 어록

마오쩌둥은 대단히 많은 독서를 하였으며, 많은 시와 저서를 남겼다. 또한 강렬한 인상을 주는 문장을 만들어 어록으로 남겼다. 대부분의 어록은 중국 고전에 나오는 문구를 현대적인 의미로 각색한 것이며, 중국 인민들이나 공산당에게 인상 깊은 어록들이 많다.

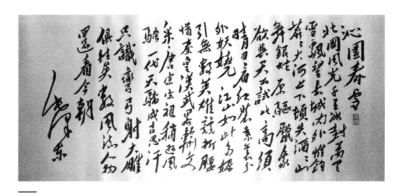

마오쩌둥 주석의 친필, 고급 실크 천 족자 필자가 소장 -장사현 인민정부 증-

씬웬춘.쉐

沁园春 · 雪

베이궈펑광, 첸리빙펑, 완리퍄오쉐. 왕창청네이와이, 웨이위망망; 따허쌍씨아, 뚠쓰토우토우. 싼우인서, 웬츠라씨앙, 위위텐궁쓰비꼬우. 쉬칭르, 칸홍쫭쑤

北国风光，千里冰封，万里雪飘。望长城内外，惟余莽莽；大河上下，顿失滔滔。山舞银蛇，原驰蜡象，欲与天公试比高。须晴日，看红装

쑤궈, 펀와이요우로우. 찌앙싼루츠뒤찌오우, 인우쑤잉슝찌요우저. 씨친황한우, 뤠쑤원차이; 탕중쑹주, 쏘우쉰펑쏘우. 이따이텐지우, 청지쓰한, 즈스완궁써따

素裹，分外妖娆。江山如此多娇，引无数英雄竞折腰。惜秦皇汉武，略输文采；唐宗宋祖，稍逊风骚。一代天骄，成吉思汗，只识弯弓射大

323

띠요우. 쮀왕이, 수펑리유런우, 하이칸진조우.

雕。俱往矣，数风流人物，还看今朝。

해설: 북방의 풍경은 온통 얼음으로 뒤덮이고 만리에 눈꽃이 흩날린다. 만리장성의 안팎을 바라보니, 끝없이 흰빛만 아득하게 남아 있을 뿐이다. 황하 전체는 파도가 굽이치는 물살을 곧 잃었다. 산들은 마치 한 마리 은뱀이 춤추는 것 같고 고원의 구릉은 마치 수많은 흰 코끼리가 달리고 있는 것 같아 모두 신과 누가 더 높은가 겨루어 보려고 한다. 맑은 날이 되면 붉은 햇빛과 흰 눈이 서로 어울려 유난히 아름답고 아름답다. 강산이 이렇듯 매혹적이라 무수한 영웅들이 서로 탄복하게 한다. 애석하게도 진시황과 한무제는 문치의 공로가 좀 부족하다. 당태종 (唐太宗)과 송태조(宋太祖)는 문학적 재능이 조금 부족했다. 일세를 호령한 영웅인물인 칭기스칸은 활을 당겨 독수리를 쏘는 것밖에 몰랐다. 이런 인물들은 모두 이미 지나갔으며 업적을 쌓을 수 있는 영웅 인물이라고 할 수 있다면 오늘의 사람들을 보아야 한다.

- "권력은 총구에서 나온다."

- "가장 높은 곳에 뜻을 두어라."

- "공부를 열심히 하면 나날이 발전한다."(好好学习．天天向上)

- "전쟁은 전쟁을 통해서만 종식될 수 있다. 총을 제거하기 위해서는 총을 드는 수밖에 없다."

- "남이 나를 범하지 않으면 나도 남을 범하지 않는다. 만약 남이 나를 범하면 나도 반드시 남을 범한다."(人不犯我．我不犯人；人若犯我．我必犯人)

- "당대의 인물이 바로 역사의 주인이다."(数风流人物还看今朝)

- "독서하는 것은 배우는 것이다. 하지만 적용한다는 것 또한 배우는 것이며, 보다 중요한 배움이라 할 수 있다."

- "말만 늘어놓지 말고, 실천가가 되어라."

- "작은 불씨는 들판을 불사르고(星星之火．可以燎原), 큰 불씨는 물의 기세를 그친다."

- "스스로 노동하여 먹을 것과 입을 것을 해결하라."(自己动手丰衣足食)

- "인민, 오직 인민만이 세계 역사를 만드는 원동력이다."(人民．只有人民才是推动历史发展的

決定力量!)

- "모든 반동파들은 종이호랑이에 불과하다!"(一切反动派都是纸老虎!)

- "이것은 단지 만리장성을 완주하는 첫걸음일 뿐이다!"(这只是万里长城走完了第一步!)

- "하늘은 곧 비가 오려 하고, 어머니는 시집을 가려고 한다. 그렇게 하게 해라!"(天要下雨, 娘要嫁人, 由它去吧!)

- "결심을 했으면 희생을 두려워하지 말고 모든 수단을 다 동원해 이기는 데 집중해라."(下 定决心, 不怕牺牲, 排除万难, 去争取胜利)

- "나의 영예가 내 자손들에 의해 이용되어서는 안 된다."

- "다리가 없고 배가 없으면 강을 건널 수 없다."

- "배우고 또 배워 앞으로 나아가라."

- "아무리 큰 우물이라도 하늘보다는 작다."

- "인간으로서의 권리는 평등하지만, 사람마다 능력이나 인격의 우열이 있으니 자기보다 나은 자를 따라야 질서가 잡히는 것이다."

- "인민을 위하여 일을 하라."(为人民服务)

- "일이란 투쟁이다."

- "모든 저항에는 이유가 있고 혁명에는 죄가 없다."(조반유리, 혁명무죄/造反有理, 革命无罪)

- "많은 사람들이 각기 주장을 편다."(백화제방, 백가쟁명/百花齊放, 百家爭鳴)

- "자기만족은 학문의 적이다. 우리가 자기만족을 면하기 전에는, 우리는 실제로 아무것도 배울 수 없다."

- "정녕 할 수 없는 일은 억지로 하려고 들지 마라."

- "정치가 피 흘리지 않는 전쟁인 반면에 전쟁은 피 흘리는 정치이다."(政治是不流血的战争, 战争是流血的政治)

- "법칙의 성격을 띠고 있는 모든 군법과 군사 이론들은 전(前) 시대나 우리 자신의 시대에 산 사람들이 축적한 전쟁 체험의 총화이다. 우리는 피의 대가로 얻은 교훈을 진지하게 연구해야 한다. 그 교훈은 과거 여러 전쟁의 유산이다. 그것을 연구한다는 것은 중요하다. (중략) 우리는 그런 유산들을 우리 자신의 체험이라는 시험대에 올려놓아야 한다. 그래서 유용한 것은 소화시키고, 무용한 것은 버리며, 우리 자신의 고유한 체험은 덧붙여야 한다.

그 세 가지는 몹시 중요한데, 그러지 않으면 우리는 전쟁을 지휘할 수 없기 때문이다."

- "전체 상황을 이해하지 못하면 그 일은 절대 성공할 수 없다."

- "살았을 때 비판받지 않은 자, 죽어서 비판받기 마련이다."

- "세상에서 가장 두려워해야 할 것은 진지함이다."

- "실수와 좌절을 겪고 지혜를 얻는다."

- "인간은 죽기 마련인데, 그 죽음은 태산보다 무겁거나 깃털보다 가볍다."(人固有一死-惑重 于泰山, 惑輕于鴻毛) / 『사기』 태사공자서에서 가져온 말로, 항일전쟁 도중 숯을 굽다가 죽 은 사람을 추모하는 말이다. 그런데 아편을 굽다가 죽었다는 설도 있다.

- "빛나는 날로 나아가는 길은 굽이굽이 사연도 많다." / 페루의 마오이즘 반군조직 센데로 루미노소, 즉 '빛나는 길'의 이름은 여기서 따왔다.

- "힘든 일은 눈앞에 놓인 무거운 짐을 지고 걷는 것과 같다."

- "무슨 일이든 움켜쥐고 내 것으로 만들어라."

- "분열하지 말고 단결하라."

- "세상에는 이유 없는 사랑 없고, 이유 없는 미움 없다."

- "아무리 많은 공을 세웠더라도 절대 교만해서는 안 된다."

- "우리에게 필요한 것은 열정과 냉정, 긴장감과 원칙이다."

- "사상은 변화하는 상황에 따라 바뀌고 적응해야 한다."

- "한 번 실수는 실수지만, 두 번 실수는 음모다."

- "제대로 가려면 멀리 보라."

- "한 번 더 생각하라. 고민하고 예측할수록 지혜가 나온다."

- "혁명(革命)은 만찬(晩餐)도, 수필(隨筆)도, 그림도, 한 폭의 자수(刺繡)도 아니다. 그것은 조 용히, 서서히, 조심스럽게 앞뒤를 가리며 점잖게 순순히 성취될 수 있는 것이다."

- "히틀러가 더 잔인하지 않았나? 사람을 더 많이 죽일수록 진정한 혁명가가 되어간다."

- "행운에 기대고, 남의 도움으로 이기려는 마음을 버려라."

- "참새는 해로운 새이다."(麻雀是害鸟) / 많이 알려진 "저 새는 해로운 새다."라는 만화『창 천항로』의 대사이다.

- "맹목적으로 소련을 따를 수는 없소. 방귀를 뀌면 냄새가 나는 법인데, 소련이 뀌는 방귀가 모두 향기롭다고 할 수는 없지 않겠소?"

- "동지들! 여러분은 각자 책임을 철저히 분석해야 할 것이오. 똥을 누고 싶다면 누시오! 방귀를 뀌고 싶다면 뀌시오! 그러면 한결 기분이 나아질 것이오."

- "먹은 다음에 똥을 눠야 한다는 것 때문에 먹는 것이 쓸데없는 일이 되는 것은 아니오!"

- "문예는 국가에 봉사해야 하며, 문예는 중국 공산당이 지도하는 혁명의 대의에 입지해야 한다! 모든 예술과 표현은 낙관적이어야 하며 당에 대한 어떠한 비판, 폭로, 비난도 엄격히 금한다!"

- "무산계급의 청원(請願)운동을 허락해야 한다. 언론·출판·집회·결사의 자유를 억압하는 것은 헌법 위반이다!"

- "책을 너무 많이 읽는 것은 해롭다."

- "부농들만 보아도, 자본주의의 심각한 문제를 알 수 있다."

- "공산주의는 사랑이 아니다. 적을 부수는 망치다."

- "붓을 움직인다는 것은 단순히 눈으로 책을 읽는 데 그치지 않고 진지하게 사고하고 자기 것으로 소화한 다음 그 생각을 글로 적은 걸 의미한다."

- "사람들은 가난이 나쁜 것이라고 말합니다만 사실은 가난이야말로 좋은 것입니다. 사람들은 가난할수록 더욱 혁명적인 됩니다. 모든 사람들이 다 부자가 되는 광경은 생각만 해도 끔찍합니다…. 칼로리가 넘쳐서 사람들은 머리는 두 개, 다리는 네 개를 가지게 될 것입니다."

참고문헌

〈단행본〉

· 가와시마 신, 모리 가즈코 저, 이용빈 역, 『중국외교 150년사, 글로벌 중국으로의 도정』, 서울: 한울, 2012

· 곽대중, 『우리에게 중국은 무엇인가』, 서울: 시대정신, 2012

· 김경창, 『중공30년의 외교노선(上)』, 「국제문제」 ,서울: 국제문제사, 1979

· 김동성, 『중국대외정책론』, 서울: 법문사, 1988

· 金相浹, 『毛澤東思想』, 서울: 知文閣, 1964

· 김영문, 『국제외교론』, 서울: 대왕사, 1990

· 김옥준, 『중국외교노선과 정책: 마오쩌둥부터 후진타오까지』, 서울: 리북, 2011

· 김우현, 『동아시아 정치질서』, 서울; 한울 아카데미. 2005

· 김준엽, 『중공과 아시아』, 서울: 일조각, 1979

· 윌리암 스툭, 김형인 외 역, 『한국전쟁의 국제사』, 서울: 푸른역사, 2001

· 문정인 외, 『동아시아의 전쟁과 평화』, 서울; 연세대학교 출판부, 2006

· 박두복 외, 『중국의 정치와 경제』, 서울: 집문당, 1993

· 신복룡, 『한국분단사연구 1943~1953』, 서울: 한울아카데미, 2001

· 세르게이 콘자로프, 론 루이스, 쉐리타이, 성균관대학교 한국현대사 연구반 역, 『흔들리는 동맹: 스탈린과 마오쩌둥 그리고 한국전쟁』, 서울: 일조각, 2011

· 션즈화, 김동길 역, 『조선전쟁의 재탐구:중국 소련 조선의 협력과 갈등』, 서울: 선인, 2014

· 성공회대학교 동아시아연구소 기획 맥원담·임우경 엮음, 『'냉전' 아시아의 탄생: 신중국과 한국전쟁』, 서울: 문학과학사, 2013

· 서진영, 『현대중국정치론: 변화와 개혁의 중국정치』, 서울; 나남출판, 1997

· 정세현, 『중공의 대외정책이론연구』, 서울; 국토통일원, 1980

· 정세현, 『모택동의 국제정치 사상』, 서울: 형성사, 1984

· 최명, 『현대 중국의 이해』, 서울: 현암사, 1976

〈논문〉

· 권우영, "1972년 미국의 대중 데탕트 전략에 미친 소련요인 연구" 서울대학교 외교학과
대학원 석사학위 논문, 2014

· 김미령, "중공의 외교정책", 「외교정책결정의 제약요소를 중심으로」, 숙명여자대학교 대학
원 정치외교학과 석사학위논문, 1980

· 남두현, "전략적 삼각관계와 미국의 외교전략: 1969-1981", 국방대학교 석사학위논문,
2008

· 노성화, "중국의 한국전쟁 참전과 모택동의 역할 연구", 고려대학교 대학원 정치외교학과
석사학위 논문, 2012

· 마상윤, 「전쟁의 그늘: 베트남전쟁과 미국의 동아시아정책」, 경남대 극동문제연구소, 한
국의 국제정치 제 21권 3호, 2005

· 박봉식, "중공의 대외정책연구", 서울대학교 대학원 博士學位論文, 1975

· 안치영, "중소관계와 한국전쟁의 결정", 중앙대학교 중앙사학연구소, 중앙사론 中央史論
第42輯, 2015

· 오일환, "毛澤東 시기 중국의 대외관계 인식에 관한 연구", 한국외국어대학교 중국연구소
중국연구 제27권, 2001

〈국외 문헌〉

· 『從延安到北京』 (中央文獻出版社, 1993).

· 『周保中文选』 (云南人民出版社, 1985).

· 『中共党史资料 第17辑』 (北京: 中共党史资料出版社, 1985).

· 『中國國民黨歷次代表大會及中央全會資料』 (下). (北京: 光明日報出版社, 1985).

· 『中國近代現代史論集』30, (臺灣 商務印書館).

· 『中華民國史事記要』(中華民國三十四年 八,九月, 草稿)(臺灣: 中央文物供應社).

· 『中華民國重要史料初編: 對日抗戰時期』1981.

· 『中華民國重要史料初編: 對日抗戰時期』55

· 葛赤峰, 『朝鮮革命記』(重慶: 商務印書館, 1945).

· 郭廷以, 『俄帝侵略中國簡史』(臺北, 1958).

· 軍事科學院軍事歷史研究部, 『抗美援朝戰爭史』(第1卷)(軍事科學出版社, 2000).

· 金俊燁, 『我的長征: 韓國學兵在中國抗日鬪爭記錄』(北京: 東新出版社, 1995).

· 李友仁 外 主編, 『中國國民黨簡史』(檔案出版社, 1988).

· 毛澤東, 『毛澤東選集』第四卷 (北京: 人民出版社, 1961).

· 石源华 编着, 『韩国独立运动与中国』(上海: 上海人民出版社, 1995).

· 聂荣臻, 『聂荣臻回忆录』(北京: 解放军出版社, 1986).

· 邵毓麟, 『使韓回憶錄』(臺灣: 傳記文學出版社, 1980).

· 孫文, 『孫中山全集』第六卷 (北京: 中華書局, 1985).

· 楊蘇 · 楊美淸, 『周保中將軍』(雲南民族出版社, 1998).

· 楊准生 編, 『中國對朝鮮和韓國政策文件彙編』(北京: 中國社會科學出版社, 1994).

· 延邊朝鮮族自治州概況編輯部, 『延邊朝鮮族自治州概況』(延邊: 延邊人民出版社, 1984).

· 此条目或其章节极大或完全地依赖于某个单一的来源。(2023年5月29日) 请协助补充多方面可靠来源以改善这篇条目。

· 致使用者：请搜索一下条目的标题 (来源搜索："对毛泽东的评价" — 网页、新闻、书籍、学术、图像), 以检查网络上是否存在该主题的更多可靠来源(判定指引)

· 毛泽东在中国及世界各地争议极大, 评价褒贬不一。毛泽东在世界现代史上极为重要, 1998年《时代杂志》将他评为20世纪最具影响100人中20位领袖之一, 2011年《时代杂志》再次将他评为人类有史以来最重要的25位政治标志性人物第3位

· 中共中央第一副主席、国务院总理华国锋同志在伟大的领袖和导师毛泽东主席追悼大会上的悼词

· 中国共产党中央委员会、中华人民共和国全国人民代表大会常务委员会、中华人民共和国国务院、中国共产党中央军事委员会关于建立伟大的领袖和导师毛泽东主席纪念堂的决定

· 1976年毛泽东逝世时，中共中央发布的《告全党全军全国各族人民书》称毛泽东为"我党我军我国各族人民敬爱的伟大领袖、国际无产阶级和被压迫民族被压迫人民的伟大导师"。

· 1980年3月，邓小平在讨论党的若干历史问题的决议时，对反右运动以及毛泽东作出评价 (收录于《邓小平文选》第二卷)

· 总起来说，一九五七年以前，毛泽东同志的领导是正确的，一九五七年反右派斗争以后，错误就越来越多了。

· 1980年8月，中共中央副主席、全国政协主席邓小平会见意大利记者奥里亚娜·法拉奇，当谈到毛泽东时，邓小平说：344-345：

· 1981年6月，中共十一届六中全会一致通过由邓小平主持起草之《关于建国以来党的若干历史问题的决议》，在一系列重大问题上统一了全党的思想，成功实现党在指导思想上之拨乱反正：470。《决议》科学地评价和总结毛泽东之历史地位和毛思想：470-471：

· 中国两任最高领导人胡锦涛、习近平通过公开讲话，对毛泽东形成了下列官方评价：马克思主义中国化的伟大开拓者，党的第一代中央领导集体的核心，领导中国人民彻底改变自己命运和国家面貌的一代伟人

· 从新中国成立之日起，特别是朝鲜战争停战以后，毛泽东和中国政府争取一个和平之国际环境，为中国国内之经济建设创造有利之外部条件]：83。

· 1954年7月7日和7月8日，毛泽东先后在中央政治局扩大会议和全国政协常委会上两次讲话，表明毛泽东发展和完善中国之国际战略及独立自主之和平外交政策，有基本原则和大政方针，有具体可行之措施和步骤：101。

· 杨昌济1920年致信章士钊："吾郑重语君，二子(毛泽东和蔡和森) 海内人才，前程远大，君不言救国则已，救国必先重二子。"

· 杨树达1950年12月31日日记："阅报载毛泽东《认识论》(编者按：系《实践论》之误)，说详审致密，余谓列宁、斯大林、毛泽东三君不唯有政治才，亦富于学识，我国古来君师合一之象，今日见之矣。"

- 第十四世达赖喇嘛曾评价毛泽东说："伟大毛主席，光明如红日，普照各民族，永世照不息，谁敢来侵略，消灭侵略者，确保和平福，十方得光泽。"

- 美国国防部助理副部长菲利普·戴维逊[51]："毛泽东是一位伟大的战略家。哪个领袖能像他这样在这么多不同类型的冲突中长期立于不败之地？"

- 为共产国际工作[52]的作家艾格尼丝·史沫特莱："中国共产党的其他领袖人物，每一个都可以同古今中外社会历史上的人物相提并论，但无人能够比得上毛泽东。"

- 毛泽东去世时，纽约时报记者福克斯·巴特菲尔德评价毛泽东"是历史上伟大革命人物之一"，"让中国重回大国的传统位置"，"发动了一连串全面、有时是破坏性的运动，将一个面积为960万平方公里、占世界1/5人口的半封建、基本上是文盲和农业的国家，变为一个现代化、工业化的社会主义国家。"

- 中国问题专家罗斯·特里尔："毛泽东是意志坚强的人""毛泽东在社会主义革命和社会主义建设方面的想法都是他自己的原创，发展出一条农村包围城市的道路"[54]"毛是20世纪的魅力超群的政治家。…… 他的经历，足以使他成为卡尔·马克思、列宁、斯大林合为一体的中国革命的化身。"

- 蒋介石评价毛泽东为："阴阳怪气，绵里藏针"。1945年重庆谈判前，蒋介石在阅读毛泽东的《沁园春·雪》后评价："我看他的词有帝王思想，他想复古，想效法唐宗宋祖，称王称霸"。

- 聂绀弩评价毛泽东"身败名裂，家破人亡，众叛亲离，等到一切真相被揭开，他还要遗臭万年"。

- 张闻天在1959年7月12日对彭德怀说："会(1959年庐山会议) 开了十多天，只能讲好、不能讲坏，有压力。毛泽东同志很英明，整人也很厉害，同斯大林晚年一样。"彭德怀回应："西北组也是这样"。

- William Yardley, Stuart R. Schram, Nuclear Physicist and Mao Scholar, Dies at 88. 纽约时报. 2012-07-21

- 习近平: 在纪念毛泽东同志诞辰120周年座谈会上的讲话. 华网. [2013-12-26].

- 阎长贵."四个伟大"是谁提出来的. 党史博览. 2006, (8)：49

- "伟大的导师，伟大的领袖，伟大的统帅，伟大的舵手毛主席万岁". 人民网. [2014-11-27].

- 会见斯诺的谈话纪要. 建国以来毛泽东文稿·第十三册. 北京：中央文献出版社.

1998年1月: 163－187.

· 中共中央文献研究室, 逄先知、金冲及主编 (编).《毛澤東傳(第六卷)》香港第一版. 香港: 中和出版. 2011.

· 韩钢. 考证与分析: 毛泽东晚年的"两件事"谈话. 中共党史研究. 2015, (3): 14－21

· 邓小平谈毛泽东: 1957年以后错误越来越多了. 人民网. [2019－11－21].

· 傅国涌: 邓小平的"反右"情结. 新浪网. [2019－11－21].

· 邓小平评价毛泽东: 1957年以后错误越来越多. 搜狐. [2019－11－21].

· 邓小平.《鄧小平文選》第二卷. 北京: 人民出版社. 1994.

· 1980年邓小平接受外媒专访: 坦率回应敏感话题. 新浪网. [2019－11－22].

· 1980年: 法拉奇对话邓小平. 凤凰网. [2019－11－22].

· 江泽民在毛泽东同志诞辰一百周年纪念大会上的讲话. 新华网. 1993－12－26

· 胡锦涛在纪念毛泽东诞辰110周年座谈会的讲话. 新华网. 2003－12－26

· 习近平在纪念毛泽东同志诞辰120周年座谈会上的讲话. 新华网. 2013－12－26

· 胡锦涛在党的十七大上的报告. [2014－01－01].

· 胡锦涛在中国共产党第十八次全国代表大会上的报告. [2014－01－01]. 中共中央文献研究室, 逄先知、金冲及主编 (编).《毛澤東傳(第一卷)》香港第一版. 香港: 中和出版. 2011.

· 中共中央文献研究室, 逄先知、金冲及主编 (编).《毛澤東傳(第二卷)》香港第一版. 香港: 中和出版. 2011.

· 中共中央文献研究室, 逄先知、金冲及主编 (编).《毛澤東傳(第三卷)》香港第一版. 香港: 中和出版. 2011.

· 中共中央文献研究室, 逄先知、金冲及主编 (编).《毛澤東傳(第四卷)》香港第一版. 香港: 中和出版. 2011.

· 中共中央文献研究室, 逄先知、金冲及主编 (编).《毛澤東傳(第五卷)》香港第一版. 香港: 中和出版. 2011.

· 青年毛泽东在北大韬光养晦 职位低微别人不理睬. 中国新闻网. [2011－07－05].

· 孙琴安. 毛泽东与杨树达. 人文杂志. 1993, (5)：1-3.

· 看达赖喇嘛虚伪性："佛教领袖"为何犯戒背祖. 中国日报. [2007-10-11].

· 鲍颖. 西藏314打砸抢烧事件解密文件首次展示. 中国新闻网. [2009-03-01].

· 千辐金轮. 中国西藏之声网. 2014-08-18.

· 胡新民. 毛泽东的语言艺术. 观察者网. [2015-07-29]. (原始内容存档于2021-05-16).

· 《習仲勛文選》. 北京：中央文献出版社. 1995.

· 戚本禹. 第四部分第五章·我听到了江青的歌声. 戚本禹回憶録. 香港：中国文革历史出版社. 2016-04 [2018-05-06].

· 常安：赵紫阳论毛泽东与邓小平. 大纪元. 2005-02-08

· 姜文：毛泽东是我少年时代的大偶像、大明星. 观察者网. 2012-03-02 [2021-05-15].

· 张喆. 专访 | 姜文：演毛泽东太难了，我是不敢去碰这件事儿. 澎湃新闻. 2014-12-18.

· 李莉. 韩德强：毛主席就是一个神. BBC News 中文. 2013-12-19

· Richard Nixon. Zhou Enlai. Leaders：Profiles and Reminiscences of Men Who Have Shaped the Modern World. Simon & Schuster. 8 January 2013.

· 尼克松谈毛泽东：一位战斗到最后一息的战士. 环球网. [2012-02-22].

· 世界革命的领袖外国精英对毛泽东的评价. 新浪网. [2006-12-26]. (原始内容存档于2013-02-08) (中文(中国大陆)).

· 各国领袖评毛泽东逝世. 深圳新闻网. [2009-03-01]. (原始内容存档于2009-04-07) (中文(中国大陆)).

· Presidential Statement on the Mao's Death (pdf). Gerald R. Ford Presidential Library and Museum. 1976-09-09 [2013-11-06]. (原始内容存档 (PDF)于2014-05-13). Chairman Mao is a giant figure in modern Chinese history(英文)

· 各国精英对毛泽东的评价. 腾讯网. [2006-08-28]. (原始内容存档于2006-10-25) (中文(中国大陆)).

· 毛泽东的10大外国"粉丝". 凤凰网. [2010年1月15日]. (原始内容存档于2010年1月18日) (中

文(中国大陆)).

· 毛泽东10大外国"粉丝". 网易. [2011-12-30]. (原始内容存档于2012-10-30) (中文(中国大陆)).

· 毛泽东的10大外国"粉丝". 搜狐网. [2011-06-28]. (原始内容存档于2011-07-01) (中文(中国大陆)).

· 组图: 毛泽东十大超级"粉丝". 腾讯网. [2008-03-14]. (原始内容存档于2008-03-17) (中文(中国大陆)).

· 基辛格的毛泽东印象: 高深莫测的主席. 凤凰网. [2008-11-07]. (原始内容存档于2008-11-10) (中文(中国大陆)).

· 西方传记作家: 毛泽东是马克思列宁和斯大林的结合体 (页面存档备份, 存于互联网档案馆) [凤凰大学问]

· 楚全. 德里克评毛泽东的发展理论. 《国外理论动态》. 2006, (11期) [2014-01-09].

· 权延赤. 《毛泽东与赫鲁晓夫》. 北京: 人民日报出版社. 2011-08-01: 图书简介.

· 蒙克. 苏联档案解密(上): 还原真实的毛泽东. BBC News 中文. 2015-07-06

· 中外名人评价毛泽东(下). 北京大学新闻网. [2013-11-29]. [失效链接]

· 罗思义. 为何毛泽东思想对世界不可或缺?. 观察者网. 2016-09-09

· 边彦军、张素华 (编). 中外名人评说毛泽东. 北京: 中央民族大学出版社. 2003年5月: 544.

· 盘点毛泽东10大外国"铁杆粉丝". 新华网. [2012年6月11日]. (原始内容存档于2012年6月13日) (中文(中国大陆)).

· 《蒋介石评价毛泽东"阴阳怪气"中越海战时未放行》. 中国新闻网. [2009年4月10日]. (原始内容存档于2015年9月23日) (中文).

· 《蒋介石评《沁园春·雪》: 毛泽东来重庆是为称帝》. 安立志. 凤凰网. [2011年7月5日]. (原始内容存档于2011年7月8日) (中文).

· 少华、游胡. 林彪的这一生. 武汉: 湖北人民出版社. 1994年8月: 207.

· 王海光. 折戟沉沙温都尔汗. 九州出版社. 2012年 [2013-10-28].

· 王海光. 林彪笔记: 毛泽东惯用捏造伎俩, 得防着这招. 人民网. 2012-06-13

· 薛庆超. 第十一章: 林彪集团拟定武装政变计划. 《毛泽东 "南方决策"》. 华文出版社. 2013年.

· 王友群: 敢痛斥毛泽东的大作家聂绀弩. 大纪元. 2020-09-07

· 张闻天: 毛泽东很英明 整人也很厉害. 腾讯网. [2012年6月18日]. (原始内容存档于2012年6月21日) (中文(中国大陆)).

· 中条山抗战中共为何不愿意配合蒋介石出兵. [2013-05-10].(原始内容存档于2013-09-18).

· 杨奎松. 讀史求實: 中国现代史读史札记. 浙江大学出版社. 2011 [2013-12-21].

· 混世魔王毛澤東. [2014-11-12]. (原始内容存档于2014-11-12).

· 朱正. 反右派鬥爭全史(上册). 秀威资讯. 1 December 2013: 169–171.

· 陈薇羽.【薇羽看世间】鲜为人知的毛泽东 中共的杀人史. 大纪元. 2020-08-16

RFA独家采集首次公布: 探底毛泽东 – 李锐宅中对谈录(上). 自由亚洲电台. 2019-02-22 [2021-05-09]. (原始内容存档于2021-05-09).

蒙克. 评论: 最牛历史老师的 "非毛" 评论. BBC New 中文. 2010-05-08 [2021-05-16].

· 曾批蒋介石、毛澤東獨裁 中國名師微博突消失. 自由时报. 2017-09-12

· 赫鲁晓夫回忆毛泽东: 他的个人崇拜有点像宗教(3). 人民网-文史频道. [2014-10-30].

Margret MacMillan. 只爭朝夕－當尼克森遇上毛澤東. 温洽溢 译. 时报出版. 2011-03-07: 第101-102页.

· 余英时. 打天下的光棍—毛澤東與中國史. 民主中国. 2012-01-23 [2013-12-27].

· 余英时. 《從中國史的觀點看毛澤東的歷史位置》. 《史學與傳統》. 时报文化. 1982 [2013-12-27].

· 余英时. 〈費正清和中國歷史〉. 傅伟勋; 周阳山 (编). 《西方汉学家论中国》. 正中书局. 1993 [2014-03-25].

· 尚清 (编). 余英時: 習近平難以抓到毛澤東的遺產. BBC中文网. 2013-12-17.

· 第一个加入中国共产党的美国人. 纽约时报中文网. 2012-07-16

· 刘宪阁. 走近毛澤東的心理世界: 一次重要尝试—評介白魯恂《作為領袖的毛澤東》. 《湖南科技大学学报(社会科学版)》. 2004, (第5期)

· 鲁道夫·拉梅尔从. Getting My Reestimate Of Mao's Democide Out. 2005-11-30

· 罗斯·特里尔著, 胡为雄, 郑玉臣译. 毛泽东传[M]. 北京: 中国人民大学出版社, 2006: 438, 481, 324.

· 罗斯·特里尔著, 胡为雄, 郑玉臣译. 毛泽东传[M].北京: 中国人民大学出版社, 2006: 481, 498, 401.

· 恩维尔·霍查. 给希斯尼·卡博同志的信. 马克思主义文库. 1978-07-30

· 邓小平. 答意大利记者奥琳埃娜·法拉奇問. 邓小平文选/第二卷. 人民出版社. 1994 [2013-10-28]. ISBN 978-7-5065-2523-7. (原始内容存档于2014-01-01).

· 邓小平. 對起草《關於建國以來黨的若干歷史問題的決議》的意見. 邓小平文选/第二卷. 人民出版社. 1994 [2013-10-28].

· 李锐. 哈佛大学费正清东亚研究中心举办的毛泽东诞辰110周年学术讨论会的发言稿. 2003年12月

· 李锐. 李锐谈毛泽东. 时代国际. 2005.

·《社会主义和资本主义的关系: 世纪之交的回顾和前瞻》,《中共党史研究》1998年第6期

·《毛泽东的新民主主义论再评价》,《中共党史研究》期号199903, 3~15页

· 江河, 火墙内外: 毛诞节论毛泽东功过, 美国之音中文网, 2013-12-27

· William Yardley. Stuart R. Schram, Nuclear Physicist and Mao Scholar, Dies at 88. 纽约时报. 2012-07-21

·《45年蒋介石从一支烟断定毛泽东是个厉害角色》. 环球时报. [2012-01-06].

· 张海鹏. 正确评价毛泽东的历史功过. 光明日报. 2014-02-12

·《渤海学刊》编辑部. 陈雲「文革」悲劇慘絕人寰 毛澤東是主要責任者.《渤海学刊》. 1993年, (第3期)

· 王太拓. 袁腾飞的历史无关帝国主义. 光明网. 2010年5月25日

· 朱继东. 社科院学者称陈云女儿否认陈云说过毛泽东文革有罪. 凤凰网历史. 2013年5月8日 [2013年12月26日].

· 刘统. 解放战争中东北野战军武器来源探讨——兼与杨奎松先生商榷. 党的文献. 2000, (4): 76-81

· 徐焰. 解放战争中苏联给了中共多少武器援助?. 兵器知识. 2009, (9A): 46 – 49.

杨奎松. 关于解放战争中的苏联军事援助问题——兼谈治学态度并答刘统先生. 近代史研究. 2001, (1): 285 – 306

· 1948年柏林危机是否影响中国. 青年参考. 2005–08–17 [2013–05–10].

· 李志绥. 反叛的御醫: 毛澤東私人醫生李志綏和他未完成的回憶錄. 开放杂志社. 1997.

· 林克、徐涛、吴旭君. 历史的真实. 中央文献出版社. 1998年12月: 前言第1页. ISBN 7–5073–0472–8.

· 汪东兴. 汪东兴公开毛泽东私生活. 香港: 名流出版社. 1997年4月. ISBN 962–928–009–4.

· 毛泽东. 介紹一個合作社. 人民网. 1958–04–15

· 穆光宗. 毛泽东强烈反对计划生育: 有人就能造出"人间奇迹"(4). 人民网. [2014–01–30

· 陈红艳、陈晓芬. 研究毛泽东要重视第一手资料. 新快报 (新快网). 2011–11–24 [2014–01–30]. (原始内容存档于2014–02–02).

· 张全景. 学习研究毛泽东思想是长期任务. 红旗文稿. 2010, (3): 17 – 19

· 林蕴晖. '陈云谈如何评价毛泽东'. 学习时报. 2005年6月13日

· 王新玲、李捷: 要有力回击境内外对毛泽东别有用心的污蔑. 中国共产党新闻网. 2011年11月21日

· 《還原毛共》書摘(2): 毛為中共立的功越大, 對國家和民族犯的罪就越深. 台湾苹果日报. 2015年5月19日

· 辞海编辑委员会 (编).《辞海》(1989年版). 上海辞书出版社. 1989.

· 中国共产党中央委员会. 关于建国以来党的若干历史问题的决议 (页面存档备份, 存于互联网档案馆). 1981.

· 王稼祥.《中国共产党与中国民族的解放道路》.《解放日报》. 1943年7月8日.

· 陈晋. 毛泽东眼里的"毛泽东". 2016年7月1日 [2023年3月9日].

· 国际显学与批判思潮: 国际毛主义研究六十年. [2014–11–24].

· 中共中央文献研究室, 中国延安干部学院编. 延安时期党的重要领导人著作选编 下. 北京: 中央文献出版社. 2014.04: 481.

· 大陆新闻解读: 十八大前老江搞笑揽场. 2012-10-22

· 中共八大不提"毛泽东思想"的苏联背景. [2015-02-11].

· 链接至维基文库 中国共产党章程 (1969年). 维基文库. 人民日报. 1969-04-25 (中文).

· 刘建国. 近年来学界对民粹主义的研究与争论 (页面存档备份, 存于互联网档案馆). 北京日报. 2007-04-09

《矛盾论》[1] (页面存档备份, 存于互联网档案馆)

· 中共中央文献研究室 (编). 毛泽东年谱(1949—1976)·第五卷. 北京: 中央文献出版社. 2013.

· 未名. 外国人眼中的毛泽东军事思想. 中国社会科学网. 2013-02-19 [2018-09-05].

· 钱其琛. 泽东在开创新中国外交和国际战略思想上的伟大贡献. [2018- 9-05].

· 钱其琛. 毛泽东外交思想. 毛泽东思想大辞典. 上海辞书出版. 1993.

· 姜安. 毛泽东"三个世界划分"理论的政治考量与时代价值. 中国社会科学. 2012, (1).

· 中共中央文献研究室 (编). 毛泽东年谱(1949—1976)·第六卷. 北京: 中央文献出版社. 2013

· 毛泽东. 新民主主义论. 毛泽东选集(第二卷). 北京: 人民出版社. 1991: 663-664 [2018-09-05].

· 在延安文艺座谈会上的讲话. [2012-08-25].

· 林默涵. 毛泽东文艺思想引导我们继续前进 (页面存档备份, 存于互联网档案馆). 人民日报(第7版). 1983-12-26.

· 梁柱. 毛泽东的文艺思想若干问题研究论析 互联网档案馆的存档, 存档日期2013-09-23. 党史文苑. 2005(04)

· 陈子明: 试析今日中国的毛派光谱. 共识网. 2013-09-03.

· 袁庾华: 邓小平思潮和老左派思潮. 共识网. 2012-08-31.

· NHK纪录片《走近拥毛派》. [2014-12-10].

· 多个红色网站举办纪念文革50周年活动. 红歌会网. 2016-05-26

· 颜昌海. 毛泽东为何要援助阿尔巴尼亚9千亿元?. 人生驿站. 2013-02-03

· 恩维尔·霍查. 帝国主义与革命. [2015-03-08].

· 中共曾大量收留东南亚共产党 发退休工资. 中国文化传媒网. [2012-08-27].

· 鲜为人知: 马来亚革命之声广播电台在华历史[图](1). 中华网. [2010-03 09].

· 流亡中国的东南亚共产党遗族 互联网档案馆的存档, 存档日期2013-10-04.

· 离开革命的日子——八九十年代的中国与东南亚革命. 红歌会. [2011年8月12日].

· 美国革命共产党宣言互联网档案馆的存档, 存档日期2013-10-02.

· 尼共(毛主义) 领袖称要学中国建经济特区. 凤凰网. [2008年6月30日].

· 环球网: 尼共(毛) 剩余武装人员整编完成 将从事非战斗性工作互联网档案馆的存档, 存档日期 2012-10-19.

· 盘点"毛派企业家": 李东生持久战任正非选标兵. [2018-09-05].

· 袁莉. "谁是我们的敌人?": 那些"拥抱"毛泽东的中国年轻人. 纽约时报中文网. 2021-07-12

· 陈子明: 试析今日中国的毛派光谱. 共识网. 2013-09-03.

· 袁庾华: 邓小平思潮和老左派思潮. 共识网. 2012-08-31.

· NHK纪录片《走近拥毛派》. [2018-09-05].

· 多个红色网站举办纪念文革50周年活动. 红歌会网. 2016-05-26

· 降英: 毛左对当代中国劳工运动的介入. 2019-09-12].

· 高寒: 一个"反思毛派"的反思与回忆. 共识网. 2013-12-28.

· 政治多元? 中国惊现"毛主义共产党". BBC中文网. 2009年2月5日 [2012年12月27日].

· 中情局炮制荷兰马列党, 骗取我国巨额经费"干革命". [2018-09-05].

· 自称毛主义者 是毛泽东追随者(图). 搜狐网. [2012年10月15日].

· 厄内斯特·曼德尔. "社会主义在一国胜利"的苦果. 中文马克思主义文库. [2018-11-19].

· 施金炎主编：《毛泽东著作版本述录与考证》，海南国际新闻出版中心，1995年5月

· 刘跃进：《毛泽东著作版本导论》，北京燕山出版社，1999年

· 蒋建农等：《毛泽东著作版本编年纪事》，湖南人民出版社，2003年

· 中央文献研究室科研部图书馆编：《毛泽东著作是怎样编辑出版的》，2003年

· 柏钦水主编：《毛泽东著作版本鉴赏》，山东人民出版社，2009年

· 中共中央文献研究室毛泽东研究组：《毛泽东著作辞典》，浙江出版联合集团/浙江人民出版社 2012年

· 刘金田、吴晓梅编著：《尘封：〈毛泽东选集〉出版的前前后后》，台海出版社，2012年

· 韦雅梅：《在红彤彤的世界里——〈毛主席语录〉兴衰实录》，中港传媒出版社，2015年

· Euractiv. Barroso as a young, passionate Maoist student leader in 1976. 20 January 2009 [2018-09-05].

· Salvesen, Geir. Thorvalds verden [Thorvald's world]. Oslo, Norway: Schibsted. 1994: 398-399. ISBN 82-516-1545-3.

· "Revolution culturelle": Macron multiplie les references aux maoistes. www.leparisien.fr. 2017-03-03

· Lucian W. Pye. Rethinking the Man in the Leader. The China Journal (University of Chicago Press). Jan 1996, (No. 35)

· Eric Chou. Mao Tse-Tung: The Man and the Myth. Stein and Day. 1982 [2013-12-21].

· John King Fairbank; Merle Goldman. China: A New History, Second Enlarged Edition. Harvard University Press. 2006

· Lucian W. Pye. Mao Tse-tung: the man in the leader. Basic Books. 1976.

· Stephane Courtois; Mark Kramer. Livre Noir Du Communisme: Crimes, Terreur, Repression. Harvard University Press. 1999

· Isaac Deutscher. Maoism-Its Origins, Background and Outlook. Socialist Register. 1964

· Ken Gewertz. Mao under a microscope. 2003-11-11

· Orville Schell. Deng Xiaoping Answers to the Italian Journalist Oriana Fallaci. The China Reader: The Reform Era. Knopf Doubleday Publishing Group. 6 October 2010: 58-63 [2013-10-28].

· Deng Xiaoping Answers to the Italian Journalist Oriana Fallaci. August 21 and 23, 1980

· Judith Shapiro. Mao's War Against Nature: Politics and the Environment in Revolutionary China. Cambridge University Press. 5 March 2001: 46-47

· Laura Fitzpatrick. A Brief History of China's One-Child Policy. 时代杂志. 2009-07-27

· Malcolm Potts. China's one child policy. British Medical Journal. 2006-08-19, 333 (7564): 361-362

· J. Werner. Beat Back the Dogmato-Revisionist Attack on Mao Tsetung Thought. (2018-07-16).

· Mao's China, certified copy of the bourgeois capitalist society. [2022-01-12].

· Capitalism under the Red Banner: Seventy Years of the People's Republic of China. [2022-01-12].

· Ross Terrill. Mao: A Biography. Stanford University Press. 1999. ISBN 978-0-8047-2921-5.

· Michael H. Hart. The 100: A Ranking of the Most Influential Persons in History. Carol Publishing Group. 1992: 447-449 [2013-10-29].

· Michael H. Hart. The 100: A Ranking of the Most Influential Persons in History (PDF). [2013-10-29].

· Maurice J. Meisner. The Deng Xiaoping Era: An Inquiry Into the Fate of Chinese Socialism, 1978-1994. New York: Hill and Wang. 1996 [2013-10-28].

· Maurice Meisner. The significance of the Chinese Revolution in world history (pdf). London School of Economic and Political Science: 5-10. 1999 [2013-10-31]

· Memorial Phillip Buford Davidson, Jr.. West Point Association of Graduates.

[2013-10-29].

· Ruth Price. The Lives of Agnes Smedley. Oxford University Press. 2004-12-08: 5-9. ISBN 978-0-19-534386-1.

· Fox Butterfield. Mao Tse-Tung: Father of Chinese Revolution. The New York Times. 1976-09-10

· Mike Tyson: GQ Interview. 2010-07-29 [2014-01-09]. Jianwei, Wang, Limited Adversaries: Post-Cold War Sino-American Images (Hong Kong: Oxford University Press, 2000).

· Johnston, Alastair I., Cultural Realism: Strategic Culture and Grand Strategy in Chinese History (Princeton: Princeton University Press, 1995).

· Khong, Yuen Foong, Analogies At War: Korea, Munich, Dien BeinPhu and the Vietnam Decisions fo 1965 (Princeton, NJ:Princeton University Press, 1992).

· Lasswell, Harold, Psychopathology and Politics (Chicago: University of Chicago Press, 1930).

· Mancall, Mark, China at the Center: 300 Years of Foreign Policy (New York: Free Press, 1984).

· Mao, Tse Tung, Stuart R. Schram (ed.) Mao's Road to Power: Revolutionary Writings 1912-1949. Maoz, Zeev, National Choices and International Processes (New York: Cambridge University Press, 1990).

· May, Ernest, Lessons of the Past (New York: Oxford Uiversity Press, 1973).

· Meisner, Maurice, Mao's China: A History of the People's Republic (New York: Free Press, 1977).

· Morgenthau, Hans J., Politics among Nations: The Struggle for Power and Peace 5th ed. (New York: Alfred A. Knopf Publisher, 1973).

· Neack, Laura, The New Foreign Policy Power Seeking in a Globalized Era, 2nd edition (Rowman & Littlefield, 2008).

마오쩌둥 평전
현대 중국의 초상(肖像), 마오쩌둥의 모든 것

초판 발행 2023년 12월 26일

지은이 이창호
펴낸이 이창호
편집 김정웅
디자인 김소영
인쇄 거호 커뮤니케이션

펴낸곳 도서출판 북그루
출판등록 제2018-000217호
도서문의 02) 353-9156
주소 서울특별시 마포구 토정로 253 2층(용강동)

ISBN 979-11-90345-20-0(03910)